胜券在握系列丛书

建设工程经济一书通关

嗨学网考试命题研究委员会　组织编写

徐蓉　主编

王晓波　程庭龙　副主编

中国建筑工业出版社

图书在版编目（CIP）数据

建设工程经济一书通关/徐蓉主编；嗨学网考试命
题研究委员会组织编写. —北京：中国建筑工业出版社，2017.5
（胜券在握系列丛书）
ISBN 978-7-112-20759-6

Ⅰ.①建… Ⅱ.①徐… ②嗨… Ⅲ.①建筑经济学－
资格考试－自学参考资料 Ⅳ.①F407.9

中国版本图书馆CIP数据核字（2017）第092930号

责任编辑：牛　松　李　杰　王　磊
责任校对：李美娜　关　健

胜券在握系列丛书
建设工程经济一书通关
嗨学网考试命题研究委员会　组织编写
徐蓉　主编
王晓波　程庭龙　副主编

*

中国建筑工业出版社出版、发行（北京海淀三里河路9号）
各地新华书店、建筑书店经销
北京嗨学网教育科技有限公司制版
北京市密东印刷有限公司印刷

*

开本：787×1092毫米　1/16　印张：17½　字数：504千字
2017年5月第一版　2017年5月第一次印刷
定价：62.00元
ISBN 978-7-112-20759-6
（30427）
如有印装质量问题，可寄本社退换
（邮政编码　100037）

版权所有　翻印必究

请读者识别、监督：

本书环衬用含有中国建筑工业出版社水印的专用防伪纸印刷，封底贴有中国建筑工业出版社专用防伪标，否则为盗版书，欢迎举报监督！举报电话：（010）58337026；
举报QQ：3050159269

本社法律顾问：上海博和律师事务所许爱东律师

建设工程经济
一书通关

主　　编	徐蓉
副 主 编	王晓波　程庭龙
编委成员	陈印　李佳升　肖国祥　徐蓉　朱培浩　程庭龙
	杜诗乐　郭俊辉　韩铎　李四德　李冉馨　李珊珊
	王丹　王欢　王玮　王晓波　王维雪　徐玉璞
	杨彬　杨光　杨海军　杨占国
监　　制	王丽媛
执行编辑	王倩倩　李红印
版　　权	北京嗨学网教育科技有限公司
网　　址	www.haixue.com
地　　址	北京市朝阳区红军营南路绿色家园媒体村天畅园7号楼二层

关注我们
一建公众微信二维码

前 言

2010年，互联网教育行业浪潮迭起，嗨学网（www.haixue.com）顺势而生。七年来，嗨学网深耕学术团队建设、技术能力升级和用户体验提升，不断提高教育产品的质量与效用；时至今日，嗨学网拥有注册用户接近500万人，他们遍布中国大江南北乃至海外各地，正在使用嗨学产品改变着自身职场命运。

为了更好的教学效果和更佳的学习体验，嗨学团队根据多年教研成果倾力打造了此套"胜券在握系列丛书"，丛书以《建设工程经济》《建设工程项目管理》《建设工程法规及相关知识》《建筑工程管理与实务》《机电工程管理与实务》《市政公用工程管理与实务》等六册考试教材为基础，依托嗨学网这一国内先进互联网职业教育平台，研究历年考试真题，结合专家多年实践教学经验，为广大建筑类考生奉上一套专业、高效、精致的辅导书籍。

此套"胜券在握系列丛书"具有以下特点：

（1）内容全面，紧扣考试大纲

图书编写紧扣考试大纲和一级建造师执业资格考试教材，知识点全面，重难点突出，图书逻辑思路在教材的基础上，本着便于复习的原则重新得以优化，是一本源于大纲和教材却又高于教材、复习时可以代替教材的辅导用书。编写内容适用于各层次考生复习备考，全面涵盖常考点、难点和部分偏点。

（2）模块实用，考学用结合

知识点讲解过程中辅之以经典例题和章节练习题，同时扫描二维码还可以获得配套知识点讲解高清视频；"嗨·点评"模块集结口诀、记忆技巧、知识点总结、易混知识点对比、关键点提示等于一体，是相应内容的"点睛之笔"；全书内容在仔细研读历年超纲真题和超纲知识点的基础上，结合工程实践经验，为工程管理的从业人员提供理论上的辅导，并为考生抓住超纲知识点提供帮助和指导。总之，这是一本帮助考生准确理解知识点、把握考点、熟练运用并举一反三的备考全书。

（3）名师主笔，保驾护航

本系列丛书力邀陈印、李佳升、肖国祥、徐蓉、朱培浩等名师组成专家团队，嗨学考试命题研究委员会老师组成教学研究联盟，将多年的教学经验、深厚的科研实力，以及丰富的授课技巧汇聚在一起，作为每一位考生坚实的后盾。行业内权威专家组织图书编写并审稿，一线教学经验丰富的名师组稿，准确把握考试航向，将教学实践与考试复习相结合，严把图书内容质量关。

（4）文字视频搭配，线上线下配合

全书每节开篇附二维码，扫码可直接播放相应知识点配套名师精讲高清视频课程；封面二维码扫描获赠嗨学大礼包，可获得增值课程与高质量经典试题；关注嗨学网一建官方微信公众号可加入我们的嗨学大家庭，获得更多考试信息的同时，名师、"战友"一起陪你轻松过考试。

本书在编写过程中虽斟酌再三，但由于时间仓促，难免存在疏漏之处，望广大读者批评指正。

嗨学网，愿做你学业之路的良师，春风化雨，蜡炬成灰；职业之路的伙伴，携手并肩，攻坚克难；事业之路的朋友，助力前行，至臻至强。

编者

2017年5月

目录 CONTENTS

第一篇　前导篇

　　一、考试介绍　　　　　　　　　　　　　　　　　　3
　　二、复习指导　　　　　　　　　　　　　　　　　　4

第二篇　考点精讲篇

❶ 1Z101000 工程经济

　　1Z101010 资金时间价值的计算及应用　　　　　　　10
　　1Z101020 技术方案经济效果评价　　　　　　　　　21
　　1Z101030 技术方案不确定性分析　　　　　　　　　38
　　1Z101040 技术方案现金流量表的编制　　　　　　　46
　　1Z101050 设备更新分析　　　　　　　　　　　　　54
　　1Z101060 设备租赁与购买方案的比选分析　　　　　62
　　1Z101070 价值工程在工程建设中的应用　　　　　　68
　　1Z101080 新技术、新工艺和新材料应用方案的技术经济分析　　75

❷ 1Z102000 工程财务

　　1Z102010 财务会计基础　　　　　　　　　　　　　81
　　1Z102020 成本与费用　　　　　　　　　　　　　　89
　　1Z102030 收入　　　　　　　　　　　　　　　　　102
　　1Z102040 利润和所得税费用　　　　　　　　　　　110
　　1Z102050 企业财务报表　　　　　　　　　　　　　116
　　1Z102060 财务分析　　　　　　　　　　　　　　　124
　　1Z102070 筹资管理　　　　　　　　　　　　　　　130
　　1Z102080 流动资产财务管理　　　　　　　　　　　140

❸ 1Z103000 建设工程估价

1Z103010 建设工程项目总投资	147
1Z103020 建筑安装工程费用项目的组成与计算	160
1Z103030 建设工程定额	172
1Z103040 建设工程项目设计概算	186
1Z103050 建设工程项目施工图预算	196
1Z103060 工程量清单编制	206
1Z103070 工程量清单计价	214
1Z103080 计量与支付	229
1Z103090 国际工程投标报价	253

第三篇 知识总结篇

建设工程估价内容在实务案例中的综合应用	267

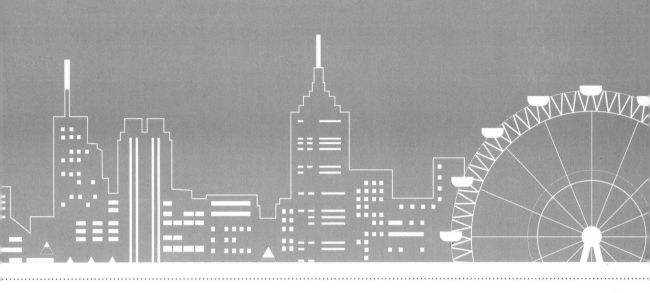

第一篇 前导篇

一、考试介绍

（一）一级建造师考试资格与要求

报名条件

1. 凡遵守国家法律、法规，具备以下条件之一者，可以申请参加一级建造师执业资格考试：

（1）取得工程类或工程经济类大学专科学历，工作满6年，其中从事建设工程项目施工管理工作满4年。

（2）取得工程类或工程经济类大学本科学历，工作满4年，其中从事建设工程项目施工管理工作满3年。

（3）取得工程类或工程经济类双学士学位或研究生班毕业，工作满3年，其中从事建设工程项目施工管理工作满2年。

（4）取得工程类或工程经济类硕士学位，工作满2年，其中从事建设工程项目施工管理工作满1年。

（5）取得工程类或工程经济类博士学位，从事建设工程项目施工管理工作满1年。

2. 符合上述报考条件，于2003年12月31日前，取得建设部颁发的《建筑业企业一级项目经理资质证书》，并符合下列条件之一的人员，可免试《建设工程经济》和《建设工程项目管理》2个科目，只参加《建设工程法规及相关知识》和《专业工程管理与实务》2个科目的考试：

（1）受聘担任工程或工程经济类高级专业技术职务。

（2）具有工程类或工程经济类大学专科以上学历并从事建设项目施工管理工作满20年。

3. 已取得一级建造师执业资格证书的人员，也可根据实际工作需要，选择《专业工程管理与实务》科目的相应专业，报名参加考试。考试合格后核发国家统一印制的相应专业合格证明。该证明作为注册时增加执业专业类别的依据。

4. 上述报名条件中有关学历或学位的要求是指经国家教育行政部门承认的正规学历或学位。从事建设工程项目施工管理工作年限是指取得规定学历前后从事该项工作的时间总和。全日制学历报考人员，未毕业期间经历不计入相关专业工作年限。

（二）一级建造师考试科目

考试科目	考试时间	题型	题量	满分
建设工程经济	2小时	单选题	60题	100分
		多选题	20题	
建设工程项目管理	3小时	单选题	70题	130分
		多选题	30题	
建设工程法规及相关知识	3小时	单选题	70题	130分
		多选题	30题	
专业工程管理与实务	4小时	单选题	20题	160分（其中案例分析题120分）
		多选题	10题	
		案例分析题	5题	

《专业工程管理与实务》科目共包括10个专业，分别为：建筑工程、公路工程、铁路工程、

民航机场工程、港口与航道工程、水利水电工程、市政公用工程、通信与广电工程、矿业工程和机电工程。

（三）《建设工程经济》试卷分析

1.试卷构成（单选、多选分数）

一级建造师职业资格考试《建设工程经济》试卷共分2部分：单项选择题、多项选择题。其中单项选择题60道，每题1分，分值为60分；多项选择题20道，每题2分，分值为40分。全卷总分共计100分。

按照题目表现来分类，工程经济有以下几类题型：

（1）计算题：先算出答案再选择，花时间较多；

（2）填空题：概念认识，选择填上即可；需要注意的是对应条件填空题，防止干扰项；

（3）含义题：名词含义对应，财务部分比较多；

（4）数据题：时间、百分数等数据的填空选择；

（5）排序题：提供内容，要求排序；

（6）归类题：包括什么、属于什么的多选或者单选；

（7）方法题：根据条件倒选相应方法，工程估价部分此类题型比较多；

（8）文字辨析题：判断对错，工程估价部分比较多；

（9）因素、特点、作用题：多选题，客观性比较强。

2.评分规则

（1）单项选择题：每题1分。每题的备选项中，只有1个最符合题意。

（2）多项选择题：每题2分。每题的备选项中，有2个或2个以上符合题意，至少有1个错项。如果作答时有错误的选项，则本题不得分；如果少选，所选的每个选项得0.5分。

3.答题思路

（1）单选题：不要放弃原则。经济考试重点相对集中，在熟记老师重点后，对于不太熟悉的单选题也不要放弃。

（2）多选题：谨慎原则。在选多选题时要记住"保两争三"的原则，没有把握选两个答案，如果比较确定选三个。第四个慎选，有90%的正确率以上，可以选择4个选项。

二、复习指导

1.历年考情分析

近三年考试真题分值统计　　　　　　　　　　　　　（单位：分）

章 \ 年份	2014年	2015年	2016年
1Z101000 工程经济	31	23	22
1Z102000 工程财务	28	23	23
1Z103000 建设工程估价	41	54	55

由上表可见，工程经济的三个章节每年的分值分别为：22%~31%，23%~28%，41%~55%。第一章多以计算题形式考察，第三章分值较多，占比超过一半，但是知识零散，记忆量较大。平时考生应加强第一章、第三章知识的学习；第二章考察财务知识，以理解为主。

2.学习建议

（1）针对现在工程经济考试的三大特点：a.计算题题量增加，每年计算题的分值超过20分；b.考试时间紧，平均1.5分钟一道题；c.考试更加注重细节性和综合性，提出以下复习建议：

①计算题

书上有例题的都必须会计算，本书出现的例题计算必须会做。

②有综合性的选择题

不只按一个点做填空题，而是按照几个点的组合：比如既有净现值又有回收期一起计算。

③注意本书中提到的时间、百分比等数据的细节。

④多做练习，快速反应；不只要会做，还要非常熟练，快速得出正确答案。

⑤考试技巧很重要：不要在一个点上纠结。复习时不要钻死角，偏点，而是按照书中重点来学习，这样会提升学习的效果，最快取得及格的能力。

（2）关于工程经济学习要求和教材内容特点：

①经济强调理解分析：不同于学习项目管理和法规，用划书的方式学习经济是很难一次性通过，必须按照正确的思路和要求来理解分析；考生要按照本书的结构来掌握书中的重点和解题步骤。

②知识陌生：经济有难度，不要寄希望于看一遍就可以全懂，本书至少要复习两遍，才有通过经济这门考试的把握。

③计算题要求多：但是对数学的要求不高，有初中的数学基础足以应对经济考试；但是要求大家熟练掌握。书上所有的计算题例题都必须掌握。最后强调一遍不要偏信押题，每年的重要知识点可以预测，但是不会有原题。

④内容多：要按照本书的内容来进行学习，采用ABC分类法，以教材的1/3的内容解决考卷上2/3的问题；本书的内容都涵盖在教材中，但不是教材中的所有内容都体现在本书中，本书只按照考试大纲的要求来编写。

⑤考试时间紧：提升速度的方式只能是多练习，多做题，加强对知识点掌握的熟练程度。

⑥经济有难度：学习没有捷径，只有好好努力才会有收获，经济内容是一回生、两回熟、三回才能学到家。经济课程需要反复练习。

第二篇 考点精讲篇

1Z101000 工程经济

一、本章近三年考情

本章近三年考试真题分值统计 （单位：分）

节 \ 年份	2014年		2015年		2016年	
	单选题	多选题	单选题	多选题	单选题	多选题
1Z101010 资金时间价值的计算及应用	5	2	2	2	2	
1Z101020 技术方案经济效果评价	3	2	3	2	4	2
1Z101030 技术方案不确定性分析	3	4	3		2	
1Z101040 技术方案现金流量表的编制	1	2	2	2	2	
1Z101050 设备更新分析	1	2	1		1	4
1Z101060 设备租赁与购买方案的比选分析		2			1	
1Z101070 价值工程在工程建设中的应用	1	2	1	2	1	2
1Z101080 新技术、新工艺和新材料应用方案的技术经济分析	1		1	2	1	

二、本章学习提示

工程经济涉及的内容是工程经济学的基本原理和方法，是工程与经济的交叉学科，具体研究工程技术的经济效果。通过工程经济课程的学习和考试，有助于建造师增强经济观念，明确经济目标，用工程经济的观念分析技术问题、比选技术方案。

本章的特点是知识内容比较多，理论性较强，考生会遇到较多的陌生词，需要考生理解分析；考试计算题要求多；时间紧。所以应对本章内容给予高度重视。本章的重点难点主要在：资金时间价值的计算及应用；技术方案经济效果评价。每节都有需要计算的内容，需要对公式的含义理解并会应用。近几年在考卷中所占比例22%~31%。

1Z101010 资金时间价值的计算及应用

本节知识体系

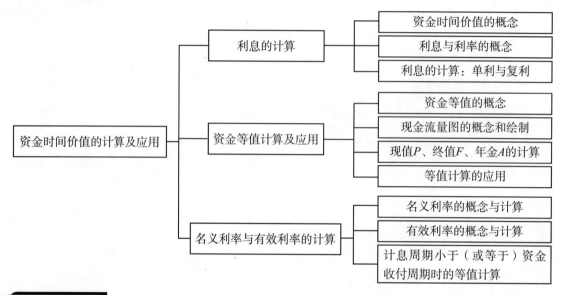

核心内容讲解

一、利息的计算

（一）资金时间价值的概念

1.概念

（1）资金是运动的价值，资金的价值是随时间的变化而变化的，是时间的函数，随时间的推移而增值；增值部分就是其时间价值。

（2）资金时间价值的实质是资金作为生产经营要素，在扩大再生产及其资金流通过程中，资金随时间周转使用的结果。

2.影响资金时间价值的因素（见表 1Z101010-1）

影响资金时间价值的因素　　表1Z101010-1

影响资金时间价值的因素	变化条件	变化方向
资金使用的时间	其他条件一定	资金使用时间越长，资金时间价值越大
资金数量的大小	其他条件一定	资金数量多，资金的时间价值就越多
资金投入和回收的特点	总资金一定	前期投入资金越多，资金的负效益越大；前期回收资金越多，时间价值越大
资金周转速度	其他条件一定	周转次数越多，资金的时间价值越大

【经典例题】1.影响资金时间价值的因素很多，其中主要有（　　）。
A.资金的使用时间
B.资金的形态
C.资金投入和回收的特点
D.资金数量的大小
E.资金周转的速度
【答案】ACDE

【嗨·解析】影响资金时间价值的因素有：资金使用的时间、资金数量的大小、资金投入和回收的特点、资金周转速度，故A、C、D、E正确。B选项资金的形态指的是资金的流转状态，并非是影响时间价值的因素。

（二）利息与利率的概念

1.利息与利率的概念

利息：在借贷过程中，债务人支付给债权人超过原借贷金额的部分就是利息。

利率：单位时间内所得利息额与原借贷金额之比，通常用百分数表示。

与利息、利率相关的关键点为：

（1）从质上看利息是由贷款发生利润的一种再分配。

（2）利息额的多少是衡量资金时间价值的绝对尺度。

（3）利率是衡量资金时间价值的相对尺度。

（4）工程经济分析中，利息是资金的一种机会成本。

2.利率高低的影响因素：

（1）首先取决于社会平均利润率，社会平均利润率是利率的最高界限。

（2）金融市场上借贷资本的供求情况。供过于求，利率下降；供不应求，利率上升。

（3）风险情况。风险越大，利率越高。

（4）通货膨胀。资金贬值会使利息成为负值。

（5）借出资本的期限长短。期限越长，利率越高。

3.利息与利率在工程经济活动中作用

（1）利息和利率是以信用方式动员和筹集资金的动力；特点是自愿性，而自愿性的动力在于利息和利率。

（2）利息促进投资者加强经济核算，节约使用资金。

（3）利息和利率是宏观经济管理的重要杠杆。

（4）利息与利率是金融企业经营发展的重要条件。

【经典例题】2.（2015年真题）关于利率高低影响因素的说法，正确的有（　　）。

A.利率的高低首先取决于社会平均利润的高低，并随之变动

B.借出资本所承担的风险越大，利率越低

C.资本借出期间的不可预见因素越多，利率越高

D.社会平均利润不变的情况下，借贷资本供过于求会导致利率上升

E.借出资本期限越长，利率越高

【答案】ACE

【嗨·解析】利率高低的影响因素包含5条：

（1）利率高低首先取决于社会平均利润率，社会平均利润率是利率的最高界限，并随之变动。A选项正确。

（2）风险情况，承担的风险越大，利率越高。B选项错误。

（3）不可预见因素越多，风险越高，利率越高。C选项正确。

（4）借贷资本供过于求会导致利率下降。D选项错误。

（5）借出资本期限越长，利率越高。E选项正确。

【经典例题】3.利率与社会平均利润率两者相互影响，以下说法正确的是（　　）。

A.社会平均利润率越高，则利率越高

B.要提高社会平均利润率，必须降低利率

C.利率越高，社会平均利润率越低

D.利率和社会平均利润率总是按同一比例变动

【答案】A

【嗨·解析】利率首先取决于社会平均利润率，社会平均利润率是利率的最高界限；社会平均利润率越高，则利率越高。B选项社会平均利润率的提高亦可以采用其他方式，如减税。C选项利率随社会平均利润率的变化而变化，C选项错误的判定了二者的因果关系。D选项不准确，利率与社会平均利率总体是同一方向变

动,但不一定同一比例。正确答案为A。

(三)利息的计算:单利与复利

1.利息的计算有单利与复利之分,需区别二者的概念并会应用计算公式(表1Z101010-2)。

单利、复利概念与公式对比　表1Z101010-2

名称	概念	公式
单利	计算利息时,仅用本金来计算,即通常所说的"利不生利"	单利到期本利和=本金(1+存款年限×年利率)
复利	复利是利息也能生利息,即"利滚利,利生利"	复利到期本利和=本金(1+年利率)^{存款年限}

2.复利的特点:

(1)同一笔借款,在利率和计息周期均相同的情况下,用复利计算出的利息金额比用单利计算出的利息金额多。

(2)本金越大,利率越高,计息周期越多时,两者差距就越大。

(3)复利计息比较符合资金在社会再生产过程中运动的实际状况。因此在工程经济分析中,一般采用复利计算。

(4)复利计算有间断复利和连续复利之分。按期(年、半年、季、月、周、日)计算复利的方法称为间断复利(即普通复利);按瞬时计算复利的方法称为连续复利。在实际使用中都采用间断复利。

🔊 嗨·点评　单利和复利属于相关知识点,每年以计算题的形式考察。考生需要熟记二者的公式。单利到期本利和=本金(1+存款年限×利率);复利到期本利和=本金(1+年利率)^{存款年限}。

【经典例题】4.(2014年真题)甲公司从银行借入1000万元,年利率为8%,单利计息,借期4年,到期一次还本付息,则该公司第四年末一次偿还的本利和为(　　)万元。

　　A.1360　　B.1324　　C.1320　　D.1160

【答案】C

【嗨·解析】题中提到用单利计息,所以用单利计算公式。一次偿还的本利和=1000(1+8%×4)=1320万。

【经典例题】5.某施工企业向银行借款250万元,期限2年,年利率6%,半年复利计息一次,第二年末还本付息,则到期企业需支付给银行的利息为(　　)万元。

　　A.30.00　　B.30.45　　C.30.90　　D.31.38

【答案】D

【嗨·解析】本题应采用复利计息。到期的本利和=$250\times\left(1+\frac{6\%}{2}\right)^4$=281.38,利息=281.38-250=31.38。

【经典例题】6.(2016年真题)某施工企业银行借款100万元期限为3年,年利率8%,按年计息并于每年末付息,则3年末企业需偿还的本利和为(　　)万元。

　　A.100　　B.124　　C.126　　D.108

【答案】D

【嗨·解析】本题应采用单利计息。利息每年末支付,第三年末只需支付第三年的利息和本金即可。3年末企业需偿还的本利和=100×8%+100=108。

二、资金等值计算及应用

(一)资金等值的概念

资金即使金额相同,因发生在不同时间,其价值就不同;不同时点绝对值不等的资金在时间价值的作用下却可能具有相等的价值;不同时期、不同数额但其"价值等效"的资金称为等值,即等效值。

影响资金等值的因素:资金数额的多少,发生时间的长短,利率(或折现率)的大小。其中,利率是一个关键因素。

【经典例题】7.影响资金等值的因素有(　　)。

A.资金运动的方向

B.资金的数量

C.资金发生的时间

D.利率（或折现率）的高低

E.现金流量的表达方式

【答案】BCD

【嗨·解析】影响资金等值的因素和影响终值的因素相同。资金的数量、发生的时间、利率的高低。

（二）现金流量图的概念和绘制

1.现金流量图的概念

（1）现金流量图

把所考察的技术方案视作一个系统，投入的资金、花费的成本和获取的收益，均可看成是以资金形式体现的该系统的资金流出或资金流入，把现金流入流出以图表的形式表现出来，即为现金流量图。

（2）现金流量

考虑对象整个期间各时点 t 上实际发生的资金流出或资金流入称为现金流量。

（3）现金流入或流出

流出系统的资金称为现金流出 CO_t。如建设投资、流动资金、营业税金及附加、经营成本、利息支付。

流入系统的资金称为现金流入 CI_t。如营业收入、补贴收入、回收固定资产余值、回收流动资金。

（4）净现金流量

现金流入与现金流出之差称为净现金流量（$CI-CO$）$_t$。

2.现金流量图的绘制

现金流量图的作图方法如下：

（1）以横轴为时间轴，向右延伸表示时间延续，每个刻度表示一个时间单位，通常表示时间单位末的时点。

（2）垂直箭线代表不同时点的现金流量，流量性质是对特定人而言的。对投资人而言：上方表示流入，即收益；下方表示流出，即费用。

（3）箭线长短与现金多少本应成比例，至少要适当体现差异，标上数值。

（4）箭线与时间轴的交点为现金流量发生的时点。

（5）现金流量三要素：现金流量的大小、方向、作用点（时间点）。

【经典例题】8.某企业投资一项目，第1年初投入100万元，第2年末投入50万元，第3年初投入20万元，第3年末收入40万元，第4~10年每年末收入50万元，第11年初收入10万元。请画出现金流量图：

【答案】（1）在0年画出向下的现金流量，并标注100；

（2）在第2年画出向下的现金流量，标注50；

（3）在第2年画出向下的现金流量，并标注20（第3年初发生即为第2年末发生）；

（4）在第3年末画出向上的现金流量，并标注40；

（5）在第4年到第10年，每年画出向上的现金流量，标注50；

（6）在第10年画出向上的现金流量，标注10（第11年初即为第10年末）。

绘制出图如下图所示。

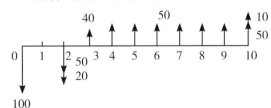

【经典例题】9.关于现金流量图绘制的说法，正确的有（　　）。

A.横轴表示时间轴，向右延伸表示时间的延续

B.垂直箭线代表不同时点的现金流量情况

C.箭线长短应能体现现金流量数值的差异

D.对投资人而言，在横轴上方的箭线表示现金流出

E.箭线与时间的交点即为现金流量发生的时点

【答案】ABCE

【嗨·解析】选项D，对投资人而言，横轴上方的箭线表示现金流入。其他选项正确。

【经典例题】10.关于现金流量图绘图规则的说法，正确的有（　　）。

A.现金流量的性质对不同的人而言是相同的

B.时间轴上的点通常表示该时间单位的起始时点

C.箭线长短要能适当体现各时点现金流量数值大小的差异

D.箭线与时间轴的交点表示现金流量发生的时点

E.横轴是时间轴，向右延伸表示时间的延续

【答案】CDE

【嗨·解析】现金流量的性质对不同的人而言是不同的，选项A错误。时间轴上的点通常表示该时间单位末的时点，不是起始时点。选项B错误。其他选项正确。

（三）现值P、终值F、年金A的计算（见表1Z101010-3）

现值P、终值F、年金A计算公式　　表1Z101010-3

序号	支付形式	现金流量图	公式	系数符号	名称	关系
1	一次支付	$F=?$，P已知	$F=P(1+i)^n$	$(1+i)^n$ $(F/P,i,n)$	一次支付的终值系数	互为倒数
2	一次支付	F已知，$P=?$	$P=F(1+i)^{-n}$	$(1+i)^{-n}$ $(P/F,i,n)$	一次支付的现值系数	
3	等额支付	$F=?$，A已知	$F=A\left[\dfrac{(1+i)^n-1}{i}\right]$	$\dfrac{(1+i)^n-1}{i}$ $(F/A,i,n)$	等额支付的终值系数	互为倒数
4	等额支付	F已知，$A=?$	$A=F\left[\dfrac{i}{(1+i)^n-1}\right]$	$\dfrac{i}{(1+i)^n-1}$ $(A/F,i,n)$	等额支付偿债资金系数	
5	等额支付	$A=?$，P已知	$A=P\left[\dfrac{i(1+i)^n}{(1+i)^n-1}\right]$	$\dfrac{i(1+i)^n}{(1+i)^n-1}$ $(A/P,i,n)$	等额支付的回收系数	互为倒数
6	等额支付	A已知，$P=?$	$P=A\left[\dfrac{(1+i)^n-1}{i(1+i)^n}\right]$	$\dfrac{(1+i)^n-1}{i(1+i)^n}$ $(P/A,i,n)$	等额支付的现值系数	

（四）等值计算的应用

（1）计息期数为时点或时标，本期末即等于下期初。0点就是第一期初，也叫零期；第一期末即等于第二期初；以此类推。

（2）P是在第一计息期开始时（0期）发生。

（3）F发生在考察期期末，即n期末。

（4）各期的等额支付A，发生在各期期末。

（5）当问题包括P与A时，系列的第一个A与P隔一期。即P发生在系列A的前一期。

（6）当问题包括A与F时，系列的最后一个A是与F同时发生。不能把A定在每期期初，因为公式的建立与它是不相符的。

（五）现值、终值、年金小结（表1Z101010-4）

现值、终值、年金小结　　表1Z101010-4

计算步骤	第一步：将已知条件转化为现金流量图； 第二步：将现金流量图与标准图比较： （F/P），（P/F）　（F/A），（A/F）　（A/P），（P/A） 第三步：根据比较结果选取公式，写出符号； 第四步：根据符号代入公式计算； 说明：对现金流量图跟标准图不一致的情况，先转换到符合标准图的条件，再写出符号代入计算
特性	如果两个现金流量等值，则对任何时刻的价值必然相等； 在P一定，n相同时，i越高，F越大；在i相同时，n越长，F越大； 在F一定，n相同时，i越高，P越小；在i相同时，n越长，P越小

例题：1.某企业于第一年初连续两年向银行贷款30万元，$i=10\%$，约定第3~5年末等额偿还，问每年偿还多少？

解：根据题意见下图：

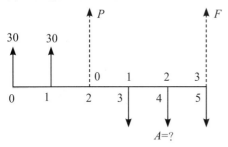

由图可知，该题不能直接套用表格中的公式，先要进行转换。

解法一：

将第1年初和第2年初的30万元转化到第2年末，作为现值P，同时将时间点依次改为0、1、2、3。

$P=30\times(1+10\%)^2+30\times(1+10\%)=69.3$（万元）

$A=P\times(A/P, 10\%, 3)=69.3\times0.402=27.86$（万元）

解法二：

将第1年初和第2年初的30万元转化到第5年末，作为终值F，同时将时间点改为解法一中横轴的0、1、2、3。

$F=30\times(1+10\%)^5+30\times(1+10\%)^4=92.24$（万元）

$A=F\times(A/F,10\%,3)=92.24\times0.302=27.86$（万元）

2.若10年内，每年年初存入2000元，$i=6\%$，10年末本息和多少？

解：根据题意见下图：

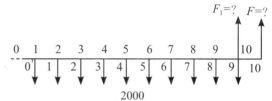

由图可知，该题不能直接套用公式，要先进行转换。先根据等额支付的终值系数公

式，求F，此时在最左端虚设一个0点，原来的0~9依次改为1~10，做此改动并不会改变计算结果。然后再根据年金终值公式求得F_1，再乘以（1+利率），求出F；

（1）$F_1=2000(F_1/A, i, n) = 2000 \times 13.181=26362$（元）

（2）$F= F_1 \times (1+i) = F_1 \times (1+i) =26362 \times (1+6\%)=27943.7$（元）

【经典例题】11.某人连续5年每年末存入银行20万元，银行年利率6%，按年复利计算，第5年年末一次性收回本金和利息，则到期可以回收的金额为（　　）万元。

A.104.80　B.106.00　C.107.49　D.112.74

【答案】D

【嗨·解析】每年年末存钱，$A=20$万元，$i=6\%$，$n=5$，求F。

$F=A \times \dfrac{(1+i)^n-1}{i}=20 \times \dfrac{(1+6\%)^5-1}{6\%}=112.74$万元

【经典例题】12.某施工企业投资200万元购入一台施工机械，计划从购买日起的未来6年等额收回投资并获取收益。若基准收益率为10%，复利计息，则每年末应获得的净现金流入为（　　）万元。

A. $200 \times (A/P, 10\%, 6)$
B. $200 \times (F/P, 10\%, 6)$
C. $200 \times (A/P, 10\%, 7)$
D. $200 \times (A/F, 10\%, 7)$

【答案】A

【嗨·解析】企业现在投资200万，已知为P，未来6年等额回收，所以$n=6$，基准收益率为10%，i为10%，应该用已知P，求A的公式。正确答案为A。每年末应获得的净现金流为$200 \times (A/P, 10\%, 6)$。

三、名义利率与有效利率的计算

（一）名义利率的概念与计算（表1Z101010-5）

名义利率的概念与计算　表1Z101010-5

概念	当计息周期小于一年时，利率表示的时间和利率实际计算的时间不一致就出现了名义利率和有效利率的概念
计算式	名义利率是单利计算的年利率 $r=i \times m$ r—名义利率，i—计息周期利率，m——年中计息周期数

（二）有效利率的概念与计算（表1Z101010-6）

有效利率的概念与计算　表1Z101010-6

概念	资金计息中所发生的实际利率；包括计息周期有效利率和年有效利率
计息周期有效利率	$i=\dfrac{r}{m}$
年有效利率	$i_{\text{eff}}=\dfrac{I}{P}=(1+\dfrac{r}{m})^m-1$
特性	有效利率和名义利率的关系实质上与复利和单利的关系一样； 名义利率一定，年有效利率随m的变多而变大，计息期的有效利率随m的变多而变小； 工程经济分析中，必须换算成有效利率
比较大小	$m=1$，一年计息1次，$i_{\text{eff}}=r$ $m>1$，$i_{\text{eff}}>r$； m越大，i_{eff}与r两者的差额越大

例题：名义利率10%，（1）半年计息一次，年有效利率是多少？（2）季度计息一次，年有效利率是多少？

（1）半年有效利率为5%，年有效利率为$(1+5\%)^2-1=10.25\%$

（2）季度有效利率为2.5%，年有效利率为$(1+2.5\%)^4-1=10.38\%$

【经典例题】13.年利率8%，按季度复利计息，则半年期实际利率为（　　）。

A.4.00%　B.4.04%　C.4.07%　D.4.12%

【答案】B

【嗨·解析】半年的实际利率为

$(1+\dfrac{8\%}{4})^2-1=4.04\%$。

（三）计息周期小于（或等于）资金收付周期时的等值计算（表1Z101010-7）

不同支付类型下利率使用　表1Z101010-7

计算方法 支付类型		按计息期	按收付期
一次支付		√	√
等额 支付	计息期=收付期	√	√
	计息期≠收付期	×	√

特性：对等额系列流量，只有计息周期与收付周期一致时才能按计息期利率计算。否则，只能用收付周期实际利率计算。

例题：1.现在存款1000元，年利率10%，半年复利一次。问5年末存款金额为多少？

解：现金流量如下图所示。

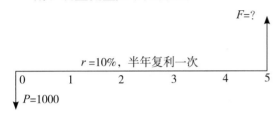

（1）按年有效利率计算

$(1+5\%)^2-1=10.25\%$

则 $F=1000×(1+10.25\%)^5=1628.89$ 元

（2）按计息周期利率计算

$F=1000(F/P,\dfrac{10\%}{2},2×5)$

$F=1000(F/P,5\%,10)$

$F=1000×(1+5\%)^{10}$

$=1000×1.62889=1628.89$ 元

2.每半年内存款1000元，年利率8%，每季复利一次。问五年末存款金额为多少？

解：现金流量如下图所示。

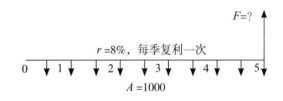

由于本例计息周期小于收付周期，不能直接采用计息期利率计算，故只能用实际利率来计算。

计息期利率 $i=r/m=8\%/4=2\%$

半年期实际利率 $i_{eff半}=(1+2\%)^2-1=4.04\%$

则 $F=1000(F/A,4.04\%,2×5)=1000×12.029=12029$ 元。

【经典例题】14.关于有效利率和名义利率的说法，正确的有（　　）。

A.年有效利率和名义利率的关系实质上是与复利和单利的关系一样

B.每年计息周期数越多，则年有效利率和名义利率的差异越大

C.只要名义利率大于0，则据此计算出来的年有效利率一定大于名义利率

D.计算周期与利率周期相同时，周期名义利率与有效利率相当

E.单利计息时，名义利率和有效利率没有差异

【答案】ABDE

【嗨·解析】名义利率大于0，如果年计息周期为1，那么名义利率和有效利率是一致的。选项C错误，其他选项正确。

章节练习题

一、单项选择题

1. 衡量资金时间价值的绝对尺度是（　　）。
   A.利息额的多少　　　B.利率
   C.再分配　　　　　　D.周转

2. 利率的高低首先取决于（　　）。
   A.风险　　　　　　　B.出借的长短
   C.社会平均利润率　　D.供求

3. 某公司以单利方式一次性借入资金2000万元，借款期限3年，年利率8%，期满一次还本付息，则第三年末应偿还的本利和（　　）万元。
   A.2160　　B.2240　　C.2480　　D.2519

4. 甲公司从银行借入1000万元，年利率为8%，单利计息，借期5年，到期一次还本付息，则该公司第五年末一次偿还的本利和为（　　）万元。
   A.1360　　B.1324　　C.1400　　D.1160

5. 甲施工企业年初向银行贷款流动资金200万元，按季计算并支付利息，季度利率1.5%，则甲施工企业一年应支付的该项流动资金贷款利息为（　　）万元。
   A.6.00　　B.6.05　　C.12.00　　D.12.27

6. 某施工企业向银行借款300万元，期限2年，年利率6%，半年复利计息一次，第二年末还本付息，则到期企业需支付给银行的利息为（　　）万元。
   A.30　　B.30.45　　C.35.90　　D.37.65

7. 某企业从金融机构借款100万元，月利率1%，按月复利计息，每季度付息一次，则该企业一年需向金融机构支付利息（　　）万元。
   A.12.00　　B.12.12　　C.12.55　　D.12.68

8. 以下各种情况，资金不能等值的是（　　）。
   A.金额不同，发生在不同时间
   B.金额相同，发生在相同时间
   C.金额相同，发生在不同时间
   D.金额不同，发生在期初和期末

9. 关于现金流量图绘制规则的说法，正确的是（　　）。
   A.对投资人来说，时间轴上方的箭线表示现金流出
   B.箭线长短与现金流量大小没有关系
   C.箭线与时间轴的交点表示现金流量发生的时点
   D.时间轴上的点通常表示该时间单位的起始时点

10. 5万块钱，存4年。一年期利率是5%，复利计息。到期一次还本付息。问4年后本利和一共为（　　）元。
    A.60775　　　　　　B.60225
    C.50678　　　　　　D.56782

11. 某施工企业投资300万元购入一台施工机械，计划从购买日起的未来7年等额收回投资并获取收益。若基准收益率为10%，复利计息，则每年末应获得的净现金流入为（　　）万元。
    A.300×（A/P，10%，6）
    B.300×（F/P，10%，6）
    C.300×（A/P，10%，7）
    D.300×（F/P，10%，7）

12. 某投资者6年内每年年末投资500万元。若基准收益率为8%，复利计息，则6年末可一次性回收的本利和为（　　）万元。
    A. $500 \times \dfrac{(1+8\%)^6 - 1}{8\% \times (1+8\%)^6}$
    B. $500 \times \dfrac{(1+8\%)^6 - 1}{8\%}$
    C. $500 \times \dfrac{8\%}{(1+8\%)^6 - 1}$
    D. $500 \times \dfrac{8\% \times (1+8\%)^6}{(1+8\%)^6 - 1}$

13. 等值计算中关于计算期数的说法，错误的是（　　）。
    A.本期末就是下期初

B.0点就是第一期期初
C.各期等额支付,A发生在期末
D.P与系列的第一个A在同一期

14.年利率9%,按季度复利计息,则半年期实际利率为(　　)。
A.4.5%　　B.4.55%　　C.4.65%　　D.4.12%

二、多项选择题

1.关于资金时间价值说法正确的是(　　)。
A.资金是运动的价值
B.资金的价值是随时间而变化的
C.资金的价值随时间推移而增值
D.资金价值的实质是资金作为生产经营要素,资金随时间周转使用的结果
E.在工程经济分析时,可不考虑资金发生的时间

2.关于利息和利率在工程经济活动中的作用,说法正确的是(　　)。
A.利息和利率是以信用方式动员和筹集资金的动力
B.利息和利率是宏观经济管理的重要杠杆
C.利息促进投资者加强经济核算,节约使用资金
D.利息与利率是金融企业经营发展的重要条件
E.利息利率可随意调节

参考答案及解析

一、单项选择题

1.【答案】A
【解析】通常用利息额的多少作为衡量资金时间价值的绝对尺度,用利率作为衡量资金时间价值的相对尺度。

2.【答案】C
【解析】利率的高低首先取决于社会平均利润率的高低,并随之变动。

3.【答案】C
【解析】2000(1+3×8%)=2480。

4.【答案】C
【解析】1000(1+5×8%)=1400。

5.【答案】C
【解析】200×1.5%×4=12。

6.【答案】D
【解析】300×(1+3%)^4=337.65。337.65-300=37.65。

7.【答案】B
【解析】100×(1+1%)^3=103.03;103.03-100=3.03;3.03×4=12.12。

8.【答案】C
【解析】金额相同,发生在不同时间是不能等值的。

9.【答案】C
【解析】现金流量的性质对不同的人而言是不相同的。投资人而言,上方表示流入,A错误。箭线长短与现金流量大小适当成比例,B错误。时间轴上的点通常表示该时间单位末的时点,D错误。

10.【答案】A
【解析】$F=P(1+i)^n$=50000(1+5%)^4=60775。

11.【答案】C
【解析】300×(A/P,10%,7),利率是10%,期限是7年,要求的是年金,已知的是现值。

12.【答案】B
【解析】已知的是A,求F。
$$F=A \cdot \frac{(1+i)^n-1}{i}$$
A=500万;n=6;i=8%。
代入公式即可。

13.【答案】D
【解析】P发生在系列A的前一期。

14.【答案】B
【解析】(1+2.25%)^2-1=4.55%。

二、多项选择题

1.【答案】ABCD

【解析】资金是运动的价值，资金的价值是随时间变化而变化的，是时间的函数，随时间的推移而增值，其增值的这部分资金就是原有资金的时间价值。其实质是资金作为生产经营要素，在扩大再生产及其资金流通过程中，资金随时间周转使用的结果。

2.【答案】ABCD

【解析】利息与利率的作用有：利息和利率是以信用方式动员和筹集资金的动力。利息和利率是宏观经济管理的重要杠杆。利息促进投资者加强经济核算，节约使用资金。利息与利率是金融企业经营发展的重要条件。

1Z101020 技术方案经济效果评价

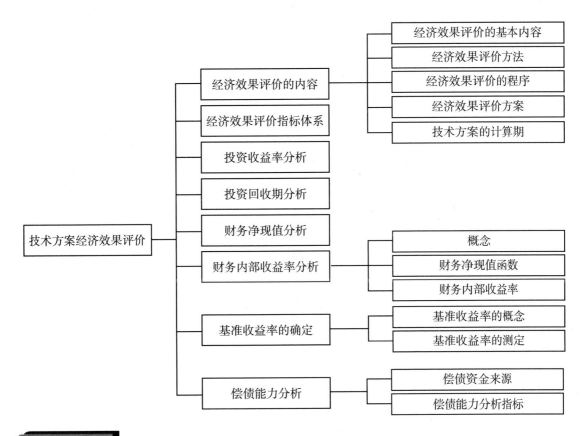

一、经济效果评价的内容

（一）经济效果评价的基本内容

1.概念

经济效果评价是对技术方案的财务可行性和经济合理性进行分析论证。

2.内容

经济效果评价是对方案盈利能力、偿债能力、财务生存能力进行评价见表1Z101020-1。

经济效果评价　表1Z101020-1

确定依据	经济效果评价的内容应根据技术方案的性质、目标、投资者、财务主体以及方案对经济与社会的影响程度等具体情况确定	
分类	盈利能力	分析测算技术方案盈利能力和盈利水平，主要分析指标包括方案财务内部收益率和财务净现值、资本金财务内部收益率、静态投资回收期、总投资收益率和资本金净利润率等
	偿债能力	分析判断财务主体的偿债能力；主要指标包括利息备付率、偿债备付率和资产负债率等
	财务生存能力	体现在财务的可持续性； 计算净现金流量和累计盈余资金； 财务可持续性的基本条件：有足够的经营净现金流量； 财务生存的必要条件：在整个运营期间，允许个别年份的净现金流量出现负值，但各年累计盈余资金不应出现负值
实际应用	经营性方案，根据国家现行财政、税收制度和现行市场价格，分析拟定技术方案的盈利能力、偿债能力和财务生存能力； 非经营性方案，主要分析拟定技术方案的财务生存能力	

（二）经济效果评价方法

1. 经济效果评价的基本方法

经济效果评价的基本方法包括确定性评价方法与不确定性评价方法两类。

2. 评价方法分类（表1Z101020-2）

评价方法分类　表1Z101020-2

按评价方法的性质划分	定量分析	定量分析与定性分析相结合，以定量分析为主	
	定性分析	
按是否考虑时间因素划分	静态分析	动态分析是考虑时间价值，静态是不考虑货币时间价值。动态分析与静态分析相结合，以动态分析为主	
	动态分析	
按是否考虑融资划分	融资前分析	考察方案整个计算期内现金流入和现金流出，编制技术方案投资现金流量表；从技术方案总获利能力的角度分析	
	融资后分析	动态分析	技术方案资本金现金流量分析；投资各方现金流量分析
		静态分析	依据利润与利润分配表计算技术方案资本金净利润率和总投资收益率指标
按评价时间分	事前评价、事中评价、事后评价		

（三）经济效果评价的程序

1. 熟悉技术方案的基本情况。
2. 收集、整理和计算有关技术经济基础数据资料与参数。
3. 根据基础财务数据资料编制各基本财务报表。
4. 经济效果评价。

熟悉情况-收集资料-编制报表-评价。

（四）经济效果评价方案

经济效果评价方案分为独立型方案与互斥型方案（表1Z101020-3）。

独立型方案与互斥型方案　表1Z101020-3

独立型方案	概念	技术方案间互不干扰、在经济上互不相关的技术方案
	特性	实质是在"做"与"不做"之间进行选择； 对技术方案自身的经济性进行检验，即"绝对经济效果检验"
互斥型方案	概念	排他型方案，在若干备选技术方案中，各个技术方案彼此可以相互代替
	特性	先考察各方案自身经济效果，即"绝对经济效果检验"； 再比较哪个方案相对经济效果最优，即"相对经济效果检验"

（五）技术方案的计算期

技术方案的计算期包括建设期和运营期（表1Z101020-4）。

技术方案的计算期　表1Z101020-4

建设期	概念	建设期是指技术方案从资金正式投入开始到技术方案建成投产为止所需要的时间
运营期	投产期 概念	投产期是指技术方案投入生产，但生产能力尚未完全达到设计能力时的过渡阶段
	达产期 概念	达产期是指生产运营达到设计预期水平后的时间
	确定因素	主要设施和设备的经济寿命期（或折旧年限）； 产品寿命期； 主要技术的寿命期

【经典例题】1.将技术方案经济效果评价分为静态分析和动态分析的依据是（　　）。

A.评价方法是否考虑主观因素

B.评价指标是否能够量化

C.评价方法是否考虑时间因素

D.经济效果评价是否考虑融资的影响

【答案】C

【嗨·解析】对定量分析，按其是否考虑时间因素又可分为静态分析和动态分析，正确答案为C。AB选项分为定量分析、定性分析；D选项分为融资前分析与融资后分析。

【经典例题】2.（2014年真题）技术方案经济效果评价的主要内容是分析论证技术方案的（　　）。

A.技术先进性和经济合理性

B.技术可靠性和财务盈利性

C.财务盈利性和抗风险能力

D.财务可行性和经济合理性

【答案】D

【嗨·解析】经济效果评价是对技术方案的财务可行性和经济合理性进行分析论证，正确答案为D。

【经典例题】3.（2016年真题）技术方案经济效果评价中的计算期包括技术方案的（　　）。

A.投资建设期　　B.投产期

C.投资前策划期　D.达产期

E.后评价期

【答案】ABD

【嗨·解析】技术方案的计算期包括建设期和运营期。建设期是指技术方案从资金正式投入开始到技术方案建成投产为止所需要的时间。运营期分为投产期和达产期两个阶段。

二、经济效果评价指标体系

经济效果的评价指标体系见表1Z101020-5。

经济效果评价指标　　表1Z101020-5

经济效果评价体系	确定性分析	盈利能力分析	静态分析	投资收益率	总投资收益率
					资本金净利润率
				静态投资回收期	
			动态分析	财务内部收益率	
				财务净现值	
		偿债能力分析	利息备付率		
			偿债备付率		
			借款偿还期		
			资产负债率		
			流动比率		
			速动比率		
	不确定性分析	盈亏平衡分析			
		敏感性分析			

【经典例题】4.（2014年真题）下列经济效果评价指标中，属于盈利能力动态分析指标的有（　　）。

A.总投资收益率　　B.财务净现值
C.资本金净利润率　D.财务内部收益率
E.速动比率

【答案】BD

【嗨·解析】B、D选项是盈利能力动态分析指标。AC是盈利能力静态指标。E是偿债能力指标。

【经典例题】5.在下列技术方案经济效果评价指标中，属于投资方案偿债能力评价指标的是（　　）。

A.财务内部收益率　B.利息备付率
C.财务净现值　　　D.总投资收益率

【答案】B

【嗨·解析】A、C、D属于盈利指标，B是偿债能力指标。

三、投资收益率分析

1.概念和判别标准（表1Z101020-6）

投资收益率　　表1Z101020-6

概念	一个正常生产年份或者平均年份的年净收益额与技术方案投资的比率	
计算式	$R = \dfrac{A}{I} \times 100\%$	
	投资收益率 = $\dfrac{技术方案正常年净收益额或平均年净收益额}{技术方案投资} \times 100\%$	
判别	投资收益率（R）与所确定的基准投资收益率（R_c）进行比较	
	$R \geq R_c$	则方案可以接受
	$R < R_c$	则方案是不可行的

2.应用式和优劣（表1Z101020-7）

应用式包括总投资收益率（ROI）和资本金净利润率（ROE）。

1Z101000 工程经济

投资收益率的应用式和优劣　表1Z101020-7

总投资收益率（ROI）	$ROI = \dfrac{EBIT}{TI} = \dfrac{\text{正常年份的年息税前利润}}{\text{总投资（=建设资金+流动资金+建设期利息）}}$ or $\dfrac{\text{运营期内年平均息税前利润}}{\text{总投资（=建设资金+流动资金+建设期利息）}}$ 净利润=税后利润=总利润-所得税 税前利润=总利润=净利润+所得税 息税前利润（EBIT）=净利润+所得税+生产期利息 技术方案总投资（TI）=建设投资+建设期贷款利息+全部流动资金
资本金净利润率（ROE）	$ROE = \dfrac{NP}{EC} = \dfrac{\text{正常年份的年净利润}}{\text{技术方案资本金}}$ or $\dfrac{\text{运营期内年平均净利润}}{\text{技术方案资本金}}$
小结	1.要求技术方案的总投资收益率和资本金净利润率应大于行业的平均投资收益率和资本金净利润率参考值； 2.总投资收益率越高，从技术方案所获得的收益就越多； 3.资本金净利润率越高，资本金所获得的利润就越多
优点	1.总投资收益率或资本金净利润率指标可以用来衡量技术方案的获利能力； 2.可以作为技术方案筹资决策参考的依据； 3.在一定程度上反映了投资效果的优劣，可适用于各种投资规模
缺点	1.主观随意性太强，正常年份选择带来一定的人为因素作为主要的决策依据不太可靠，主要用在技术方案制定的早期阶段或研究过程 2.计算期较短，不具备综合分析所需详细资料的技术方案 3.适用于工艺简单、生产情况变化不大的技术方案的选择和投资经济效果的评价

【经典例题】6.投资收益率是指投资方案建成投产并达到设计生产能力后一个正常生产年份的（　　）的比率。

A.年销售收入与方案固定资产投资
B.年销售收入与方案总投资
C.年净收益额与方案总投资
D.年净收益额与方案固定资产投资

【答案】C

【嗨·解析】投资收益率是衡量技术方案获利水平的评价指标，它是技术方案建成投产达到设计生产能力后一个正常生产年份的年净收益额与技术方案投资的比率。分子应为年净收益额，分母应为方案总投资。

【经典例题】7.某技术方案的总投资1500万元，其中债务资金700万元，技术方案在正常年份年利润总额400万元，所得税100万元，年折旧费80万元，则该方案的资本金净利润率为（　　）。

A.26.7%　　B.37.5%　　C.42.9%　　D.47.5%

【答案】B

【嗨·解析】方案的资本金为总投资减去债务资金=1500-700=800万。净利润为利润总额减所得税=400-100=300万。方案的资本金净利润率为净利润除以资本金=300/800=37.5%。折旧费为干扰选项。

【经典例题】8.（2015年真题）某项目建设投资3000万元，全部流动资金450万元。项目投产期年息税前利润总额500万元，运营期正常年份的年平均息税前利润总额800万元，则该项目的总投资收益率为（　　）。

A.18.84%　　B.26.67%
C.23.19%　　D.25.52%

【答案】C

【嗨·解析】总投资收益率应为正常年份的平均息税前利润总额除以总投资。总投资为建设投资、流动资金与建设期利息之和。此题总投资=3000+450=3450万。运营期年平均息税前利润为800万。总投资收益率为

800/3450=23.19%。投产期的利润不属于正常年份的利润,所以算总投资收益率的时候应用运营期平均息税前利率。

【经典例题】9.某项目建设投资为5000万元(不含建设期贷款利息),建设期贷款利息为550万元,全部流动资金为450万元,项目投产期年息税前利润为900万元,达到设计生产能力的正常年份年息税前利润为1200万元,则该项目的总投资收益率为(   )。

A. 24.00%　　　　B. 17.50%
C. 20.00%　　　　D. 15.00%

【答案】C

【嗨·解析】总投资收益率应为正常年份的平均息税前利润总额除以总投资。总投资为建设投资、流动资金与建设期利息之和。此题总投资=5000+550+450=6000万。正常年份的息税前利润为1200万。总投资收益率为1200/6000=20%。投产期的利润不属于正常年份的利润,所以算总投资收益率的时候应用运营期平均息税前利润(正常年份的息税前利润)。

四、投资回收期分析

投资回收期也称返本期,是反映技术方案投资回收能力的重要指标;分为静态投资回收期(表1Z101020-8)和动态投资回收期。

静态投资回收期　表1Z101020-8

静态回收期P_t	概念	技术方案静态投资回收期是在不考虑资金时间价值的条件下,以技术方案的净收益回收其总投资(包括建设投资和流动资金)所需要的时间,一般以年为单位
	计算式	$\sum_{t=0}^{P_t}(CI-CO)_t=0$;$P_t=T-1+\frac{\left|\sum_{t=0}^{T-1}(CI-CO)_t\right|}{(CI-CO)_T}$ $(CI-CO)_t$第t期净现金流量;T为各年累计净现金流量首次为正或零的年数;$\left|\sum_{t=0}^{T-1}(CI-CO)_t\right|$方案第($t-1$)期累积净现金流量的绝对值
	判别准则	将计算出的静态投资回收期P_t与所确定的基准投资回收期P_c进行比较
		$P_t \leq P_c$　则方案可行
		$P_t > P_c$　则方案是不可行的
	优点	资本周转速度愈快,静态投资回收期愈短,风险愈小,抗风险能力越强; 反映技术方案原始投资的补偿速度和技术方案投资风险性
	缺点	投资回收期只考虑回收之前的效果,未反映回收期以后的情况,只能作为辅助评价指标; 作为技术方案选择和排队的准则不可靠
	适用条件	技术上更新迅速的技术方案; 资金相当短缺的技术方案; 未来的情况很难预测而投资者又特别关心资金补偿的技术方案

【经典例题】10.某项目建设投资为1000万元,流动资金为200万元,建设当年即投产并达到设计生产能力,年净收益为340万元。则该项目的静态投资回收期为(   )年。

A. 2.35　　B. 2.94　　C. 3.53　　D. 7.14

【答案】C

【嗨·解析】年净收益每年相同为340万,建设投资1000万,流动资金为200万,总资为1200万。静态投资回收期为1200/340=3.53年。

【经典例题】11.某技术方案的现金流量表如下表,则该方案的静态回收周期为(   )年。

计算期（年）	0	1	2	3	4	5	6	7	8
现金流入（万元）	—	—	—	800	1200	1200	1200	1200	1200
现金流出（万元）	—	600	900	500	700	700	700	700	700

A.5.0　　B.5.2　　C.5.4　　D.6.0

【答案】C

【嗨·解析】第一步先求出每年的净现金流量，当年的现金流入减去现金流出为净现金流量。第二步求出累计净现金流量，从第0年开始到本年的净现金流量之和为累计净现金流量。第三步求出投资回收期。见下表。投资回收期 $P_t = T - 1 + \dfrac{\left|\sum_{t=0}^{T-1}(CI-CO)_t\right|}{(CI-CO)_T} = 6 - 1 + \dfrac{200}{500} = 5.4$。

T为累计净现金流量首次为正的年份。分子为首次为正的年份前一年的累计净现金流量的绝对值。分母为首次为正的年份当年的净现金流量。

计算期（年）	0	1	2	3	4	5	6	7	8
现金流入（万元）	—	—	—	800	1200	1200	1200	1200	1200
现金流出（万元）	—	600	900	500	700	700	700	700	700
净现金流量（万元）	0	−600	−900	300	500	500	500	500	500
累计净现金流量（万元）	0	−600	−1500	−1200	−700	−200	300	800	1300

【经典例题】12.（2015年真题）某项目各年净现金流量如下表，设基准收益率为10%，则该项目的财务净现值和静态投资回收期分别为（　　）。

年份	0	1	2	3	4	5
净现金流量（万元）	−160	50	50	50	50	50

A.32.02万元，3.2年

B.32.02万元，4.2年

C.29.54万元，4.2年

D.29.54万元，3.2年

【答案】D

【嗨·解析】财务净现值，先以50为年金，$i=10\%$，$n=5$，求出现值，$P = A \times \dfrac{(1+i)^n - 1}{i(1+i)^n} = 189.54$，净现值为189.54−160=29.54。静态回收期=160/50=3.2年。

五、财务净现值分析

财务净现值（FNPV）是反映技术方案在计算期内盈利能力的动态评价指标。见表1Z101020-9。

财务净现值　表1Z101020-9

概念	是反映技术方案在计算期内盈利能力的动态评价指标，各年净现金流量的现值之和	
计算式	$FNVP = \sum_{t=0}^{n}(CI-CO)_t(1+i_c)^{-t}$ i_c——基准收益率	
判别准则	$FNPV \geq 0$	技术方案财务上可行
	$FNPV < 0$	技术方案财务上不可行
优点	考虑了资金的时间价值，是主要指标； 考虑了技术方案在整个计算期内现金流量的时间分布状况	
缺点	必须先首先确定基准收益率i_c； 互斥方案寿命不等，不能直接比较； 不能反映单位投资的使用效率； 不能反映投资的回收速度	

【经典例题】13.技术方案的盈利能力越强，则该技术方案的（　　）越大。

A.投资回收期　　B.盈亏平衡产量

C.速动比率　　　D.财务净现值

【答案】D

【嗨·解析】财务净现值（FNPV）是反映技术方案在计算期内盈利能力的动态评价指标。财务净现值越大，技术方案盈利能力越强。

【经典例题】14.关于技术方案财务净现值与基准收益率关系的说法，正确的是（　　）。

A.基准收益率越大，财务净现值越小

B.基准收益率越大，财务净现值越大

C.基准收益率越小，财务净现值越小

D.两者之间没有关系

【答案】A

【嗨·解析】财务净现值与基准收益率成反比，基准收益率越高，财务净现值越小。

【经典例题】15.（2016年真题）某投资方案建设期为1年，第1年年初投资8000万元，第2年年初开始运营，运营期为4年，运营期每年年末净收益为3000万元，残值为零。若基准收益率为10%，则该投资方案的财务净现值和静态投资回收期分别为（　　）。

A. 645万元和3.67年

B. 1510万元和3.67年

C. 1510万元和2.67年

D. 645万元和2.67年

【答案】A

【嗨·解析】第2年年初开始运营，每年年末净收益为3000万，所以第一次有收益是第2年年末，$n=4$，$i=10\%$，用现值年金公式求出P，$P=A\times\dfrac{(1+i)^n-1}{i(1+i)^n}=9510$，因为使用公式时有一个要求，现值与第一个年金的年份，差1年，即P比A早一期第一次盈利发生在第2年年末，所以此时求出的P为第1年年末。要求净现值，第1年年末的9510，还需折现到第0年，即9510除以（1+利率）$=\dfrac{9510}{1+10\%}=8645$万，则财务净现值为8645−8000=645万。见下表。

年份	0	1	2	3	4	5
净现金流量	−8000	0	3000	3000	3000	3000
累计净现金流量	−8000	−8000	−5000	−2000	1000	4000

投资回收期为

$$P_t=T-1+\dfrac{\left|\sum_{t=0}^{T-1}(CI-CO)_t\right|}{(CI-CO)_T}=4-1+\dfrac{2000}{3000}=3.67。$$

六、财务内部收益率分析

（一）概念

对常规技术方案，财务内部收益率（FIRR）实质是使技术方案在计算期内各年净现金流量的现值累计等于零时的折现率。

（二）财务净现值函数（表1Z101020-10）

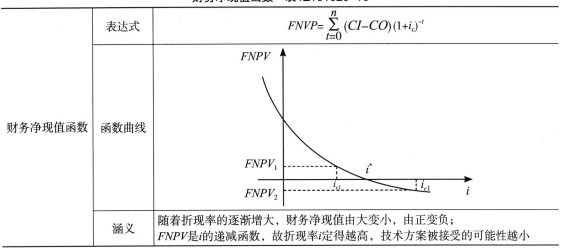

财务净现值函数　表1Z101020-10

财务净现值函数	表达式	$FNVP = \sum_{t=0}^{n}(CI-CO)(1+i_c)^{-t}$
	函数曲线	（见上图）
	涵义	随着折现率的逐渐增大，财务净现值由大变小，由正变负；$FNPV$是i的递减函数，故折现率i定得越高，技术方案被接受的可能性越小

（三）财务内部收益率（表1Z101020-11）

财务内部收益率　表1Z101020-11

财务内部收益率	实质	对常规技术方案，其实质是投资方案在计算期内各年净现金流量的现值累计等于零时的折现率	
	表达式	$FNVP = \sum_{t=0}^{n}(CI-CO)(1+FIRR)^{-t}=0$	
	计算方法	试算插入法：相似三角形原理	
	判断准则	$FIRR \geq i_c$	技术方案在经济上可以接受
		$FIRR < i_c$	技术方案在经济上应予拒绝
		对独立常规方案： 应用$FIRR$判别的结论与应用$FNPV$判别其结论一致	
	优点	考虑了资金的时间价值； 考虑了技术方案在整个计算期内的经济状况； 内部决定性：计算结果与i_c无关，只取决于项目本身的现金流量	
	缺点	计算比较麻烦； 对于非常规现金流量，可能不存在或存在多个内部收益率	

【经典例题】16.某技术方案在不同收益率i下的净现值为：$i=7\%$时，$FNPV=1200$万元，$i=8\%$时，$FNPV=800$万元；$i=9\%$时，$FNPV=430$万元。则该方案的内部收益率的范围为（　　）。

A.小于7%　　　B.大于9%
C.7%~8%　　　D.8%~9%

【答案】B

【嗨·解析】随着折现率的逐渐增大，财务净现值由大变小，由正变负。财务内部收益率是使净现值为0时的折现率，$i=9\%$,净现值为430万元，i只有大于9%，净现值才可能为0，所以内部收益率的范围应大于9%。

【经典例题】17.对于特定的投资方案，若基准收益率增大，则投资方案评价指标的变化规律是（　　）。

A.财务净现值与内部收益率均减小
B.财务净现值与内部收益率均增大
C.财务净现值减小，内部收益率不变
D.财务净现值增大，内部收益率减小

【答案】C

【嗨·解析】财务净现值与基准收益率成反比，基准收益率越大，财务净现值越小。财务内部收益率无需事先确定收益率，只需大致范围即可。计算结果与i_c无关，只取决于项目本身的现金流量。

【经典例题】18.（2015年真题）某常规技术方案的净现值函数曲线如下图所示，则该方案的内部收益率为（　　）。

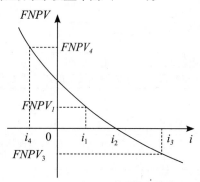

A. i_1 B. i_2 C. i_3 D. i_4

【答案】B

【嗨·解析】财务内部收益率（FIRR）实质是使技术方案在计算期内各年净现金流量的现值累计等于零时的折现率，故正确答案为B。

七、基准收益率的确定

（一）基准收益率的概念

基准收益率也称基准折现率，是企业或行业投资者以动态的观点所确定的，可接受的投资方案最低标准的收益水平。

（二）基准收益率的测定（表1Z101020-12）

基准收益率影响因素　表1Z101020-12

分类		政府投资项目：采用行业财务基准收益率应根据政府的政策导向确定； 企业投资项目：参考行业财务基准收益率测定； 境外投资项目，应首先考虑国家风险因素
影响因素	资金成本	资金成本是为取得资金使用权所支付的费用； 主要包括筹资费和资金的使用费
	机会成本	机会成本是指投资者将有限的资金用于拟实施技术方案而放弃的其他投资机会所获得的最大收益； 机会成本的表现形式如销售收入、利润、利率等； 机会成本是在技术方案外部形成的； 基准收益率应不低于单位资金成本和单位投资的机会成本
	投资风险	资金密集项目的风险高于劳动密集的； 资产专用性强的高于资产通用性强的； 以降低的生产成本为目的的低于以扩大产量、扩大市场份额为目的的； 资金雄厚的投资主体的风险低于资金拮据者
	通货膨胀	通货膨胀是指由于货币发行量超过商品流通所需要的货币量而引起的货币贬值和物价上涨的现象； 按照当年价格预测：要考虑通货膨胀因素； 按照基年价格预测：不要考虑通货膨胀因素
小结		确定基准收益率的基础是资金成本和机会成本，而投资风险和通货膨胀则是必须考虑的影响因素

【经典例题】19.投资者自行测定技术方案的最低可接受财务收益率时，应考虑的因素有（　　）。

A.自身的发展战略和经营战略
B.资金成本
C.技术方案的特点和风险
D.沉没成本
E.机会成本

【答案】ABCE

【嗨·解析】D错误，沉没成本是过去的决

策产生的不可改变的成本。在做经济决策时不应考虑。其他选项是正确的。

【经典例题】20.若技术方案的现金流量按基年价格预测时,则确定基准收益率需要考虑的因素包括（　　）。
A.资金成本　　　B.通货膨胀
C.投资风险　　　D.经营规模
E.机会成本
【答案】ABCE
【嗨·解析】影响基准收益率的因素：（1）资金成本；（2）投资的机会成本；（3）投资风险；（4）通货膨胀。故正确选项为ABCE。D选项经营规模不是确定基准收益率的因素。

八、偿债能力分析

（一）偿债资金来源

偿债贷款的资金来源主要包括可用于归还借款的利润、固定资产折旧、无形资产及其他资产摊销费和其他还款资金来源（表1Z101020-13）。

偿债资金来源　表1Z101020-13

偿债资金来源	利润	一般应是提取了盈余公积金、公益金后的未分配利润
	固定资产折旧	所有被用于归还贷款的折旧基金，应由未分配利润归还贷款后的余额垫回，以保证折旧基金从总体上不被挪作他用，在还清贷款后恢复其原有的经济属性
	无形资产及其他资产摊销费	摊销费具有"沉淀"性质，可以用来归还贷款
	其他还款资金	按有关规定可以用减免的营业税金来作为偿还贷款的资金来源
建设投资贷款总额	技术方案在建设期借入的全部建设投资贷款本金；建设期的借款利息（即资本化利息）	

【经典例题】21.评价技术方案偿债能力时,可用于偿还借款的资金来源包括（　　）。
A.固定资产修理费　　B.固定资产折旧费
C.无形资产摊销费　　D.应交营业税
E.净利润
【答案】BCE
【嗨·解析】偿债贷款的资金来源主要包括可用于归还借款的利润、固定资产折旧、无形资产及其他资产摊销费和其他还款资金来源,其他资金来源包含减免的营业税。选项A、D不属于可以偿还资金的来源。

（二）偿债能力分析指标

债务清偿能力分析的重点是分析财务主体（即企业）的偿债能力。偿债能力指标主要有：借款偿还期、利息备付率、偿债备付率、资产负债率、流动比率和速动比率（表1Z101020-14）。

偿债能力分析指标　表1Z101020-14

借款偿还期	概念	借款偿还期，是指根据国家财税规定及技术方案的具体财务条件，可以作为偿还贷款的收益（利润、折旧、摊销费及其他收益）来偿还技术方案投资借款本金和利息所需要的时间
	判别标准	借款偿还期满足贷款机构的要求期限时，即认为技术方案是有借款偿债能力的
	适用条件	借款偿还期指标适用于那些不预先给定借款偿还期限，且按最大偿还能力计算还本付息的技术方案
利息备付率（ICR）	概念	利息备付率也称已获利息倍数
	公式	利息备付率 = $\dfrac{息税前利润}{计入总成本费用的应付利息}$
	判别标准	正常经营的项目，利息备付率应大于1，并结合债权人的要求确定；我国企业要求：利息备付率不宜低于2
偿债备付率（DSCR）	概念	偿债备付率是指在技术方案借款偿还期内，各年可用于还本付息的资金（EBITDA-TAX）与当期应还本付息金额（PD）的比值
	公式	偿债备付率 = $\dfrac{息税前利润+折旧+摊销-企业所得税}{应还本付息的金额}$
	判别标准	偿债备付率应大于1，小于1表示当期资金来源不足以偿还当期债务；我国要求一般不低于1.3

【经典例题】22.技术方案偿债能力评价指标有（　　）。

A.财务内部收益率　　B.资产负债率
C.生产能力利用率　　D.借款偿还期
E.流动比率

【答案】BDE

【嗨·解析】A选项是盈利能力指标。C选项是在计算盈亏平衡时出现的内容，属于干扰项。

章节练习题

一、单项选择题

1. 经济效果评价的内容不包括（ ）。
   A.方案盈利能力
   B.方案偿债能力
   C.方案筹资能力
   D.方案财务生存能力

2. 下列各项中，属于技术方案静态分析指标的是（ ）。
   A.内部收益率   B.投资收益率
   C.净现值率   D.净现值

3. 以下哪个不属于企业偿债能力的指标（ ）。
   A.借款偿还期   B.利息备付率
   C.偿债备付率   D.投资回收期

4. 对于非经营性技术方案，经济效果评价主要分析拟定方案的（ ）。
   A.盈利能力   B.偿债能力
   C.财务生存能力 D.抗风险能力

5. 按（ ）经济效果评价分为定量分析和定性分析。
   A.评价方法的性质
   B.评价方案是否考虑时间因素
   C.按评价是否考虑融资分类
   D.按技术方案评价的时间分类

6. （ ）是对可度量的因素分析方法。
   A.定性分析   B.定量分析
   C.静态分析   D.动态分析

7. 经济效果评价程序，编制各基本财务报表前一项的工作是（ ）。
   A.熟悉技术方案的基本情况
   B.收集、整理和计算有关技术经济基础数据资料与参数
   C.根据基础财务数据资料编制各基本财务报表
   D.经济效果评价

8. 技术方案间互不干扰、在经济上互不相关的技术方案是（ ）。
   A.好的方案   B.不好的方案
   C.独立型方案   D.互斥型方案

9. 对独立型技术方案进行评价，需要做（ ）。
   A.只需做"绝对经济效果检验"
   B.只需做"相对经济效果检验"
   C.AB都要做
   D.AB选一个做

10. （ ）是指生产运营达到设计预期水平后的时间。
    A.投产期   B.达产期
    C.修养期   D.建设期

11. 已知技术方案正常年份的净利润额300万元，所得税100万元，当期应付利息50万元。项目总投资为5000万元，项目债务资金2000万元。则该技术方案资本金净利润率为（ ）。
    A.8%   B.9%   C.10%   D.11%

12. 某技术方案总投资1500万元，其中资本金1000万元，运营期年平均利息18万元，年平均所得税40.5万元。若项目总投资收益率为12%，则项目资本金净利润率为（ ）。
    A.16.20%   B.13.95%
    C.12.15%   D.12.00%

13. 反映技术方案资本金盈利水平的经济效果评价指标是（ ）。
    A.内部收益率   B.总投资收益率
    C.资本积累率   D.资本金净利润率

14. 某项目建设投资为1000万元，流动资金为200万元，建设当年即投产并达到设计生产能力，年净收益为440万元。则该项目的静态投资回收期为（ ）年。
    A.2.35   B.2.94   C.2.73   D.2.14

15. 某项目财务现金流量表的数据见下表，则

该项目的静态投资回收期为（　　）年。　　A.5.33　　B.5.67　　C.6.33　　D.6.67

计算期	0	1	2	3	4	5	6	7	8
净现金流量（万元）	—	−800	−1000	400	600	600	600	600	600
累计净现金流量（万元）	—	−800	−1800	−1400	−800	−200	400	1000	1600

16.适合采用静态投资回收期评价的技术方案不包括（　　）。
A.资金相当短缺的
B.技术上更新迅速的
C.资金充裕的
D.未来的情况很难预测而投资者又特别关心资金补偿的

17.关于静态投资回收期特点的说法，正确的是（　　）。
A.静态投资回收期只考虑了方案投资回收之前的效果
B.静态投资回收期可以单独用来评价方案是否可行
C.若静态投资回收期若大于基准投资回收期，则表明该方案可以接受
D.静态投资回收期越长，表明资本周转速度越快

18.如果技术方案经济上可行，则该方案财务净现值（　　）。
A.大于等于零
B.大于总利润
C.大于建设项目总投资
D.大于总成本

19.关于财务净现值，下列表述错误的是（　　）。
A.在计算财务净现值时，必须确定一个符合经济现实的基准收益率
B.财务净现值能反映技术方案投资中单位投资的使用效率
C.在使用财务净现值进行互斥方案比选时，各方案必须具有相同的分析期
D.财务净现值是评价技术方案盈利能力的绝对指标

20.某企业拟新建一项目，有两个备选方案技术均可行。甲方案投资5000万元，计算期15年，财务净现值为200万元，乙方案投资8000万元，计算期20年，财务净现值为300万元。则关于两方案比选的说法，正确的是（　　）。
A.甲乙方案必须构造一个相同的分析期限才能比选
B.甲方案投资少于乙方案，净现值大于零，故甲方按较优
C.乙方案净现值大于甲方案，且都大于零，故乙方案较优
D.甲方案计算期短，说明甲方案的投资回收速度快于乙方案

21.使技术方案财务净现值为零的折现率称为（　　）。
A.资金成本率　　B.财务内部收益率
C.财务净现值率　　D.基准收益率

22.如果技术方案在经济上可行，则有（　　）。
A.财务净现值<0，财务内部收益率>基准收益率
B.财务净现值<0，财务内部收益率<基准收益率
C.财务净现值≥0，财务内部收益率≥基准收益率
D.财务净现值≥0，财务内部收益率<基准收益率

23.企业或行业投资者以动态的观点确定的、可接受的投资方案最低标准的收益水平称为（　　）。

A.基准收益率 B.社会平均收益率
C.内部收益率 D.社会折旧率

24.要保证技术方案生产运营期有足够资金支付到期利息,方案的利息备付率最低不应低于( )。
A.0.5   B.1   C.3   D.5

二、多项选择题

1.经济效果评价的基本方法包括( )。
A.确定性评价方法
B.不确定性评价方法
C.主管评价法
D.董事会决策法
E.客观评价法

2.运营期分为( )。
A.投产期   B.达产期
C.修养期   D.建设期
E.退出期

3.在下列技术方案经济效果评价指标中,属于投资方案盈利能力评价指标的是( )。
A.财务内部收益率   B.利息备付率
C.财务净现值   D.总投资收益率
E.投资回收期

4.不确定性分析包括( )。
A.盈利能力分析   B.偿债能力分析
C.盈亏平衡分析   D.敏感性分析
E.可行性分析

5.以下哪些属于投资收益率的缺点( )。
A.投资收益率(R)指标经济意义明确、直观
B.计算期较短、不具备综合分析所需详细资料的技术方案
C.在一定程度上反映了投资效果的优劣,适用于各种投资规模
D.没有考虑投资收益的时间因素
E.指标的计算主观随意性太强,正常生产年份的选择比较困难

6.下列关于财务内部收益率的说法中,正确的有( )。
A.财务内部收益率≥0,技术方案经济上可行
B.对于常规技术方案,财务内部收益率就是使技术方案财务净现值为零的折现率
C.财务内部收益率的计算简单且不受外部参数影响
D.财务内部收益率能够反映投资过程的收益程度
E.任何技术方案的财务内部收益率是唯一的

7.关于基准收益率的说法,正确的有( )。
A.测定基准收益率不需要考虑通货膨胀因素
B.基准收益率是投资资金获得的最低盈利水平
C.测定基准收益率应考虑资金成本因素
D.基准收益率取值高低应体现对项目风险程度估计
E.债务资金比例高的项目应降低基准收益率的取值

8.下列投资方案经济效果评价指标中,可用于偿债能力分析的有( )。
A.利息备付率   B.投资收益率
C.流动比率   D.借款偿还期
E.投资回收期

9.下列关于技术方案经济效果评价指标的说法中,正确的有( )。
A.基准收益率应不低于资金成本和机会成本
B.确定基准收益率的基础是投资风险和通货膨胀
C.借款偿还期指标适用于预先给定借款偿还期限的技术方案
D.正常情况下,技术方案的偿债备付率应当大于1
E.利息备付率反映了企业偿付债务利息的能力

参考答案及解析

一、单项选择题

1.【答案】C
【解析】经济效果评价的基本内容有：方案盈利能力；方案偿债能力；方案财务生存能力。

2.【答案】B
【解析】投资收益率是静态分析指标，其他是动态分析指标。

3.【答案】D
【解析】技术方案的偿债能力是指分析和判断财务主体的偿债能力，其主要指标包括利息备付率、偿债备付率和资产负债率等。

4.【答案】C
【解析】对于非经营性技术方案，经济效果评价主要分析拟定方案的财务生存能力。

5.【答案】A
【解析】按评价方法的性质不同，经济效果评价分为定量分析和定性分析。

6.【答案】B
【解析】定量分析是对可度量的因素分析方法。

7.【答案】B
【解析】经济效果评价的程序是熟悉技术方案的基本情况。收集、整理和计算有关技术经济基础数据资料与参数。根据基础财务数据资料编制各基本财务报表。经济效果评价。

8.【答案】C
【解析】技术方案间互不干扰、在经济上互不相关的技术方案是独立型方案。

9.【答案】A
【解析】对独立型技术方案进行评价只需做"绝对经济效果检验"。

10.【答案】B
【解析】达产期是指生产运营达到设计预期水平后的时间。

11.【答案】C
【解析】资本金=总投资资金−借贷资金=5000−2000=3000
$$ROE=\frac{净利润}{项目资本金}=\frac{300}{3000}=10\%。$$

12.【答案】C
【解析】总投资收益率=$\frac{息税前利润}{项目总投资}$
$$12\%=\frac{息税前利润}{1500}$$
息税前利润=180万
净利润=息税前利润−利息−所得税=180−40.5−18=121.5万
项目资本金净利润率=
$$\frac{净利润}{项目资本金}=\frac{121.5}{1000}=12.15\%。$$

13.【答案】D
【解析】资本金净利润率反映技术方案资本金盈利水平。

14.【答案】C
【解析】投资回收期
$$=\frac{技术方案总投资}{每年净收益}=\frac{1000+200}{440}=2.73。$$

15.【答案】A
【解析】$P=6-1+\frac{200}{600}=5.33$。

16.【答案】C
【解析】资金充裕，不着急回收资金，回收期的评价指标意义不大。

17.【答案】A
【解析】静态投资回收期只考虑了方案投资回收之前的效果，回收之后的效果没有考虑。

18.【答案】A
【解析】如果技术方案经济上可行，则该方案财务净现值大于零。

19.【答案】B
【解析】财务净现值也不能真正反映技术方案投资中单位投资的使用效率；不能直接说明在技术方案运营期间各年的经营成

果；没有给出该投资过程确切的收益大小，不能反映投资的回收速度。

20.【答案】A
【解析】财务净现值分析的缺点是互斥方案寿命不等，不能直接比较，必须构造一个相同的分析期限，才能进行比选。

21.【答案】B
【解析】使技术方案财务净现值为零的折现率称为财务内部收益率。

22.【答案】C
【解析】财务净现值≥0，财务内部收益率≥基准收益率，技术方案在经济上可行。

23.【答案】A
【解析】基准收益率是企业或行业投资者以动态的观点确定的、可接受的投资方案最低标准的收益水平。

24.【答案】B
【解析】要保证技术方案生产运营期有足够资金支付到期利息，方案的利息备付率最低不应低于1。

二、多项选择题

1.【答案】AB
【解析】经济效果评价的基本方法包括确定性评价方法与不确定性评价方法两类。

2.【答案】AB
【解析】运营期分为投产期和达产期两个阶段。

3.【答案】ACDE
【解析】B是偿债能力。

4.【答案】CD
【解析】不确定性分析包括盈亏平衡分析，敏感性分析。

5.【答案】BDE
【解析】A、C属于投资收益率的优点。

6.【答案】BD
【解析】财务内部收益率要大于基准收益率才可行。财务内部收益率计算繁琐，且非常规技术方案，在某些情况下财务内部收益率甚至不存在或存在多个解。

7.【答案】BCD
【解析】基准收益率需要考虑通货膨胀的因素；债务比例高的项目应提高基准收益率的比值。

8.【答案】ACD
【解析】B、E是盈利能力。

9.【答案】ADE
【解析】B错误，确定基准收益率的基础是资金成本。C错误，借款偿还期适合没有预先给定借款偿还期限的技术方案。

1Z101030 技术方案不确定性分析

本节知识体系

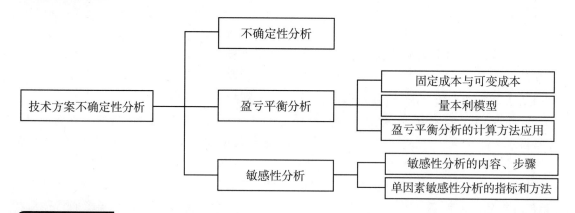

核心内容讲解

一、不确定性分析

1.概念

不确定性分析是指研究和分析当影响技术方案经济效果的各项主要因素发生变化时，拟实施技术方案的经济效果会发生什么样的变化。在决定之前，应做不确定性分析。不确定性是难以计量的。

2.产生的原因

（1）所依据的基本数据的不足或者统计偏差；

（2）预测方法的局限，预测的假设不准确；

（3）未来经济形势的变化；

（4）技术进步；

（5）无法以定量来表示的定性因素的影响；

（6）其他外部影响因素。

3.分析方法

不确定性分析的方法包括盈亏平衡分析和敏感性分析（表1Z101030-1）。

不确定分析内容　表1Z101030-1

盈亏平衡分析	盈亏平衡分析也称量本利分析； 盈亏平衡分析又可进一步分为线性盈亏分析和非线性盈亏分析
敏感性分析	敏感性分析是分析各种不确定性因素发生增减变化时，对技术方案经济效果评价指标的影响，并计算敏感度系数和临界点，找出敏感因素

【经典例题】1.在下述各项中，属于不确定性分析方法的是（　　）。

A.价值分析　　B.盈亏平衡分析

C.敏感性分析　D.概率分析

E.功能分析

【答案】BC

【嗨·解析】不确定性分析的方法包括盈亏平衡分析和敏感性分析。

二、盈亏平衡分析

（一）固定成本与可变成本

根据成本费用与产量的关系可以将技术方案总成本费用分解为可变成本、固定成本和半可变（或半固定）成本(表1Z101030-2)。

总成本费用分解　表1Z101030-2

固定成本	概念	固定成本是指在技术方案一定的产量范围内不受产品影响的成本，即不随产品产量的增减发生变化的各项成本费用
	内容	工资及福利费、折旧费、修理费、利息、无形资产及其他资产摊销费、其他费用等
可变成本	概念	可变成本是指随技术方案产品产量的增减而成正比例变化的各项成本
	内容	原材料、燃料、动力费、包装费和计件工资等
半可变（或半固定）成本	概念	随技术方案产量增长而增长，但不成正比例变化的成本
	内容	与生产批量有关的某些消耗性材料费用、工模具费及运输费等

（二）量本利模型

总利润 = 销售收入 – 总成本

销售收入 =（单价–单位产品营业税金及附加）× 产量

总成本 = 固定成本+单位变动成本×产量

$B = (P - C_u) \times Q - C_F - T_u \times Q$

B：利润；P：售价；Q：售量；C_u：单位变动成本；C_F：固定成本；T_u：单位税金及附加。

（三）盈亏平衡分析的计算方法应用（表1Z101030-3）

盈亏平衡分析的计算　表1Z101030-3

计算条件		盈亏平衡点产量,其要按项目投产后的正常年份计算，而不能按计算期内的平均值计算
计算公式	产销量盈亏平衡分析	盈亏平衡点 = 固定成本 / (单位产品价格–单位产品变动成本–单位产品营业税金及附加) 即 $BEP(Q) = \dfrac{C_F}{p - C_u - T_u}$
	生产能力利用率盈亏平衡分析	生产能力利用率 = 盈亏平衡点的产销量 / 设计生产能力 即 $BEP(\%) = \dfrac{BEP(Q)}{Q_d} \times 100\%$
结果分析		盈亏平衡点反映了计算方案对市场变化的适应能力和抗风险能力； 盈亏平衡点越低越好； 盈亏平衡分析虽然能够从市场适应性方面说明技术方案风险性的大小，但并不能揭示产生技术方案风险产生的根源

【经典例题】2.（2014年真题）为了进行盈亏平衡分析，需要将技术方案的运行成本划分为（　　）。

A.历史成本和现实成本

B.过去成本和现在成本

C.预算成本和实际成本

D.固定成本和可变成本

【答案】D

【嗨·解析】根据成本费用与产量的关系可以将技术方案总成本费用分解为可变成本、固定成本和半可变（或半固定）成本。半可变（或半固定）成本在实际应用中会归类为可变成本、固定成本，所以D是相对正确的答案。

【经典例题】3.某项目设计年生产能力为10万元，年固定成本为1500万元，单台产品销售价格为1200元，单台产品可变成本为650元，单台产品营业税金及附加为150元。则该项目产销量的盈亏平衡点是（　　）台。

A. 37500　B. 27272　C. 18750　D. 12500

【答案】A

【嗨·解析】盈亏平衡点=
$$\frac{\text{固定成本}}{\text{单位产品价格}-\text{单位产品变动成本}-\text{单位产品营业税收}}$$
$$=\frac{1500\times 10^4}{1200-650-150}=37500\text{台}。$$

【经典例题】4.某化工建设项目设计年生产能力5万吨，预计年固定总成本为800万元，产品销售价格1500元/吨，产品销售税金及附加为销售收入的10%，产品变动成本1150元/吨，则该项目用生产能力利用率表示的盈亏平衡点是（　　）。

A. 100%　B. 40%　C. 80%　D. 55%

【答案】C

【嗨·解析】盈亏平衡点=
$$\frac{\text{固定成本}}{\text{单位产品价格}-\text{单位产品变动成本}-\text{单位产品营业税金及附加}}$$
$$=\frac{800}{1500-1150-1500\times 10\%}=4\text{万台}。$$

生产能力利用率=$\frac{\text{盈亏平衡点的销量}}{\text{设计生产能力}}=\frac{40000}{50000}=80\%$。

【经典例题】5.（2015年真题）某项目设计年生产能力为50万件，年固定成本为300万元，单位产品可变成本为80元，单位产品营业税金及附加为5元。则以单位产品价格表示的盈亏平衡点是（　　）元。

A. 91.00　B. 86.00　C. 95.00　D. 85.00

【答案】A

【嗨·解析】此题是一道难度较大的新题型。对于这种新题型必须回归到原始公式上。

盈亏平衡点=
$$\frac{\text{固定成本}}{\text{单位产品价格}-\text{单位产品变动成本}-\text{单位产品营业税金及附加}}$$

已知条件中有固定成本300万，可变成本80元，税金及附加5元，要求出产品定价。那只能把生产能力定位为销量，代入公式的左边。

$500000=\frac{3000000}{\text{单位产品价格}-80-5}$，可得单位产品价格=91元。

三、敏感性分析

（一）敏感性分析的内容、步骤

1.内容

确定评价指标对该因素的敏感程度和技术方案对其变化的承受能力。

2.分类

单因素敏感性分析和多因素敏感性分析。

（1）单因素敏感性分析是每次只考虑一个因素变化；

（2）多因素敏感性分析是假设两个或两个以上相互独立的不确定因素同时变化。

3.单因素敏感性分析的步骤（表1Z101030-4）

单因素敏感性分析步骤　表1Z101030-4

确定分析指标	投资回收快慢：静态投资回收期P_t； 分析产品价格波动对方案超额净收益的影响：财务净现值$FNPV$； 分析投资大小对方案资金回收能力的影响：财务内部收益率$FIRR$
选择需要分析的不确定性因素	在选择需要分析的不确定性因素时主要考虑以下两条原则： 第一，预计这些因素在其可能变动的范围内对经济效果评价指标的影响较大； 第二，对在确定性经济效果分析中采用该因素的数据的准确性把握不大

续表

分析每个不确定性因素的波动程度及其对分析指标可能带来的增减变化情况	把因素变动及相应指标变动结果用敏感性分析表和敏感性分析图的形式表现出来； 敏感分析图上的斜线斜率越大越敏感
确定敏感性因素	敏感性分析的目的在于寻求敏感因素，这可以通过计算敏感度系数和临界点来判断
选择方案	选择敏感程度小、承受风险能力强、可靠性大的项目或方案

（二）单因素敏感性分析的指标和方法

1.方法

敏感性分析可以通过计算敏感度系数和临界点来判断（表1Z101030-5）。

单因素敏感性分析的指标和方法　　表1Z101030-5

敏感性系数	概念	敏感度系数，表示项目评价指标对不确定因素的敏感程度，用S_{AF}表示
	计算式	$S_{AF}=\dfrac{\Delta A/A}{\Delta F/F}=\dfrac{评价指标的变化率}{不确定因素的变化率}$：变化率的比例
	评判标准	$S_{AF}>0$，评价指标与不确定因素同方向变化； $S_{AF}<0$，评价指标与不确定因素反方向变化； 绝对值越大，越敏感
	优劣	能够提供不确定因素变动率与评价指标变动率的比例，但不能直接显示变化以后的评价指标值
敏感性分析表	优劣	能够显示变化以后的评价指标值，但不能够连续表示变量之间的关系
敏感性分析图	优劣	能够连续表示变量之间的关系，斜率越大（越陡）越敏感。能够显示临界点的位置
临界点	概念	指技术方案允许不确定因素向不利方向变化的极限值
	特性	超越临界点，项目收益指标将不可行； 如果某因素可能出现的变动幅度超过最大允许变动幅度，则表明该因素是技术方案的敏感因素
敏感性分析	局限性	主要依靠分析人员主观经验判断，难免有片面性；不能说明不确定因素变动的可能性大小

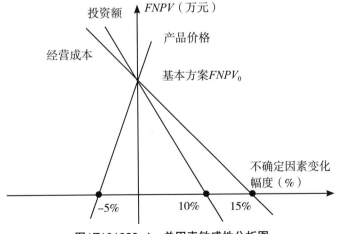

图1Z101030-1　单因素敏感性分析图

临界点判断敏感性的方法是：临界点越小（直线越陡）越敏感。图1Z101030-1中敏感性由大到小依次为：产品价格＞投资额＞经营成本。

2.方案的选择

选择敏感程度小，承受风险能力强、可靠性大的项目或方案。但敏感性分析也有其局限性，它主要依靠主观经验来分析判断，难免存在片面性。

【经典例题】6.进行建设项目敏感性分析时，如果主要分析方案状态和参数变化对投资回收快慢与对方案超额净收益的影响，应选取的分析指标为（　　）。

A.财务内部收益率与财务净现值

B.投资回收期与财务内部收益率

C.投资回收期与财务净现值

D.建设工期与财务净现值

【答案】C

【嗨·解析】投资回收期是评价投资回收快慢的指标，财务净现值是评价净收益的指标。

【经典例题】7.关于技术方案敏感性分析的说法正确的是（　　）。

A.敏感性分析只能分析单一不确定因素变化对技术方案经济效果的影响

B.敏感性分析的局限性是依靠分析人员主观经验来分析判断，有可能存在片面性

C.敏感性系数越大，表明评价指标对不确定因素越不敏感

D.敏感性分析必须考虑所有不确定因素对评价指标的影响

【答案】B

【嗨·解析】选项A敏感性分析有多因素敏感性分析，可以同时对多个不确定因素进行分析。选项C敏感性系数绝对值越大，指标对不确定因素越敏感。选项D敏感性分析不是必须考虑所有不确定因素，只需考虑需要分析的因素即可。

【经典例题】8.某技术方案进行单因素敏感分析的结果是：产品售价下降10%时内部收益率的变化率为55%；原材料价格上涨10%时内部收益率的变化率为39%；建设投资上涨10%时内部收益率的变化率为50%；人工工资上涨10%时内部收益率的变化率为30%。则技术方案的内部收益率对（　　）最敏感。

A.人工工资　　B.产品售价

C.原材料价格　　D.建设投资

【答案】B

【嗨·解析】产品售价的敏感度系数5.5，原材料价格敏感度系数为-3.9，投资敏感度系数为5，人工工资敏感度系数为3。敏感度系数绝对值越大越敏感。

章节练习题

一、单项选择题

1. 某技术方案年设计生产能力为20万吨，年固定成本2200万元，产品销售单价为1200元/吨，每吨产品的可变成本为800元，每吨产品应纳营业税金及附加为180元，则该产品不亏不盈的年产销量是（　　）万吨。
   A.10　　　B.3.55　　　C.5.50　　　D.20

2. 技术方案评价中的敏感性分析是通过分析确定评价指标对不确定因素的敏感程度和技术方案（　　）。
   A.对其变化的承受能力
   B.盈利能力
   C.风险的概率
   D.偿债能力

3. 固定成本是指在一定的产量范围内不受生产数量变化影响的成本费用，下列不属于固定成本的费用是（　　）。
   A.福利费　　　　　B.折旧费
   C.材料费　　　　　D.修理费

4. （　　）是随技术方案产品产量的增减而成正比例变化的各项成本。
   A.可变成本
   B.固定成本
   C.半可变（或半固定）成本
   D.一次性成本

5. 某技术方案设计年生产能力为100万件，每件售价90元，固定成本每年800万元，变动成本为50元/件，销售税金及附加费5元/件，按量本利模型计算该技术方案可获得的利润为（　　）万元。
   A.2000　　　　　　B.2700
   C.3200　　　　　　D.3500

6. 某技术方案的设计生产能力为10万件，有两个可实施方案甲和乙，其盈亏平衡点产量分别为1万件和9万件，下列说法中正确的是（　　）。
   A.方案甲的风险大
   B.方案乙的风险大
   C.风险相同
   D.方案甲产品降价后的风险大

7. 某项目设计年生产能力为20万元，年固定成本为1800万元，单台产品销售价格为1200元，单台产品可变成本为650元，单台产品营业税金及附加为150元。则该项目产销量的盈亏平衡点是（　　）台。
   A.37500　　B.45000　　C.18750　　D.12500

8. 某技术方案设计年产量为5000件，单位产品售价为2500元，单位产品变动成本为750元，单位产品的营业税金及附加为370元，年固定成本为240万元，该项目达到设计生产能力时的年税前利润为（　　）万元。
   A.450　　　B.135　　　C.635　　　D.825

9. 某项目设计年产量为6万件，每件售价为1000元，单位产品可变成本为350元，单位产品营业税金及附加为150元，年固定成本为360万元，则用生产能力利用率表示的项目盈亏平衡点为（　　）。
   A.30%　　　B.12%　　　C.15%　　　D.9%

10. 为了找出关键的敏感性因素，通常只进行（　　）。
    A.多因素分析
    B.单因素敏感性分析
    C.量本利分析
    D.盈利能力分析

11. 单因素敏感分析过程包括：①确定敏感因素；②确定分析指标；③选择需要分析的不确定性因素；④分析每个不确定因素的波动程度及其对分析指标可能带来的增减变化情况，正确的步骤排列顺序是（　　）。
    A.③-②-④-①　　　　B.①-②-③-④

C.②-④-③-①　　D.②-③-④-①

12.单因素敏感分析步骤第一步是（　　）。
A.确定敏感因素
B.确定分析指标
C.选择需要分析的不确定性因素
D.分析每个不确定因素的波动程度及其对分析指标可能带来的增减变化情况

13.现对某技术方案进行单因素敏感性分析，选择净现值作为分析对象，如下图所示，甲、乙、丙三个不确定因素按敏感性由大到小的顺序排列为（　　）。

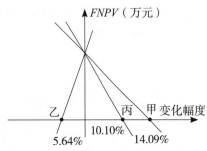

A.甲-乙-丙　　B.乙-甲-丙
C.甲-丙-乙　　D.乙-丙-甲

14.在单因素敏感性分析中，当产品价格下降幅度为5.91%、投资额降低幅度为25.67%、经营成本上升幅度为14.82%时，该技术方案净现值均为零。按净现值对产品价格、投资额、经营成本的敏感程度由大到小进行排序，正确的为（　　）。
A.产品价格—投资额—经营成本
B.产品价格—经营成本—投资额
C.投资额—经营成本—产品价格
D.经营成本—投资额—产品价格

二、多项选择题

1.根据成本费用与产量（或工程量）的关系可以将技术方案总成本费用分解为（　　）。
A.可变成本
B.固定成本
C.半可变（或半固定）成本
D.一次性成本
E.特殊成本

2.项目盈亏平衡分析中，若其他因素不变，可以降低盈亏平衡点产量的有（　　）。
A.提高设计生产能力
B.降低固定成本
C.降低产品售价
D.降低单位产品变动成本
E.提高营业税金及附加率

参考答案及解析

一、单项选择题

1.【答案】A
【解析】盈亏平衡点=$\dfrac{固定成本}{单位产品价格-单位产品变动成本-单位产品营业税收}$
=$\dfrac{2200}{1200-800-180}$=10万吨。

2.【答案】A
【解析】技术方案评价中的敏感性分析是通过分析确定评价指标对不确定因素的敏感程度和技术方案对其变化的承受能力。

3.【答案】C
【解析】材料费属于可变成本。

4.【答案】A
【解析】可变成本随技术方案产品产量的增减而成正比例变化的各项成本。

5.【答案】B
【解析】利润=（90-50-5）×100-800=2700万元。

6.【答案】B
【解析】盈亏平衡点越低风险越小。

7.【答案】B
【解析】$BEP=\dfrac{18000000}{1200-650-150}$=45000。

8.【答案】A
【解析】$B=P\times Q-C_u\times Q-C_F-T_u\times Q$
利润=5000×(2500-750-370)-2400000=450万。

9.【答案】B

【解析】盈亏平衡点=

$$\frac{固定成本}{单位产品售价-单位产品变动价格-单位产品营业税金及附加}$$

$$=\frac{3600000}{1000-350-150}=7200件。$$

则盈亏平衡点的生产能力利用率=

$$\frac{7200}{60000}=12\%。$$

10.【答案】B

【解析】为了找出关键的敏感性因素,通常只进行单因素敏感性分析。

11.【答案】D

【解析】单因素敏感分析步骤:确定分析指标→选择需要分析的不确定性因素→分析每个不确定因素的波动程度及其对分析指标可能带来的增减变化情况→确定敏感因素。

12.【答案】B

【解析】单因素敏感分析步骤第一步是确定分析指标。

13.【答案】D

【解析】临界点越小越敏感。

14.【答案】B

【解析】临界点越小越敏感。

二、多项选择题

1.【答案】ABC

【解析】根据成本费用与产量(或工程量)的关系可以将技术方案总成本费用分解为可变成本、固定成本和半可变(或半固定)成本。

2.【答案】BD

【解析】降低盈亏平衡点要多挣钱,少付出。提高售价,降低成本,税金会降低盈亏平衡点。

1Z101040 技术方案现金流量表的编制

本节知识体系

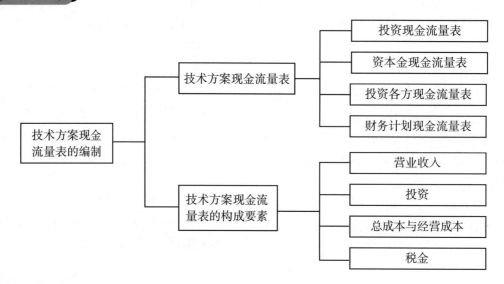

核心内容讲解

一、技术方案现金流量表

技术方案现金流量表由现金流入、现金流出和净现金流量构成。技术方案现金流量表包括：投资现金流量表、资本金现金流量表、投资各方现金流量表和财务计划现金流量表。

（一）投资现金流量表

投资现金流量表是以技术方案为一独立系统进行设置的。它以技术方案建设所需的总投资作为计算基础，反映技术方案在整个计算期（包括建设期和生产运营期）内现金的流入和流出。见表1Z101040-1。

投资现金流量表特征　表1Z101040-1

投资现金流量表	角度	技术方案为一独立系统
	基础	技术方案所需的总投资
	内容	反映项目整个计算期内的现金流入和流出
	计算指标	财务内部收益率、财务净现值、静态回收期
	现金流入	营业收入；补贴收入；回收固定资产余值；回收流动资金
	现金流出	建设投资；流动资金；经营成本；营业税金及附加；维持运营投资

(二)资本金现金流量表

资本金现金流量表是从技术方案权益投资者整体(即项目法人)角度出发,以技术方案资本金作为计算的基础,把借款本金偿还和利息支付作为现金流出,用以计算资本金财务内部收益率,反映在一定融资方案下投资者权益投资的获利能力。见表1Z101040-2。

资本金现金流量表特征　表1Z101040-2

资本金现金流量表	角度	技术方案权益投资者整体
	基础	技术方案资本金
	内容	反映在一定融资方案下投资者权益投资的获利能力,用以比选融资方案,提供投资、决策依据
	计算指标	资本金财务内部收益率
	现金流入	营业收入;补贴收入;回收固定资产余值;回收流动资金
	现金流出	技术方案资本金;借款本金偿还;借款利息支付;经营成本;营业税金及附加;所得税;维持运营投资

嗨·点评 投资现金流量表的现金流出项与资本金现金流量表的现金流出项的比较。

(三)投资各方现金流量表

投资各方现金流量表是分别从技术方案各个投资者的角度出发,以投资者的出资额作为计算的基础,用以计算技术方案投资各方财务内部收益率。见表1Z101040-3。

投资各方现金流量表特征　表1Z101040-3

投资各方现金流量表	角度	技术方案各个投资者
	基础	投资者的出资额
	计算指标	技术方案投资各方财务内部收益率
	内容	可以看出各方收益是否均衡,或者非均衡性是否在一个合理的水平。有助于投资各方平等互利
	现金流入	实分利润;资产处置收益分配;租赁费收入;技术转让或使用收入;其他现金收入
	现金流出	实缴资本;租赁资产支出;其他现金流出

(四)财务计划现金流量表

财务计划现金流量表反映技术方案计算期各年的投资、融资及经营活动的现金流入和流出,用于计算累计盈余资金,分析技术方案的财务生存能力。见表1Z101040-4。

财务计划现金流量表特征　表1Z101040-4

财务计划现金流量表	内容	反映技术方案计算期各年的投资、融资及经营活动的现金流入和流出
	计算指标	累计盈余资金;分析技术方案财务生存能力
	组成	投资活动、经营活动、筹资活动 经营活动现金流入:增值税销项税额; 经营活动现金流出:增值税进项税额

【经典例题】1.属于项目资本金现金流量表中现金流出构成的是（　　）。
A.建设投资　　　B.借款本金偿还
C.流动资金　　　D.调整所得税
【答案】B
【嗨·解析】A、C、D属于投资现金流量表，不属于资本金现金流量表。

【经典例题】2.资本金现金流量表是以技术方案资本金作为计算的基础，站在（　　）的角度编制的。
A.项目发起人　　B.债务人
C.项目法人　　　D.债权人
【答案】C
【嗨·解析】资本金现金流量表是从技术方案权益投资者整体（即项目法人）角度出发，以技术方案资本金作为计算的基础，把借款本金偿还和利息支付作为现金流出，用以计算资本金财务内部收益率，反映在一定融资方案下投资者权益投资的获利能力。

【经典例题】3.（2015年真题）在技术方案投资各方现金流量表中，应作为现金流出的有（　　）。
A.技术方案资本金　　B.实缴资本
C.借款本金偿还　　　D.经营成本
E.租赁资产支出
【答案】BE
【嗨·解析】A、C、D属于资本金现金流量表现金流出。

二、技术方案现金流量表的构成要素

技术方案现金流量的基本要素：投资、经营成本、营业收入和税金等。

（一）营业收入（表1Z101040-5）

营业收入与补贴收入　表1Z101040-5

营业收入	概念	营业收入=产品销售量（或服务量）×产品单价（或服务单价）	
	计算	产品年销量的确定	为计算简便，假定年生产量即为年销售量
		产品价格的选择	产品销售价格一般采用出厂价格；出厂价格=目标市场价格-运杂费；在选择产品（或服务）的价格时，要分析所采用的价格基点、价格体系、价格预测方法，特别应对采用价格的合理性进行说明
		生产多种产品和提供多项服务的营业收入计算	对生产多种产品和提供多项服务的，应分别计算各种产品及服务的营业收入
补贴收入	内容	某些经营性的公益事业、基础设施技术方案，如城市轨道交通项目、垃圾处理项目、污水处理项目等，政府在项目运营期给予一定数额的财政补助，以维持正常运营	
	组成	包括先征后返的增值税、按销量或工作量等依据国家规定的补助定额计算并按期给予的定额补贴，以及属于财政扶持而给予的其他形式补贴等	

（二）投资

1.总投资（表1Z101040-6）

总投资的概念　表1Z101040-6

概念	总投资=建设投资+建设期利息+流动资金	
建设投资	指技术方案按拟定建设规模、产品方案、建设内容进行建设所需的投入	
建设期利息	建设期利息计入总投资；生产期利息应计入总成本费用	
流动资金	基础	经营成本和商业信用
	计算	是流动资产与流动负债的差额
	在技术方案寿命期结束时，投入的流动资金应予以回收	

1Z101000 工程经济

2.技术方案资本金（表1Z101040-7）

技术方案资本金　表1Z101040-7

技术方案资本金	特点	技术方案资本金主要强调的是作为技术方案实体而不是企业所注册的资金；技术方案资本金是有别于注册资金的
	出资方式	资本金出资形态可以是现金、实物、工业产权、非专利技术、土地使用权、资源开采权作价出资，非现金但必须经过有资格的资产评估机构评估作价；以工业产权和非专利技术作价出资的比例一般不超过技术方案资本金总额的20%

3.维持运营投资（表1Z101040-8）

维持运营投资的概念与内容　表1Z101040-8

维持运营投资	概念	某些技术方案在运营期需要进行一定的固定资产投资才能得以维持正常运营
	内容	例如设备更新费、油田的开发费用、矿山的井巷开拓延伸费用等

（三）总成本与经营成本

1.总成本（表1Z101040-9）

总成本概念及计算式　表1Z101040-9

总成本	概念	在技术方案运营期内，按生产要素构成的各年总成本费用
	计算式	总成本费用=外购原材料、燃料及动力费+工资及福利费+修理费+折旧费+摊销费+财务费用（利息支出）+其他费用

2.经营成本（表1Z101040-10）

经营成本的概念及计算式　表1Z101040-10

经营成本	概念	是工程经济分析中的专业术语，用于技术方案经济效果评价的现金流量分析
	计算式	经营成本=总成本费用-折旧费-摊销费-利息支出 或 经营成本=外购原材料、燃料及动力费+工资及福利费+修理费+其他费用 其他费用包括：其他制造费用、其他管理费用和其他营业费用以及产品出口退税和减免税项目不能抵扣的进项税额 修理费=固定资产原值（或：固定资产折旧额）×计提比率（%）
	小结	经营成本是实际发生的现金支出

（四）税金

1.技术方案经济效果评价涉及的税费主要包括增值税、消费税、资源税、城市维护建设税和教育费附加、地方教育附加、关税、所得税等，有些行业还包括土地增值税。见表1Z101040-11。

2.在经济效果分析中，消费税、土地增值税、资源税和城市维护建设税、教育费附加、地方教育附加均可包含在营业税金及附加中。

主要的税费种类　表1Z101040-11

增值税	概念	是对在中华人民共和国境内销售货物、加工修理修配劳务、服务、无形资产或者不动产的单位和个人征收的税金
	公式	应纳增值税额=当期销项税额-当期进项税额 销项税额=销售额×增值税税率 销售额=含税销售额÷（1+增值税税率） 可抵扣的进项税额=$\dfrac{\text{固定资产、无形资产、不动产净值}}{1+\text{适用税率}}$×适用税率 增值税是价外税，纳税人交税，最终由消费者承担 当期销项税额小于当期进项税额，不足抵扣，不足部分结转下期继续抵扣

续表

消费税	概念	消费税是针对特定消费品征收的税金。消费税实行从价定率、从量定额，或者从价定率和从量定额复合计税
资源税	概念	资源税是国家对开采规定的矿品或者生产盐的单位和个人在应税产品的销售或者自用征收的税种
	分类	从价定率：煤炭、原油、天然气 从量定额：经营分散、现金交易的黏土、砂石等
土地增值税	概念	对有偿转让房地产取得的增值税征收的税种
	公式	土地增值税税额=增值额×适用税率（四级超率累进税率）
附加税	内容	主要是城市维护建设税、教育附加、地方教育附加
	公式	附加税=（增值税+消费税）×适用税率
	适用税率	城市维护建设税税率：市区7%，县、镇5%，其他1%； 教育附加3%； 地方教育附加为2%
关税	概念	关税是以进出口的应税货物为纳税对象的税种，包括从价计征和从量计征两种方式
所得税	概念	指企业所得税 应纳所得税额=应纳税所得额×适用税率-减免税额-抵免税额

【经典例题】4.下列成本费用中，属于经营成本的有（　　）。

A.修理费

B.外购原材料费

C.外购燃料及动力费

D.折旧费

E.利息支出

【答案】ABC

【嗨·解析】经营成本=总成本费用-折旧费-摊销费-利息支出；

或 经营成本=外购原材料、燃料及动力费+工资及福利费+修理费+其他费用。选项D、E属于总成本费用，不属于经营成本。

【经典例题】5.某技术方案估计年总成本费用8000万元，其中外购原材料、燃料及动力费为4500万元，折旧费为800万元，摊销费200万元，修理费为500万元，利息支出210万元。则该技术方案的年经营成本为（　　）万元。

A. 6790　　B. 4500　　C. 6290　　D. 7290

【答案】A

【嗨·解析】经营成本=总成本费用-折旧费-摊销费-利息支出=8000-800-200-210=6790万元。

章节练习题

一、单项选择题

1. 以技术方案建设所需的总投资作为计算基础，反映技术方案在整个计算期内现金流入和流出的现金流量表是（　　）。
   A.资本金现金流量表
   B.投资各方现金流量表
   C.财务计划现金流量表
   D.投资现金流量表

2. 技术方案资本金现金流量表的计算基础是（　　）。
   A.工程资本金　　　B.技术方案资本金
   C.工程投资额　　　D.技术方案投资额

3. 属于技术方案资本金现金流量表中现金流出的是（　　）。
   A.建设投资
   B.借款利息支付
   C.流动资金
   D.调整所得税

4. （　　）分别从技术方案各个投资者的角度出发，以投资者的出资额作为计算的基础，用以计算技术方案投资各方财务内部收益率。
   A.资本金现金流量表
   B.投资各方现金流量表
   C.财务计划现金流量表
   D.投资现金流量表

5. 反映技术方案计算期各年的投资、融资及经营活动的现金流入和流出，用于计算盈余资金，分析技术方案的财务生存能力的现金流量表是（　　）。
   A.投资现金流量表
   B.投资各方现金流量表
   C.资本金现金流量表
   D.财务计划现金流量表

6. 某些经营性的公益事业、基础设施技术方案，如城市轨道交通项目、垃圾处理项目、污水处理项目等，政府在项目运营期给予一定数额的财政补助，以维持正常运营叫（　　）。
   A.营业收入　　　B.主营业务收入
   C.补贴收入　　　D.其他业务收入

7. （　　）指筹措债务资金时在建设期内发生并按规定允许在投产后计入固定资产原值的利息。
   A.生产费用　　　B.总投资
   C.财务费用　　　D.建设期利息

8. （　　）是指在技术方案总投资中，由投资者认缴的出资额，对技术方案来说是非债务性资金。
   A.技术方案的资本金　　B.资产
   C.负债　　　　　　　　D.营业收入

9. 资本金出资形态可以是现金，也可以是实物、工业产权、非专利技术、土地使用权、资源开采权作价出资。以工业产权和非专利技术作价出资的比例一般不超过技术方案资本金总额的（　　）（经特别批准，部分高新技术企业可以达到35%以上）。
   A.15%　　B.20%　　C.25%　　D.30%

10. 技术方案经济效果评价中，如果该投资投入延长了固定资产的使用寿命，或使产品质量实质性提高，或成本实质性降低等，使可能流入企业的经济利益增加，那么该维持运营投资应（　　）。
    A.费用化　　　B.资本化
    C.算做收入　　D.交税

11. 增值税是（　　），纳税人交税最终由消费者承担。
    A.价内税　　　B.价外税
    C.关税　　　　D.资源税

12. （　　）是以进出口的应税货物为纳税对象的税种。
    A.增值税　　　B.资源税
    C.环境税　　　D.关税

二、多项选择题

1. 技术方案现金流量表由（　　　）构成。
   A.现金流入　　　　　B.现金流出
   C.净现金流量　　　　D.累计现金流量
   E.现金储备量

2. 技术方案经济效果评价中的总投资包括（　　　）。
   A.建设投资　　　　　B.建设期利息
   C.流动资金　　　　　D.补贴收入
   E.财务净现值

3. 作为项目现金流量表中运营期现金流出的主体部分，经营成本等于总成本费用减去如下费用，包括（　　　）。
   A.折旧费　　　　　　B.燃料及动力费
   C.摊销费　　　　　　D.修理费
   E.利息支出

参考答案及解析

一、单项选择题

1.【答案】D
【解析】投资现金流量表是以技术方案建设所需的总投资作为计算基础，反映技术方案在整个计算期内现金流入和流出的现金流量表。

2.【答案】B
【解析】技术方案资本金现金流量表的计算基础是技术方案资本金。

3.【答案】B
【解析】技术方案资本金现金流量表中把借款本金偿还、利息支付作为现金流出。

4.【答案】B
【解析】投资各方现金流量表是分别从技术方案各个投资者的角度出发，以投资者的出资额作为计算的基础，用以计算技术方案投资各方财务内部收益率。

5.【答案】D
【解析】财务计划现金流量表反映技术方案计算期各年的投资、融资及经营活动的现金流入和流出，用于计算盈余资金，分析技术方案的财务生存能力的现金流量表。

6.【答案】C
【解析】某些经营性的公益事业、基础设施技术方案，如城市轨道交通项目、垃圾处理项目、污水处理项目等，政府在项目运营期给予一定数额的财政补助，以维持正常运营，这就是补贴收入。

7.【答案】D
【解析】建设期利息指筹措债务资金时在建设期内发生并按规定允许在投产后计入固定资产原值的利息，即资本化利息。

8.【答案】A
【解析】技术方案的资本金（即技术方案权益资金）是指在技术方案总投资中，由投资者认缴的出资额，对技术方案来说是非债务性资金。

9.【答案】B
【解析】资本金出资形态可以是现金，也可以是实物、工业产权、非专利技术、土地使用权、资源开采权作价出资。以工业产权和非专利技术作价出资的比例一般不超过技术方案资本金总额的20%（经特别批准，部分高新技术企业可以达到35%以上）。

10.【答案】B
【解析】维持运营投资技术方案经济效果评价中，如果该投资投入延长了固定资产的使用寿命，或使产品质量实质性提高，或成本实质性降低等，使可能流入企业的经济利益增加，那么该维持运营投资应资本化。

11.【答案】B
【解析】增值税是价外税，纳税人交税最终由消费者承担。营业税是价内税，包含在营业收入之内。
12.【答案】D
【解析】关税是以进出口的应税货物为纳税对象的税种。

二、多项选择题
1.【答案】ABC
【解析】技术方案现金流量表由现金流入、现金流出和净现金流量构成。
2.【答案】ABC
【解析】技术方案经济效果评价中的总投资是建设投资、建设期利息和流动资金。
3.【答案】ACE
【解析】经营成本=总成本费用−折旧费−摊销费−利息支出。

1Z101050 设备更新分析

本节知识体系

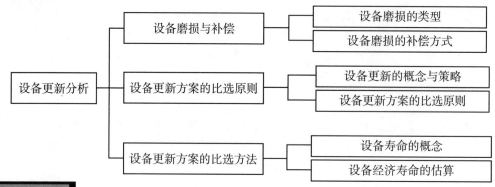

核心内容讲解

一、设备磨损与补偿

（一）设备磨损的类型（表1Z101050-1）

设备磨损分为两大类：有形磨损与无形磨损，四种形式：第一种有形磨损和第二种有形磨损、第一种无形磨损和第二种无形磨损。

有形和无形两种磨损都引起设备原始价值的贬值。

设备磨损　表1Z101050-1

有形磨损（物质磨损）	第一种有形磨损	设备在使用过程中，外力作用下产生的磨损、变形和损坏
	第二种有形磨损	设备在闲置过程中，自然力作用产生实体磨损
	结果	反映了设备使用价值的降低
无形磨损（精神磨损）	第一种无形磨损	由于技术进步、工艺改进，同类设备再生产价值降低，设备市场价格降低
	第二种无形磨损	由于科学技术进步、工艺改进，创新出新型设备，原设备相对陈旧落后
区别		遭受有形磨损的设备，特别是有形磨损严重的设备，在修理之前，常常不能工作；遭受无形磨损的设备，并不表现为设备实体的变化和损坏，即使无形磨损严重，其物质形态却可能没有磨损，仍然可以使用

（二）设备磨损的补偿方式（表1Z101050-2）

设备磨损的补偿　表1Z101050-2

补偿方式	局部补偿	设备有形磨损的局部补偿是修理；设备无形磨损的局部补偿是现代化改装
	完全补偿	设备有形磨损和无形磨损的完全补偿是更新
修理和改装的区别	大修理：更换部分已磨损的零部件和调整设备，以恢复设备的生产功能和效率为主	
	现代化改装：对设备的结构作局部的改进和技术上的革新，如增添新的、必需的零部件，以增加设备的生产功能和效率为主	
小结	在设备磨损补偿工作中，最好的方案是有形磨损期与无损磨损期相互接近，这是一种理想的"无维修设计"	

续表

磨损和补偿的对应关系	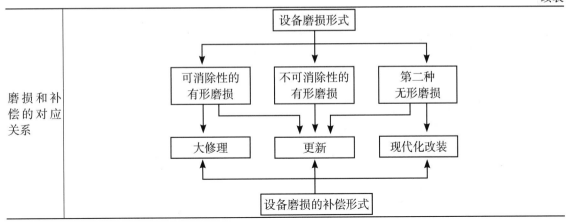

【经典例题】1.某设备一年前购入后闲置至今，产生锈蚀。此间由于制造工艺改进，使该种设备制造成本降低，其市场价格也随之下降。那么，该设备遭受了（　　）。

A.第一种有形磨损和第二种无形磨损
B.第二种有形磨损和第一种无形磨损
C.第一种有形磨损和第一种无形磨损
D.第二种有形磨损和第二种无形磨损

【答案】B

【嗨·解析】闲置产生了锈蚀属于第二种有型磨损。工艺改进，该种设备的价值降低，属于第一种无形磨损。

【经典例题】2.对设备第二种无形磨损进行补偿的方式有（　　）。

A.大修理　　　　B.更新
C.经常性修理　　D.日常保养
E.现代化改装

【答案】BE

【嗨·解析】设备无形磨损的局部补偿是现代化改装。无形磨损与有型磨损的全部补偿是更新。

二、设备更新方案的比选原则

（一）设备更新的概念与策略

1.概念

设备更新是对旧设备的整体更换，可分为原型设备更新和新型设备更新，通常所说的设备更新主要是指原型设备更新；就实物形态而言，设备更新是用新的设备替换陈旧落后的设备；就价值形态而言，设备更新是设备在运动中消耗掉的价值的重新补偿。

2.策略

通常优先考虑更新的设备是：

（1）设备损耗严重，大修后性能、精度仍不能满足规定工艺要求的。

（2）设备损耗虽在允许范围之内，但技术已经陈旧落后，能耗高、使用操作条件不好、对环境污染严重，技术经济效果很不好。

（3）设备役龄长，大修虽然能恢复精度，但经济效果上不如更新的。

（二）设备更新方案的比选原则（表1Z101050-3）

设备更新方案的比选　表1Z101050-3

基本原则		设备更新的基本原理和评价方法与互斥性投资方案比选相同
比选原则		站在客观的立场：若要保留旧设备，要付出相当于旧设备当前市场价值的投资，才能取得旧设备的使用权
		不考虑沉没成本
		逐年滚动比较：计算比较新旧设备的经济寿命，确定最佳更新时机
沉没成本	概念	既有企业过去投资决策发生的、非现在决策能改变、已计入过去投资费用回收计划的费用
	计算	沉没成本=设备账面价值-当前市场价值 或：沉没成本=（设备原值-历年折旧费）-当前市场价值

【经典例题】3.某设备三年前购买的原始成本是90000元，目前的账面价值为40000元，经过评估，该设备现在的净残值为18000元。则在设备更新方案比选中，该设备的沉没成本是（　　）元。

A.18000　B.22000　C.40000　D.90000

【答案】B

【嗨·解析】沉没成本=账面价值-净残值。本题沉没成本=40000-18000=22000。

【经典例题】4.某设备6年前的原始成本为90000元，目前的账面价值为30000元，现在的市场价值为16000元，则该设备的沉没成本为（　　）元。

A.10000　B.14000　C.44000　D.60000

【答案】B

【嗨·解析】沉没成本=账面价值-净残值。本题沉没成本=30000-16000=14000。

三、设备更新方案的比选方法

（一）设备寿命的概念（表1Z101050-4）

现代设备的寿命，不仅要考虑自然寿命，而且还要考虑设备的技术寿命和经济寿命。

设备寿命比较　表1Z101050-4

自然寿命 （物质寿命）	概念	指设备从投入使用开始，直到因物质磨损严重而不能继续使用、报废为止所经历的全部时间
	内涵	主要是由设备的有形磨损所决定的； 设备的自然寿命不能成为设备更新的估算依据
技术寿命 （有效寿命）	概念	指设备从投入使用到因技术落后而被淘汰所延续的时间，也即是指设备在市场上维持其价值的时间
	内涵	主要是由设备的无形磨损所决定的； 在估算设备寿命时，必须考虑设备技术寿命期限的变化特点及其使用的制约或影响
经济寿命	概念	指设备从投入使用开始，到继续使用在经济上不合理而被更新所经历的时间
	内涵	它是由设备维护费用的提高和使用价值的降低决定的； 经济寿命就是从经济观点（即成本观点或收益观点）确定的设备更新的最佳时刻

【经典例题】5.关于设备技术寿命的说法，正确的有（　　）。

A.设备的技术寿命是指设备年平均维修费用最低的使用年限

B.设备的技术寿命受产品质量和精度要求的影响

C.设备的技术寿命一般长于设备的自然寿命

D.一般情况下，科学技术进步越快，设备的技术寿命越短

E.设备的技术寿命主要是由设备的有形磨损决定的

【答案】BD

【嗨·解析】设备技术寿命是指设备从投入使用到因技术落后而被淘汰所延续的时间,也即是指设备在市场上维持其价值的时间,A错误。设备技术寿命一般短于设备的自然寿命,C错误。技术寿命主要由无形磨损决定。E错误。

（二）设备经济寿命的估算（表1Z101050-5）

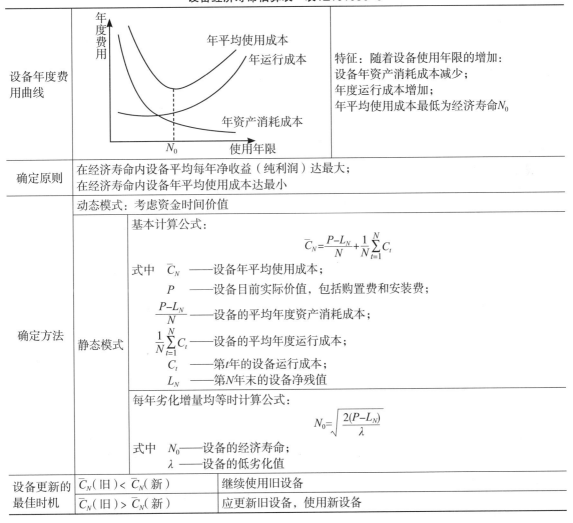

设备经济寿命估算表　表1Z101050-5

设备年度费用曲线	（图示）	特征：随着设备使用年限的增加： 设备年资产消耗成本减少； 年度运行成本增加； 年平均使用成本最低为经济寿命N_0
确定原则	在经济寿命内设备平均每年净收益（纯利润）达最大； 在经济寿命内设备年平均使用成本达最小	
确定方法	动态模式：考虑资金时间价值	
	静态模式	基本计算公式： $$\overline{C}_N = \frac{P-L_N}{N} + \frac{1}{N}\sum_{t=1}^{N}C_t$$ 式中 $\overline{C}_N$ ——设备年平均使用成本； P ——设备目前实际价值，包括购置费和安装费； $\frac{P-L_N}{N}$ ——设备的平均年度资产消耗成本； $\frac{1}{N}\sum_{t=1}^{N}C_t$ ——设备的平均年度运行成本； C_t ——第t年的设备运行成本； L_N ——第N年末的设备净残值 每年劣化增量均等时计算公式： $$N_0 = \sqrt{\frac{2(P-L_N)}{\lambda}}$$ 式中 N_0——设备的经济寿命； λ ——设备的低劣化值
设备更新的最佳时机	$\overline{C}_N(旧) < \overline{C}_N(新)$	继续使用旧设备
	$\overline{C}_N(旧) > \overline{C}_N(新)$	应更新旧设备，使用新设备

例题：设有一台设备，目前实际价值P=8000元，预计残值L_N=800元，第一年的设备运行成本Q=600元，每年设备的劣化增量是均等的，年劣化值=300元，求该设备的经济寿命。

解：$N_0 = \sqrt{\frac{2 \times (8000-800)}{300}}$ =7年。

【经典例题】6.某设备在不同的使用年限（1~6年）下，年资产消耗成本和年运行成本见下表。则该设备的经济寿命为（　　）年。

使用年限（年）	1	2	3	4	5	6
年资产消耗成本（万元）	90	50	35	23	20	18
年运行成本（万元）	20	25	30	35	40	45

A. 6   B. 5   C. 4   D. 3

【答案】B

【嗨·解析】年平均使用成本最低时为该设备的经济寿命。

使用年限（年）	1	2	3	4	5	6
年资产消耗成本（万元）	90	50	35	23	20	18
年运行成本（万元）	20	25	30	35	40	45
年平均运行成本（万元）	20	22.5	25	27.5	30	32.5
年平均使用成本（万元）	110	72.5	60	50.5	50	50.5

【经典例题】7.（2016年真题）某企业2005年年初以3万元的价格购买了一台新设备，使用7年后发生故障不能正常使用，且市场上出现了技术更先进、性能更完善的同类设备，但原设备经修理后又继续使用，至2015年末不能继续修复使用而报废，则该设备的自然寿命为（　　）年。

A. 7   B. 10   C. 12   D. 11

【答案】D

【嗨·解析】设备从2005年初购入，一直使用到2015年末，总计11年。

章节练习题

一、单项选择题

1. 设备在使用过程中,磨损的程度与使用强度和使用时间长度有关的属于( )。
   A.第一种有形磨损
   B.第一种无形磨损
   C.第二种有形磨损
   D.第二种无形磨损

2. 某设备一年前购入后长时间使用,造成磨损。此间由于制造工艺改进,使该种设备制造成本降低,其市场价格也随之下降。那么,该设备遭受了( )。
   A.第一种有形磨损和第二种无形磨损
   B.第二种有形磨损和第一种无形磨损
   C.第一种有形磨损和第一种无形磨损
   D.第二种有形磨损和第二种无形磨损

3. 家庭的半自动洗衣机,经过多次维修也无法使用,准备购买全自动的新洗衣机,这一措施属于对( )。
   A.有形磨损的局部补偿
   B.有形磨损的完全补偿
   C.无形磨损的局部补偿
   D.无形磨损的完全补偿

4. 设备在闲置过程中受自然力的作用而产生的实体磨损,如金属件生锈、腐蚀、橡胶件老化等,称为( )。
   A.第一种有形磨损
   B.第二种有形磨损
   C.第一种无形磨损
   D.第二种无形磨损

5. 设备的无形磨损是( )的结果。
   A.错误操作   B.技术进步
   C.自然力侵蚀   D.超负荷使用

6. 无形磨损的局部补偿形式是( )。
   A.保养   B.修理
   C.更新   D.现代化改装

7. 某设备三年前购买的原始成本是90000元,目前的账面价值为40000元,经过评估,该设备现在的净残值为13000元。则在设备更新方案比选中,该设备的沉没成本是( )元。
   A.18000   B.27000   C.77000   D.37000

8. 某设备4年前的原始成本为10000元,目前的账面价值是4000元,可变现净值为1500元,在进行设备更新分析时,应视为该设备沉没成本的价值( )元。
   A.2500   B.8500   C.10000   D.1500

9. 不能作为设备更新估算依据的是设备的( )。
   A.技术寿命   B.自然寿命
   C.经济寿命   D.有效寿命

10. 关于设备的技术寿命的说法,正确的是( )。
    A.完全未使用的设备技术寿命不可能为0
    B.设备的技术寿命一般低于自然寿命
    C.科技进步速度越快,设备的技术寿命越长
    D.设备的技术寿命主要由其有形磨损决定

11. 某设备目前实际价值为20万元,预计残值为2万元,第1年设备运行成本为1600元,每年设备的劣化增量是均等的,年劣化值为400元,则此设备的经济寿命是( )年。
    A.10   B.20   C.30   D.40

二、多项选择题

1. 对设备可消除的有形磨损进行的补偿方式有( )。
   A.更新   B.现代化改装
   C.大修理   D.日常保养
   E.淘汰

2. 通常优先考虑更新的设备是( )。
   A.设备损耗严重,大修后性能、精度仍不能满足规定工艺要求的
   B.设备耗损虽在允许范围之内,但技术已经

陈旧落后，能耗高、使用操作条件不好
C.对环境污染严重，技术经济效果很不好的
D.设备役龄长，大修虽然能恢复精度，但经济效果上不如更新的
E.无形磨损较小的设备

3.在实际设备更新方案比选时，应遵循的原则包括（　　）。
A.不考虑沉没成本　　B.逐年滚动比较
C.不考虑无形磨损　　D.不考虑设备折旧
E.不考虑综合磨损

4.关于设备寿命的说法，正确的有（　　）。
A.设备的经济寿命是从经济观点确定的设备更新的最佳时间
B.设备的使用年限越长，设备的经济性越好
C.设备的合理维修和保养可以避免设备的无形磨损
D.设备的技术寿命主要是由设备的无形磨损决定的
E.设备的自然寿命是由设备的综合磨损决定的

5.确定设备经济寿命的原则是（　　）。
A.使设备在经济寿命内平均每年净收益（纯利润）达到最大
B.使设备在经济寿命内一次性投资和各种经营费总和达到最小
C.设备生产效率最高
D.设备生产效率最低
E.设备已用了10年以上

参考答案及解析

一、单项选择题

1.【答案】A
【解析】设备在使用过程中，磨损的程度与使用强度和使用时间长度有关的属于第一种有形磨损。

2.【答案】C

【解析】使用是第一种有形磨损，工艺改进该种设备价值降低是第一种无形磨损。

3.【答案】B
【解析】无法使用换新的是有形磨损的完全补偿。

4.【答案】B
【解析】设备在闲置过程中受自然力的作用而产生的实体磨损，如金属件生锈、腐蚀、橡胶件老化等，称为第二种有形磨损。

5.【答案】B
【解析】无形磨损是由于技术进步的结果。

6.【答案】D
【解析】无形磨损的局部补偿形式是现代化改装。

7.【答案】B
【解析】沉没成本=40000−13000=27000。

8.【答案】A
【解析】沉没成本=4000−1500=2500。

9.【答案】B
【解析】自然寿命不能作为设备更新估算依据。

10.【答案】B
【解析】技术淘汰设备快于自然淘汰。

11.【答案】C
【解析】
$$N_0=\sqrt{\frac{2(P-L)}{\lambda}}=\sqrt{\frac{2(实际价值-残值)}{年劣化值}}=\sqrt{\frac{2\times(200000-20000)}{400}}=30。$$

二、多项选择题

1.【答案】AC
【解析】有形磨损进行的补偿方式有更新、大修理。

2.【答案】ABCD
【解析】通常优先考虑更新的设备是：
（1）设备损耗严重，大修后性能、精度仍不能满足规定工艺要求的；

（2）设备耗损虽在允许范围之内，但技术已经陈旧落后，能耗高、使用操作条件不好、对环境污染严重，技术经济效果很不好的；

（3）设备役龄长，大修虽然能恢复精度，但经济效果上不如更新的。

3.【答案】AB

【解析】实际设备更新方案比选时，应遵循如下原则：（1）设备更新分析应站在客观的立场分析问题；（2）不考虑沉没成本；（3）逐年滚动比较。

4.【答案】AD

【解析】设备的经济寿命是从经济观点确定的设备更新的最佳时间，设备的技术寿命主要是由设备的无形磨损决定的。年限越长，经济性不一定越好。无形磨损不可避免。自然寿命由有形磨损决定。

5.【答案】AB

【解析】确定设备经济寿命期的原则是：

（1）使设备在经济寿命内平均每年净收益（纯利润）达到最大；

（2）使设备在经济寿命内一次投资和各种经营费总和达到最小。

1Z101060 设备租赁与购买方案的比选分析

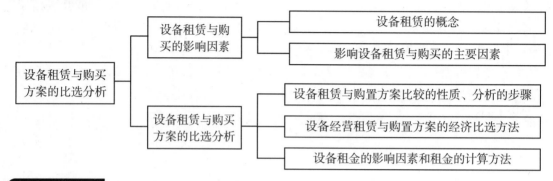

核心内容讲解

一、设备租赁与购买的影响因素

（一）设备租赁的概念

1.设备租赁：设备使用者（承租人）按照合同规定，按期向设备所有者（出租人）支付一定费用而取得设备使用权的一种经济活动。

2.设备租赁一般有融资租赁和经营租赁两种方式（表1Z101060-1）。

经营租赁与融资租赁　　表1Z101060-1

租赁分类	融资租赁	租赁双方不得任意中止和取消租约； 使用范围：贵重的设备，如地铁盾构、车皮等； 融资租赁的设备作为企业自有固定资产使用，可以计算折旧
	经营租赁	可随时以一定方式通知对方后在规定期限内取消或终止租约； 使用范围：临时使用设备，如车辆、仪器等
租赁优点		在资金短缺的情况下，既可用较少资金获得生产继续的设备，也可以引进先进设备； 可获得良好的技术服务； 可以保持资金的流动状态，不会使企业资产负债状况恶化； 可避免通货膨胀和利率波动的冲击，减少投资风险； 设备租金可在所得税前扣除，能享受税费上的利益
租赁缺点		承租人无权随意对设备进行改造，不能处置设备，也不能用于担保、抵押贷款；但是可以修理； 承租人在租赁期间所交的租金总额一般比直接购置设备的费用要高； 长年支付租金，形成长期负债； 融资租赁合同规定严格，毁约要赔偿损失，罚款较多等

（二）影响设备租赁与购买的主要因素（表1Z101060-2）

影响设备租赁与购买的主要因素　　表1Z101060-2

影响设备投资因素	项目的寿命期； 企业需要长期或短期占有这种设备； 设备的技术性能和生产效率； 设备对工程质量的保证程度，对原材料、能源的消耗量，以及设备生产的安全性； 设备的成套性、灵活性、耐用性、环保性和维修的难易程度； 设备的经济寿命； 技术过时风险的大小； 设备的资本预算计划、资金可获量，融通资金时借款利息或利息高低
影响设备租赁因素	租赁期的长短； 设备租金额； 租金的支付方式； 企业经营费用减少与折旧费和利息减少的关系；租赁的节税优惠； 预付资金、租赁保证金和租赁担保费用； 维修方式； 租赁期满，资产的处理方式； 租赁机构的信用度、经济实力，与承租人的配合情况
影响设备购买因素	设备的购置价格、设备价款的支付方式，支付币种和支付利息等； 设备的年运转费用和维修方式、维修费用； 保险费，包括购买设备的运输保险费，使用设备的各种财产保险费

【经典例题】1.对承租方来说，经营性租赁设备与购买设备相比的优点有（　　）。

A.可以避免设备的第一种无形磨损

B.可缓解短期内资金不足的困难

C.可以根据需要随时处置设备

D.可以享受税费上的利益

E.可以用租赁设备进行抵押贷款

【答案】BD

【嗨·解析】无形磨损不可避免，A错误。租赁设备不可随时处置，C错误。租赁设备不可抵押贷款，E错误。

【经典例题】2.下列关于设备租赁的说法，错误的是（　　）。

A.融资租赁通常适用于长期使用的贵重设备

B.临时使用的设备适宜采用经营租赁方式

C.经营租赁的任一方可以以一定方式在通知对方后的规定期限内取消租约

D.租赁期内，融资租赁承租人拥有租赁设备的所有权。

【答案】D

【嗨·解析】租赁期内，融资租赁出租人拥有租赁设备的使用权，而不是所有权。其他选项正确。

二、设备租赁与购买方案的比选分析

（一）设备租赁与购置方案比较的性质、分析的步骤

1.租赁费用

租赁费用主要包括：租赁保证金、租金、担保费。

采用购置设备或是采用租赁设备应取决于这两种方案在经济上的比较，比较的原则和方法与一般的互斥投资方案的比选方法相同。

2.分析的步骤（表1Z101060-3）

设备租赁与购置方案分析的步骤　　表1Z101060-3

分析的步骤	提出设备更新投资建议		
	拟定设备更新、投资方案：购置方案和租赁方案		
	定性分析筛选方案	分析企业财务能力	
		分析设备技术风险	对技术过时风险大、保养维护复杂、使用时间短的设备：选择经营租赁方案；
			对技术过时风险小，使用时间长的大型专用设备：选择融资租赁方案或购置方案
	定量分析方案：作出决策		

（二）设备经营租赁与购置方案的经济比选方法

主要比较二者的净现金流量，见表1Z101060-4。

租赁与购买的比选　　表1Z101060-4

设备经营租赁方案的净现金流量	计算式	净现金流量=销售收入–经营成本–租赁费用–与销售相关的税金–所得税×（销售收入–经营成本–租赁费用–与销售相关的税金）
	租赁费用	租赁费用主要包括：租赁保证金、租金、担保费；租赁费用进入总成本
购买设备方案的净现金流量	计算式	净现金流量=销售收入–经营成本–设备购置费–贷款利息–与销售相关的税金–所得税×（销售收入–经营成本–折旧–贷款利息–与销售相关的税金）
	注意	设备购置费不进入总成本，仅以折旧和贷款利息进入总成本
设备租赁与购置方案的经济比选	性质	互斥方案优选问题
	方法	寿命相同时：净现值或费用现值法；设备寿命不同：净年值或年成本法
	原则	互斥方案比选的增量原则，比较它们之间的差异部分：设备租赁：所得税率×租赁费–租赁费设备购置：所得税率×（折旧+贷款利息）–设备购置费用–贷款利息
小结	租赁设备时租金计入成本；购买设备时每年计提的折旧费及利息可以计入成本。由于企业依据利润大小缴纳所得税，因此，在考虑税收优惠影响下，选择税后收益更大或税后成本更小的方案		

（三）设备租金的影响因素和租金的计算方法

1.影响因素

设备的价格、融资的利息及费用、各种税金、租赁保证金、运费、租赁利差、各种费用的支付时间，租金采用的计算公式。

2.附加率法

附加率法是在租赁资产的设备货价或概算成本上再加上一个特定的比率来计算租金的；

$$租金 = P \times (\frac{1}{N} + i + r)$$

式中　P——租赁资产价格；
　　　N——租赁期数；
　　　i——与租赁期数相对应的利率；
　　　r——附加率。

3.年金法

年金法：将一项租赁资产价值按动态等额分摊到未来各租赁期间内的租金计算方法，有期末支付和期初支付租金之分。

（1）期末支付年金：期末支付方式是在每期期末等额支付租金。其公式为：

$$R_a = P\frac{i(1+i)^N}{(1+i)^N-1}$$

P为租赁资产价格；N为租赁期数；i为租赁期内的利率或折现率。

（2）期初支付：期初支付方式是在每期期末等额支付租金。其公式为：

$$R_b = P\frac{i(1+i)^{N-1}}{(1+i)^N-1}$$

P为租赁资产价格；N为租赁期数；i为租赁期内的利率或折现率。

【经典例题】3.某施工企业拟租赁一施工设备，租金按附加率法计算，每年年末支付。已知设备的价格为95万元，租期为6年，折现率为8%，附加率为5%，则该施工企业每年年末应付租金为（　　）万元。

A.17.89　B.20.58　C.23.43　D.28.18

【答案】D

【嗨·解析】$R=95×（1/6+8\%+5\%）=28.18$万元。

【经典例题】4.某建筑公司融资租赁一台施工设备，设备价格为300万元，租期为6年，每年年末支付租金，折现率为6%，附加率为3%，租赁保证金为30万元，租赁保证金在租赁期满时退还，担保费为2万元，租赁保证金和担保费的时间价值忽略不计，则按附加率法计算的年租金为（　　）万元。

A.68.0　B.77.0　C.79.0　D.81.6

【答案】B

【嗨·解析】$R=300（1/6+6\%+3\%）=77$万元。

【经典例题】5.某施工企业拟从租赁公司租入一台施工机械设备，设备价格为50万元，租期5年，每年年末支付租金，折现率为10%，则用年金法计算该施工企业每年应支付的租金为（　　）万元。

A.13.19　B.11.99　C.18.86　D.15.54

【答案】A

【嗨·解析】$R_a = P\frac{i(1+i)^N}{(1+i)^N-1}$，$i=10\%$，$n=5$，$P=50$，代入公式，答案为A。

章节练习题

一、单项选择题

1. 关于设备租赁的说法，错误的是（   ）。
   A 融资租赁通常适用于长期使用的贵重设备
   B 临时使用的设备适宜采用经营租赁方式
   C 融资租赁的任一方可以以一定方式在通知对方后的规定期限内取消租约
   D 租赁期内，融资租赁出租人拥有租赁设备的所有权

2. 在设备融资租赁中，如果租赁双方承担确定时期的租让和付费义务，而不得任意终止和取消租约。宜采用这种方法的设备是（   ）。
   A.车辆　　　　　　B.仪器
   C.搅拌机　　　　　D.重型机械设备

3. 某施工企业拟租赁一台施工机械，已知该施工机械的价格为72万元，租期为7年，每年末支付租金，租金按附加率法计算，折现率为10%，附加率为4%，则每年应付租金为（   ）万元。
   A.13.44　　B.20.37　　C.12.27　　D.14.79

4. 将租赁资产的价值动态等额分摊到未来各租赁期间加以确定租金的方法，称为（   ）。
   A.附加率法　　　　B.折现率法
   C.低劣化数值法　　D.年金法

5. 租赁公司购买一台设备用于出租，设备的价格为128万元，可以租赁6年，每年年末支付租金，折现率为10%，附加率为4%，租赁保证金和设备费的时间价值忽略不计，则按附加率法计算的年租金为（   ）万元。
   A.34.99　　B.28.59　　C.24.32　　D.39.25

6. 设备的比选分析，充分考虑各种方式的税收优惠影响下，应该选择（   ）。
   A.税后收益更大或税后成本更小的方案
   B.税后收益更小的
   C.税后成本最大的
   D.税后成本更大的

二、多项选择题

1. 对于承租人来说，经营性租赁设备与购买设备相比的优越性体现在（   ）。
   A.在资金短缺时可用较少资金获得急需的设备
   B.可获得良好的技术服务
   C.可减少投资风险
   D.在租赁期间可以将设备用于抵押贷款
   E.租金可以在税前扣除，能享受税费上的优惠

2. 对于购买设备，应考虑的影响因素有（   ）。
   A.设备的购置价格、设备价款的支付方式，支付币种和支付利率等
   B.设备的年运转费用和维修方式、维修费用
   C.保险费
   D.租金
   E.租赁担保费

3. 设备购买与租赁比较分析时，如果按增量原则进行比选，需比较的内容包括（   ）。
   A.设备的租赁费
   B.经营成本
   C.折旧与贷款利息
   D.销售收入
   E.与销售相关的税金

参考答案及解析

一、单项选择题

1.【答案】C
【解析】租赁期内，经营租赁任一方可以以一定方式通知对方后取消租约。

2.【答案】D

【解析】融资租赁适合租赁贵重设备。

3.【答案】B

【解析】

$R = \dfrac{设备原价}{租期} + 设备价格 \times 利率 + 设备价格 \times 附加率$

$\dfrac{72}{7} + 72 \times 10\% + 72 \times 4\% = 20.37$。

4.【答案】D

【解析】将租赁资产的价值动态等额分摊到未来各租赁期间加以确定租金的方法，称为年金法。

5.【答案】D

【解析】

$R = \dfrac{设备原价}{租期} + 设备价格 \times 利率 + 设备价格 \times 附加率 = 39.25$。

6.【答案】A

【解析】考虑各种方式的税收优惠影响下，应该选择税后收益更大或税后成本更小的方案。

二、多项选择题

1.【答案】ABCE

【解析】对于承租人来说，设备租赁与设备购买相比的优越性在于：

（1）在资金短缺的情况下，既可用较少资金获得生产急需的设备，也可以引进先进设备，加速技术进步的步伐；

（2）可获得良好的技术服务；

（3）可以保持资金的流动状态，防止呆滞，也不会使企业资产负债状况恶化；

（4）可避免通货膨胀和利率波动的冲击，减少投资风险；

（5）设备租金可在所得税前扣除，能享受税费上的利益。

2.【答案】ABC

【解析】对于设备购买的，除考虑投资因素外，也应考虑如下影响因素：

（1）设备的购置价格、设备价款的支付方式，支付币种和支付利率等；

（2）设备的年运转费用和维修方式、维修费用；

（3）保险费。

3.【答案】AC

【解析】设备购买与租赁比较分析时，如果按增量原则进行比选。只需比较式

租赁：所得税率×租赁费-租赁费

购买：所得税率×（折旧+贷款利息）-设备购置费-贷款利息

1Z101070 价值工程在工程建设中的应用

本节知识体系

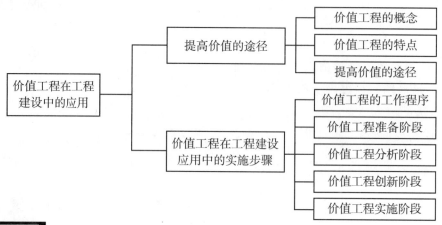

核心内容讲解

一、提高价值的途径

（一）价值工程的概念

价值工程是以提高产品（或作业）价值和有效利用资源为目的，通过有组织的创造性工作，寻求用最低的寿命周期成本，可靠地实现使用者所需功能，以获得最佳的综合效益的一种管理技术。见表1Z101070-1。

价值的含义　表1Z101070-1

价值的含义	价值工程中的"价值"是对象的比较价值； 价值工程涉及价值V、功能F、寿命周期成本C三要素； $V=F/C$
与其他管理技术的区别	价值工程是一种管理技术，这种管理技术主要是降低加工费用； 价值工程强调的是产品的功能分析和功能改进； 价值工程采用以产品功能为中心分析成本的事前成本计算方法； 价值工程是采用系统的工作方法，通过各相关领域的协作，对所研究对象功能与成本、效益与费用之间进行系统分析，不断创新，旨在提高所研究对象价值的思想方法和管理技术

（二）价值工程的特点

由价值工程涉及价值、功能和寿命周期成本等三个基本要素。

它有以下特点：

（1）价值工程的目标，是以最低的寿命周期成本，使产品具备它所必须具备的功能。产品的寿命周期成本由生产成本和使用及维护成本组成。产品的生产成本与使用及维护成本存在此消彼长的关系。随着产品功能水平提高，产品的生产成本增加，使用及维护成本降低。

（2）价值工程的核心，是对产品进行功能分析。

（3）价值工程将产品价值、功能和成本作为一个整体同时来考虑。

（4）价值工程强调不断改革和创新。

（5）价值工程要求将功能定量化。
（6）价值工程是以集体智慧开展的有计划、有组织、有领导的管理活动。

（三）提高价值的途径（表1Z101070-2）

提高价值的途径　表1Z101070-2

基本原理		$V=F/C$	
途径	双向型	功能F提高，成本C降低：这是提高价值的最好途径	
	改进型	功能F提高，成本C不变（不花钱提高功能）	
	投资型	功能F大幅度提高，成本C略有提高（花钱提高功能，如电视塔上增加旋转餐厅）	
	节约型	功能F不变，成本C降低（不影响功能降低成本）	
	牺牲型	功能F略有减低，成本C大幅度降低（影响功能降低成本，如开发老年手机）	
小结	对于建设工程，价值工程应用的重点在规划和设计阶段		

【经典例题】1.产品的寿命周期成本由产品生产成本和（　　）组成。
A.使用及维护成本　　B.使用成本
C.生产前准备成本　　D.资金成本
【答案】A
【嗨·解析】价值工程的目标，是以最低的寿命周期成本，使产品具备它所必须具备的功能。产品的寿命周期成本由生产成本和使用及维护成本组成。

【经典例题】2.价值工程的核心是对产品进行（　　）。
A.成本分析　　B.信息搜集
C.方案创新　　D.功能分析
【答案】D
【嗨·解析】价值工程的核心，是对产品进行功能分析。

二、价值工程在工程建设应用中的实施步骤

（一）价值工程的工作程序

价值工程也像其他技术一样具有自己独特的一套工作程序。在工程建设中，价值工程的工作程序实质就是针对工程产品（或作业）的功能和成本提出问题、分析问题、解决问题的过程。其工作步骤如表1Z101070-3所示。

价值工程在工程建设应用中的实施步骤　表1Z101070-3

工作阶段	工作步骤		对应问题
	基本步骤	详细步骤	
准备阶段	确定目标	1.工作对象选择	1.价值工程的研究对象是什么？
		2.信息资料搜集	
分析阶段	功能分析	3.功能定义	2.这是干什么用的？
		4.功能整理	
	功能评价	5.功能成本分析	3.成本是多少？
		6.功能评价	4.价值是多少？
		7.确定改进范围	
创新阶段	制定创新方案	8.方案创造	5.有无其他方法实现同样功能？
		9.概略评价	
		10.调整完善	6.新方案成本是多少？
		11.详细评价	
		12.提出方案	7.新方案能满足功能要求吗？

续表

实施阶段	方案实施与成果评价	13.方案审批 14.方案实施与检查 15.成果评价	8.偏离目标了吗？

（二）价值工程准备阶段（表1Z101070-4）

价值工程对象选择　表1Z101070-4

对象选择	考虑条件	设计方面	结构复杂、性能和技术指标差、体积和重量大的工程产品
		施工生产方面	量大面广、工序繁琐、工艺复杂、原材料和能源消耗高、质量难于保证的工程产品
		市场方面	用户意见多和竞争力差的工程产品
		成本方面	成本高或成本比重大的工程产品
	常用方法	因素分析法；ABC分析法；强制确定法；百分比分析法；价值指数法	

（三）价值工程分析阶段

价值工程分析阶段主要工作是功能定义、功能整理与功能评价。见表1Z101070-5。

价值工程分析阶段　表1Z101070-5

功能定义	功能分类	按照重要程度	基本功能	承重外墙的基本功能是承受荷载；室内间壁墙的基本功能是分隔空间
			辅助功能	墙体的隔声、隔热就是墙体的辅助功能
		按照用户需求	必要功能	包括：使用功能、美学功能、基本功能、辅助功能；价值工程研究的是必要功能
			不必要功能	多余功能、重复功能、过剩功能
		按照功能整理的逻辑关系	并列功能	住宅并列功能有遮风、避雨、保温、隔热、采光、通风、隔声、防潮、防火、防震等功能
			上下位功能	住宅的最基本功能是居住
	结论			可以说价值工程是以功能为中心，在可靠地实现必要的功能基础上来考虑降低产品成本的是上位功能，通风是下位功能
	定义过程			产品名称→物理特性→功能特性→功能名称 产品名称→功能名称
功能整理	功能系统图：反映功能的目的和手段的关系			
功能评价	概念			评定功能的价值
	方法			功能重要性系数评价法
	成本分类			价值工程的成本：现实成本与目标成本
	步骤			功能现实成本的计算； 功能评价值F的计算； 计算功能价值V，分析成本功能的合理匹配程度； 确定价值工程对象的改进范围：对产品进行价值分析，就是要使每个产品部件的价值系数尽可能趋近于1

功能价值V的计算方法可分为两大类，即功能成本法与功能指数法。主要介绍功能成本法，见表1Z101070-6。

功能成本法 表1Z101070-6

功能成本法	计算内容		功能现实成本C 功能评价值F 功能价值V=F/C
	评判标准	$V=1$	功能评价值等于功能现实成本； 说明评价对象的价值最佳，无需改进
		$V<1$	功能现实成本大于功能评价值； 表明评价对象的现实成本偏高，而功能要求不高；一种可能是存在着过剩的功能；另一种可能是功能虽无过剩，但实现功能的条件或方法不佳； 必须作为改进对象
		$V>1$	功能现实成本小于功能评价值； 需要具体分析：可能功能与成本分配已较理想，或者有不必要的功能，或者应该提高成本
		$V=0$	需要进一步分析：如果是不必要的功能，则取消该评价对象；如果是最不重要的必要功能，要根据实际情况处理
	改进对象		F/C值低的功能：特别是V值比1小得较多的功能区域 △C=(C-F)值大的功能：如果有几个功能对象的V都很低，则应该选择△C值较大的作为优先功能对象； 复杂的功能； 问题多的功能
			越接近功能系统图的末端，改进的余地越小；越接近功能系统图的前端，功能改进就可以越大

（四）价值工程创新阶段（表1Z101070-7）

创新阶段 表1Z101070-7

方案创造	依据	方案创造的理论依据是功能载体具有替代性
	方法	头脑风暴法、歌顿法（模糊目标法）、专家意见法（德尔菲法）、专业检查法等
方案评价	概念	方案评价是在方案创造的基础上对若干新构思的方案进行技术、经济、社会和环境效果等方面的评价，以便于选择最佳方案
	步骤	概略评价→详细评价→综合评价
	内容	技术评价、经济评价、社会评价、环境评价

（五）价值工程实施阶段（表1Z101070-8）

实施阶段 表1Z101070-8

做到四个落实	组织落实，即要把具体的实施方案落实到职能部门和有关人员； 经费落实，即要把实施方案所需经费的来源和使用安排落实好； 物质落实，即要把实施方案所需的物资、装备等落实好； 时间落实，即要把实施方案的起止时间及各阶段的时间妥善安排好

【经典例题】3.价值工程分析阶段的工作步骤是（　　）。

A.功能整理→功能定义→功能成本分析→功能评价→确定改进范围

B.功能定义→功能评价→功能整理→功能成本分析→确定改进范围

C.功能整理→功能定义→功能评价→功能成本分析→确定改进范围

D.功能定义→功能整理→功能成本分析→功能评价→确定改进范围

【答案】D

【嗨·解析】本题是排序题，经济考试中关于工作步骤主要的考察方式就是排序。本题首先应做功能定义，然后是功能整理、成本分析、评价、最后确定改进范围。正确答案为D。

【经典例题】4.某项目的建筑工程可划分为甲、乙、丙、丁四个功能区域，各功能区域现实成本和目标成本见下表，根据功能价值，应作为价值工程优先改进对象的是（　　）。

A.丙　　B.丁　　C.甲　　D.乙

	甲	乙	丙	丁
现实成本（元）	1100	2350	9000	3040
目标成本（元）	1000	2000	9800	2800
功能价值	0.909	0.851	1.089	0.921

【答案】D

【嗨·解析】确定改进对象，功能小于1的一般都要改进。甲、乙、丁都要改进，优先改进目标成本/现实成本最低的功能，所以本题应选择乙。

【经典例题】5.（2015年真题）四个互斥性施工方案的功能系数和成本系数如下表。从价值工程角度最优的方案是（　　）。

方案	甲	乙	丙	丁
功能系数	1.20	1.25	1.05	1.15
成本系数	1.15	1.01	1.05	1.20

A.甲　　B.乙　　C.丙　　D.丁

【答案】C

【嗨·解析】$V=\dfrac{F}{C}$，选择价值=1的选项为最优。$V=1$，表示功能评价值等于功能现实成本，这表明评价对象的功能现实成本与实现功能所必需的最低成本大致相当，说明评价对象价值为最佳，一般无须改进。本题正确选项为C。

章节练习题

一、单项选择题

1. 价值工程与一般投资决策理论不同,强调的是产品的功能分析和（　　）。
   A. 用途最大　　　B. 成本最低
   C. 价值合理　　　D. 功能改进

2. 价值工程中"价值"的含义是（　　）。
   A. 产品功能与其全部费用的比值
   B. 产品的交换价值
   C. 产品全寿命时间价值
   D. 产品的使用价值

3. 降低产品成本都有局限性,而价值工程改变过去以物品或结构为中心的思考方法,从产品的（　　）出发,在设计过程中,重新审核设计图纸,对产品作设计改进。
   A. 功能　　B. 价值　　C. 形状　　D. 特性

4. 在一定范围内,产品生产成本与使用及维护成本的关系是（　　）。
   A. 随着产品功能水平的提高,产品的生产成本增加,使用及维护成本降低
   B. 随着产品功能水平的提高,产品的生产成本减少,使用及维护成本降低
   C. 随着产品功能水平的降低,产品的生产成本增加,使用及维护成本提高
   D. 随着产品功能水平的提高,产品的生产成本减少,使用及维护成本提高

5. 根据价值工程的原理,提高产品价值最理想的途径是（　　）。
   A. 产品功能有较大幅度提高,产品成本有较小提高
   B. 在产品成本不变的条件下,提高产品功能
   C. 在提高产品功能的同时,降低产品成本
   D. 在保持产品功能不变的前提下,降低产品成本

6. 提高价值的途径中,"节约型"途径的基本思想是（　　）。
   A. 在保持产品功能不变的前提下,通过降低成本达到提高价值的目的
   B. 在提高产品功能的同时,降低产品成本
   C. 产品功能有较大幅度提高,产品成本有较少提高
   D. 在产品功能略有下降、产品成本大幅度降低的情况下,达到提高产品价值的目的

7. 定义产品是干什么用的,是价值工程哪个阶段（　　）。
   A. 功能定义　　　B. 工作对象选择
   C. 功能成本分析　D. 功能评价

8. 住宅必须具有遮风、避雨、保温、隔热、采光、通风、隔声、防潮、防火、防震等功能,这些功能属于（　　）。
   A. 总体功能　　　B. 并列功能
   C. 局部功能　　　D. 上下位功能

9. 某公司为了站稳市场,对占市场份额比较大的四种产品进行功能价值分析,得到相应的价值系数分别是：$V_甲=0.5$，$V_乙=0.8$，$V_丙=1.1$，$V_丁=1.5$，该公司应重点研究改进的产品是（　　）。
   A. 产品甲　　　　B. 产品乙
   C. 产品丙　　　　D. 产品丁

10. 通过计算产品功能价值对产品构配件的价值分析,使每个部件的价值系数尽可能趋近于1,为此,确定的改进对象不包括（　　）。
    A. F/C值低的功能
    B. $\triangle C=（C-F）$值小的功能
    C. 复杂的功能
    D. 问题多的功能

二、多项选择题

1. 价值工程准备阶段,包括（　　）。
   A. 工作对象选择　B. 信息资料搜集
   C. 功能定义　　　D. 功能整理
   E. 功能评价

2.价值工程分析阶段主要工作是（　　）。
　A.功能定义　　　　　B.功能整理
　C.功能评价　　　　　D.方案创造
　E.方案评价

3.计算功能价值，对成本功能的合理匹配程度进行分析，若零部件的价值系数小于1，表明该零部件有可能（　　）。
　A.成本支出偏高　　　B.成本支出偏低
　C.功能过剩　　　　　D.功能不足
　E.成本支出与功能相当

4.价值工程活动中，通过综合评价选出的方案，送决策部门审批后便可实施。为了保证方案顺利实施，应做到四个落实，分别是（　　）。
　A.经费落实　　　　　B.物质落实
　C.制度落实　　　　　D.时间落实
　E.组织落实

参考答案与解析

一、单项选择题

1.【答案】D
【解析】价值工程与一般投资决策理论不同，强调的是产品的功能分析和功能改进。

2.【答案】A
【解析】价值工程中"价值"的含义是产品功能与其全部费用的比值。

3.【答案】A
【解析】降低产品成本都有局限性。而价值工程改变过去以物品或结构为中心的思考方法，从产品的功能出发，在设计过程中，重新审核设计图纸，对产品作设计改进。

4.【答案】A
【解析】随着产品功能水平的提高，产品的生产成本增加，使用及维护成本降低。

5.【答案】C
【解析】在提高产品功能的同时，又降低产品成本，这是提高价值最为理想的途径。

6.【答案】A
【解析】节约型—在保持产品功能不变的前提下，通过降低成本达到提高价值的目的。

7.【答案】A
【解析】这是干什么用的，是功能定义阶段。

8.【答案】B
【解析】并列功能是指产品功能之间属于并列关系，如住宅必须具有遮风、避雨、保温、隔热、采光、通风、隔声、防潮、防火、防震等功能。

9.【答案】A
【解析】研究V最小的，远小于1的。

10.【答案】B
【解析】要改进$\Delta C=(C-F)$值大的。

二、多项选择题

1.【答案】AB
【解析】价值工程准备阶段，包括工作对象选择、信息资料搜集。

2.【答案】ABC
【解析】价值工程分析阶段主要工作是功能定义、功能整理与功能评价。

3.【答案】AC
【解析】$V_i<1$，此时功能现实成本大于功能评价值。表明评价对象的现实成本偏高，而功能要求不高，一种可能是存在着过剩的功能；另一种可能是功能虽无过剩，但实现功能的条件或方法不佳，以致使实现功能的成本大于功能的实际需要。

4.【答案】ABDE
【解析】价值工程活动中，通过综合评价选出的方案，送决策部门审批后便可实施。为了保证方案顺利实施，应做到四个落实。即：
（1）组织落实；
（2）经费落实；
（3）物质落实；
（4）时间落实。

1Z101000 工程经济

1Z101080 新技术、新工艺和新材料应用方案的技术经济分析

本节知识体系

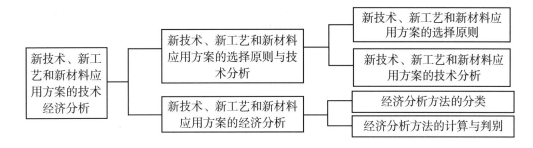

核心内容讲解

一、新技术、新工艺和新材料应用方案的选择原则与技术分析

（一）新技术、新工艺和新材料应用方案的选择原则

一般说来，选择新技术方案时应遵循以下原则：

（1）技术上先进、可靠、适用、合理；

（2）经济上合理：经济合理应是选择新技术方案的主要原则。

【经典例题】1.设工程项目在选择新工艺和新材料时，应遵循的主要原则是（ ）。

A.技术上先进　　　B.技术上合理

C.经济上合理　　　D.技术上超前

【答案】C

【嗨·解析】一般说来，选择新技术方案时应遵循以下原则：

（1）技术上先进、可靠、适用、合理；

（2）经济上合理：经济合理应是选择新技术方案的主要原则。

（二）新技术、新工艺和新材料应用方案的技术分析

新技术应用方案的技术分析，是通过对其方案的技术特性和条件指标进行对比与分析来完成的。见表1Z101080-1。

技术分析内容　表1Z101080-1

技术分析	技术特性分析指标	现浇混凝土强度、现浇工程总量、最大浇筑量等
	技术条件分析指标	方案占地面积、主要材料和构配件供应情况、方案对工程质量的保证程度等
着手内容	分析相关的国内外新技术应用方案，比较优缺点和发展趋势，选择先进适用的应用方案	
	新技术和新工艺应用方案应与采用的原材料相适应；新材料应用方案应与采用的工艺技术相适应	
	技术来源的可得性，若采用引进技术或专利，应比较所需费用	
	分析应用方案是否符合节能、环保的要求	
	分析应用方案对工程质量的保证程度	
	分析应用方案各工序间的合理衔接，工艺流程是否通畅、简捷	

二、新技术、新工艺和新材料应用方案的经济分析

（一）经济分析方法的分类（表1Z101080-2）

新方案的分析方法　表1Z101080-2

分析方法	静态方法	增量投资收益率分析法、年折算费用法和综合总费用法
	动态方法	净现值法、净年值法等

（二）经济分析方法的计算与判别（表1Z101080-3）

经济分析方法的计算与判别汇总表　表1Z101080-3

增量投资收益率法	计算式	现设 I_1、I_2 分别为旧、新方案的投资额，C_1、C_2 为旧、新方案的经营成本（或生产成本）如 $I_2 > I_1$，$C_2 < C_1$，则增量投资收益率为：$$R = \frac{C_1 - C_2}{I_2 - I_1}$$
	判别	增量投资收益率 $R \geq$ 基准投资收益率 R_c，新方案可行； 增量投资收益率 $R <$ 基准投资收益率 R_c，新方案不可行
折算费用法	计算式	新技术方案需要增加投资：比较各方案费用 折算费用=生产成本+投资额×基准投资收益率 投资额=建设投资+流动资金投资
	判别	在多方案比较时，折算费用最小的方案为最优方案
	计算式	新技术方案不需要增加投资：比较各方案工程成本： 折算费用C=生产成本 折算费用=固定成本+变动成本×产量 临界产量 $= \dfrac{固定成本差额}{变动成本差额}$
	判别	产量≥临界产量：新方案可行； 产量<临界产量：新方案不可行
其他指标分析		劳动生产率指标； 缩短工期节约固定费用； 缩短工期的生产资金节约额； 缩短工期提前投产的经济效益

【经典例题】2.某工艺设备原方案的投资额为10万元，经营成本为4.5万元，新方案的投资额为14万元，经营成本为3万元，则增量投资收益率为（　　）。

A.26.1%　B.26.7%　C.37.5%　D.23.6%

【答案】C

【嗨·解析】$R = \dfrac{C_1 - C_2}{I_2 - I_1} = \dfrac{4.5 - 3}{14 - 10} = 37.5\%$。

【经典例题】3.某工程有甲乙丙丁四个实施方案可供选择。四个方案的投资额依次是60万元、80万元、100万元、120万元。年运行成本依次是16万元、13万元、10万元和6万元，各方案应用环境相同。设基准投资率为10%。则采用折算费用法选择的最优方案为（　　）。

A.丁　B.甲　C.乙　D.丙

【答案】A

【嗨·解析】折算费用=生产成本+投资额×基准投资收益率

方案甲=16+60×10%=22万

方案乙=13+80×10%=21万

方案丙=10+100×10%=20万

方案丁=6+120×10%=18万。

【经典例题】4.某项目有甲、乙、丙、丁4个可行方案，投资额和年经营成本见下表。

方案	甲	乙	丙	丁
投资额（万元）	800	800	900	1000
年经营成本（万元）	100	110	100	70

若基准收益率为10%，采用增量投资收益率比选，最优方案为（　　）方案。

A.丁　　B.甲　　C.乙　　D.丙

【答案】A

【嗨·解析】根据投资额和年经营成本，直接排除乙和丙方案，对甲和丁方案计算增量投资收益率：30/200=15%，大于基准收益率，选择丁方案。

章节练习题

一、单项选择题

1. 对新技术方案进行技术经济分析，通过分析、对比、论证，寻求最佳新技术方案。一般说来，除了遵循技术上先进、可靠、适用、合理的原则，还应遵循的主要原则是（　　）。
   A.功能完善　　　　B.经济合理
   C.质量合格　　　　D.进度合理

2. 反映结构工程中混凝土工艺方案技术特性的指标是（　　）。
   A.方案占地面积
   B.现浇混凝土强度
   C.构配件是否能保证供应
   D.主要专用设备是否能保证供应

3. 在工程建设中，对不同的新技术、新工艺和新材料应用方案进行经济分析可采用的静态分析方法有（　　）。
   A.净年值法、净现值法、年折算费用法
   B.年折算费用法、综合总费用法、净年值法
   C.增量投资分析法、净年值法、综合总费用法
   D.增量投资分析法、年折算费用法、综合总费用法

4. 某工艺设备原方案的投资额为12万元，经营成本为4.5万元，新方案的投资额为14万元，经营成本为4万元，则增量投资收益率为（　　）。
   A.32.7%　　B.28.5%　　C.37.5%　　D.25%

5. 某工程施工有两个技术方案可供选择，甲方案需投资180万元，年生产成本为45万元；乙方案需投资220万元，年生产成本为40万元。设基准投资收益率为12%，若采用增量投资收益率评价两方案，则（　　）。
   A.甲方案优于乙方案
   B.甲乙两个方案的效果相同
   C.乙方案优于甲方案
   D.甲乙两个方案的折算费用相同

6. 某企业欲从国外引进甲、乙先进技术，假如两种技术的生产效率相同，引进甲技术的一次性投资为300万元，年生产成本为20万元；引进乙技术的一次性投资为400万元，年生产成本为10万元。设基准收益率为6%，则（　　）。
   A.应该引进甲技术
   B.甲、乙技术经济效益相同
   C.应该引进乙技术
   D.不能判断应该引进哪种技术

7. 某工程有甲、乙、丙、丁四个实施方案可供选择。四个方案的投资额依次是60万元、80万元、100万元、120万元。年运行成本依次是16万元、13万元、10万元和6万元，各方案应用环境相同。设基准投资率为12%，则采用折算费用法选择的最优方案为（　　）。
   A.丁　　B.甲　　C.乙　　D.丙

8. 某施工现场钢筋加工有两个方案，均不需要增加投资，采用甲方案固定费用50万元，每吨钢筋加工的可变费用是300元，采用乙方案固定费用需要90万元，每吨钢筋加工的可变费用是250元，现场需要加工钢筋1万吨，如果选择折算费用法选用方案，则（　　）。
   A.应该选用乙方案
   B.应该选用甲方案
   C.甲乙两个方案经济上均不可行
   D.甲乙两个方案的费用相同

9. 某工程钢筋加工有现场制作和外包加工两个方案，现场制作方案的固定费用12万元，每吨加工费用150元；外包加工每吨加工费用250元，则仅从经济上考虑时，现场制作方案的适用范围是钢筋总加工量

在（　　）。
A.1200t以上
B.480t以上
C.480~800t之间
D.800~1200t之间

二、多项选择题
建设工程项目在选择新工艺和新材料时，应遵循的原则有（　　）。
A.先进　　　　　B.合理
C.可靠　　　　　D.超前
E.适用

参考答案及解析

一、单项选择题

1.【答案】B
【解析】经济合理是主要原则。

2.【答案】B
【解析】反映技术特性的指标：现浇混凝土强度、现浇工程总量、最大浇筑量等。

3.【答案】D
【解析】常用的静态分析方法有增量投资分析法、年折算费用法、综合总费用法等；常用的动态分析方法有净现值（费用现值）法、净年值（年成本）法等。

4.【答案】D
【解析】增量投资收益=$\frac{4.5-4}{14-12}$=25%。

5.【答案】C
【解析】增量投资收益率=$\frac{45-40}{220-180}$=12.5%。
12.5%>12%。选择新方案

6.【答案】C
【解析】甲=20+300×6%=38
乙=10+400×6%=34
选择乙方案。

7.【答案】A
【解析】甲=16+60×12%=23.2
乙=13+80×12%=22.6
丙=10+100×12%=22
丁=6+120×12%=20.4。

8.【答案】A
【解析】甲=50万+300×1万=350万
乙=90万+250×1万=340万。

9.【答案】A
【解析】设钢筋总加工量为Qt。则当12万+150Q<250Q时，得Q>1200t时，现场制作方案更经济，所以答案为A选项。

二、多项选择题
【答案】ABCE
【解析】一般说来，选择新技术方案时应遵循以下原则：技术上先进、可靠、适用、合理。

1Z102000 工程财务

一、本章近三年考情

本章近三年考试真题分值统计 （单位：分）

节 \ 年份	2014年		2015年		2016年	
	单选题	多选题	单选题	多选题	单选题	多选题
1Z102010 财务会计基础	2	2	1	2	1	
1Z102020 成本与费用	3	2	2	2	2	2
1Z102030 收入	1	2		2	1	2
1Z102040 利润和所得税费用	1	2	1		1	
1Z102050 企业财务报表	1	2	1	2		4
1Z102060 财务分析		2	2	2	2	2
1Z102070 筹资管理	1		2	2	2	
1Z102080 流动资产财务管理	3	2	2		2	

二、本章学习提示

财务会计与财务管理是企业管理中的一种综合性管理手段和管理工具，在企业生产经营活动的核算、反映、预测、控制中有着重要的作用。在工程项目管理中，它同样能够体现项目管理水平高低，综合反映工程项目实施过程中的劳动投入和资产占用以及项目的收支和利润情况。因此，作为从事工程项目管理的建造师，有必要知晓财务会计和财务管理的有关知识和要求，做到严格财经纪律、有效利用资产、控制财务收支、提高经济效益。

本章各节内容考试都会涉及，分值比较平均，涉及计算的小节有：成本与费用，收入，利润，财务分析，筹资管理，流动资产财务管理。近几年本章在考卷中所占比例23%~28%。

1Z102000 工程财务

1Z102010 财务会计基础

本节知识体系

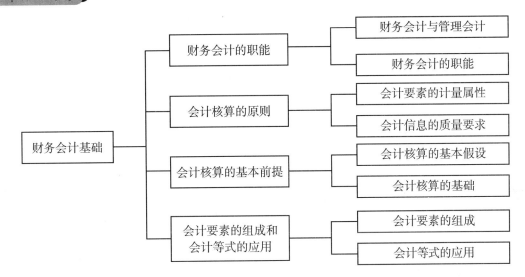

核心内容讲解

一、财务会计的职能

（一）财务会计与管理会计

1. 财务会计与管理会计是现代会计两大基本内容。二者内容对比如表1Z102010-1所示。

财务会计与管理会计　　表1Z102010-1

	财务会计	管理会计
范围	外部利益集团	内部管理
类型	报告型会计	经营型会计
时态	过去时态	过去、现在和未来3个时态
目标	两者最终目标相同，工作环境相同；管理会计及所需的许多资料来源于财务会计系统	

本章主要涉及的内容是财务会计。

2.财务会计的内涵：

（1）财务会计对企业已经发生的交易或信息事项，通过确认、计量和报告程序进行加工处理，并借助以财务报表为主要内容的财务报告形式，向企业外部的利益集团提供以财务信息为主的经济信息。

（2）这种信息以货币作为主要计量尺度，反映企业过去的资金运动或经济活动历史。

（3）财务会计以为外部与企业有经济利害关系的投资人、债权债务人、政府有关部门和社会公众提供企业的财务状况、经营成果和现金流量等经济信息为主要目标而进行的经济管理活动。

（二）财务会计的职能

财务会计内涵决定了财务会计具有核算

和监督两项基本职能。

核算是基本的，首要的功能。核算是监督的前提和基础，会计监督是会计核算的保证。在基本职能的基础上，还建立了"预测、决算、评价"等职能。见表1Z102010-2。

职能的分类　表1Z102010-2

职能	核算职能	提供可靠的会计信息，具有完整性、连续性和系统性特点
	监督职能	经济管理活动，对单位的货币收支及其经济活动的真实性、完整性、合规性和有效性进行指导与控制
	其他职能	预测、决策、评价

【经典例题】1.会计的基本职能是会计核算与会计（　　）。

A.分析　　B.管理　　C.监督　　D.控制

【答案】C

【嗨·解析】财务会计内涵决定了财务会计具有核算和监督两项基本职能。核算是基本的，首要的功能。核算是监督的前提和基础，会计监督是会计核算的保证。

二、会计核算的原则

（一）会计要素的计量属性

企业在将符合确认条件的会计要素登记入账并列报于会计报表及其附注时，应当按照规定的会计计量属性进行计量，确定其金额。会计计量属性主要包括：历史成本、重置成本、可变现净值、现值、公允价值。见表1Z102010-3。

会计要素计量属性　表1Z102010-3

历史成本	购置时支付的现金或者现金等物品的金额，或者按照购置资产时所付出的代价的公允价值计量
重置成本	按照现在购买相同或者相似资产所需支付的现金或者现金等物品的金额计量
可变现净值	对外销售所能收到现金或者现金等物品的金额，扣减该资产至完工时估计将要发生的成本、估计的销售费用以及相关税费后的金额计量
现值	按照预计从其持续使用和最终处置中所产生的未来净现金流入量的折现金额计量
公允价值	资产和负债按照市场参与者在计量日发生的有序交易中，出售资产所能收到或者转移负债所需支付的价格计量

企业在对会计要素进行计量时，一般应当采用历史成本。

【经典例题】2.若企业的资产按购置时所付出的代价的公允价值计量，则根据会计计量属性，该资产计量属于按（　　）计量。

A.重置成本　　　　B.历史成本

C.可变现净值　　　D.公允价值

【答案】B

【嗨·解析】购置时支付的现金或者现金等物品的金额，或者按照购置资产时所付出的代价的公允价值计量。

（二）会计信息的质量要求（表1Z102010-4）

会计信息质量要求　表1Z102010-4

质量要求	
真实性	真实可靠、内容完整
相关性	企业提供的会计信息应当与财务会计报告使用者的经济决策需要相关
清晰性	企业提供的会计信息应当清晰明了
可比性	企业提供的会计信息应当具有可比性。同一企业不同时期发生的相同或者相似的交易或者事项，采用一致的会计政策；不同企业发生的相同或者相似交易或者事项，采用规定的会计政策，确保口径一致，相互可比
实质重于形式	企业应当按照交易或者事项的经济实质进行会计确认、计量和报告
重要性	企业提供的会计信息应当反映与企业财务状况、经营成果和现金流量等有关的所有重要交易或者事项
谨慎性	企业对交易或者事项进行会计确认、计量和报告应当保持应有的谨慎，不应高估资产或者收益、低估负债或者费用
及时性	企业对于已经发生的交易或者事项，应当及时进行会计确认、计量和报告，不得提前或者延后

三、会计核算的基本前提

（一）会计核算的基本假设

企业进行会计核算，需要建立在一定的假设条件的基础之上。会计核算的基本假设分为：会计主体假设、持续经营假设、会计分期假设和货币计量假设。见表1Z102010-5。

会计假设的内容　表1Z102010-5

会计假设	内容
会计主体假设	强调的是会计为之服务的特定单位，从空间上界定了会计工作的具体核算范围。会计主体可以是企业，企业的某一部分，集团公司，非营利组织不一定是法人
持续经营假设	假定企业将长期地以现时的形式和目标不断经营下去；若企业不能持续经营，就需要放弃这一假设，在清算假设下形成破产和重组的会计程序
会计分期假设	会计期间有年度和中期。会计年度可以是日历年，也可以是营业年。我国通常以日历年，即公历1月1日至12月31日为一个会计年度；短于1年的（半年、一个季度、一个月）为中期
货币计量假设	我国的《企业会计准则》规定，企业会计应当以货币计量，我国通常选择人民币作为记账本位币

🔊 嗨·点评　会计主体假设从空间上界定了会计工作，会计分期假设从时间上界定了会计工作。

（二）会计核算的基础

在企业生产经营活动中，交易或者事项的发生时间与相关货币收支时间有时并不完全一致。例如，款项已经收到，但销售并未实现；或者款项已经支付，但并不是为本期生产经营活动而发生的。针对这种情况，会计核算的处理分为收付实现制和权责发生制。

1.收付实现制是以相关货币收支时间为基础的会计。

2.权责发生制是以会计分期假设和持续经营为前提的会计基础。

权责发生制基础要求：

（1）凡是当期已经实现的收入和已经发生的费用，无论款项是否收付，都应当作为当期的收入和费用，计入利润表。

（2）凡是不属于当期的收入和费用，即使款项已在当期收付，也不应作为当期的收入和费用。

（3）我国《企业会计准则》规定，企业

应当以权责发生制为基础进行会计确认、计量和报告。

【经典例题】3.现行《企业会计准则》规定，企业应当以权责发生制为基础进行会计确认，实行权责发生制的前提是（ ）。

A.会计分期与收付实现制
B.会计分期与持续经营
C.持续经营与公允价值
D.历史成本与公允价值

【答案】B

【嗨·解析】权责发生制是以会计分期假设和持续经营为前提的会计基础。

【经典例题】4.某工程建设单位2012年10月审核了竣工结算书，按合同建设单位应于2012年11月支付结算款项，实际上施工企业于2013年1月收到该笔款项，根据现行《企业会计准则》，施工企业应将该款项计入（ ）的收入。

A.2012年10月　　B.2012年11月
C.2012年12月　　D.2013年1月

【答案】B

【嗨·解析】权责发生制基础要求，凡是当期已经实现的收入和已经发生的费用，无论款项是否收付，都应当作为当期的收入和费用，计入利润表；凡是不属于当期的收入和费用，即使款项已在当期收付，也不应作为当期的收入和费用。权利发生按合同规定的时间为准。

四、会计要素的组成和会计等式的应用

（一）会计要素的组成

会计要素，又称会计对象要素，是指按照交易或事项的经济特征对会计对象所作的基本分类，是用以反映企业财务状况和确定经营成果的因素。会计要素包括资产、负债、所有者权益、收入、费用和利润。

资产、负债和所有者权益是反映企业某一时点财务状况的会计要素，称为静态会计要素。

收入、费用和利润是反映企业某一时期经营成果的会计要素，称为动态会计要素。

1.资产、负债、所有者权益的组成

（1）资产

企业过去交易或事项所形成的，由企业所拥有或控制的，预期会给企业带来经济利益的经济资源。资产的特征与分类见表1Z102010-6。

资产的特征与分类　表1Z102010-6

特征	资产是由于过去的交易或事项所形成的，预期在未来发生的交易或事项不形成资产	
	该项资源必须为企业所拥有或控制，指企业享有该项资源的所有权	
	该资源能给企业带来经济利益	
	该资源的成本或价值能够可靠的计量	
分类	流动资产	可以在一年内或超过一年的一个营业周期内变现或耗用的资产。如现金、银行存款、应收款项、短期投资、存货等
	长期资产	长期投资：准备持有一年以上，不随时变现的股票、债券和其他投资
		固定资产：使用中保持原有实物形态的资产，如房屋建筑物、机器设备
		无形资产：没有实物形态的非货币性长期资产，如专利权、商标权、土地使用权、非专利技术和商誉
		其他资产：长期待摊费用、银行冻结财产、诉讼中的财产

（2）负债

由于过去的交易或事项所形成的现时义务，履行该义务会导致经济利益流出企业。负责的特征与分类见表1Z102010-7。

1Z102000 工程财务

负债的特征与分类　　表1Z102010-7

特征	指在现行条件下已承担的义务或者说经济责任,其清偿会导致经济利益流出企业	
	负债是由于过去的交易或事项形成的	
	流出的经济利益的金额能够可靠的计量	
	负债有确切的债权人和偿还日期,或者债权人和偿还日期可以合理加以估计	
分类	流动负债	指在一年内或超过一年的一个营业周期内偿还的债务。如短期借款、应付款项、应付工资、应缴税金
	长期负债	指在一年以上或超过一年的一个营业周期以上偿还的债务。如应付债券、长期借款、长期应付款

（3）所有者权益

企业投资者对企业净资产的所有权,是企业全部资产减去全部负债后的净额。所有者权益表明了企业的产权关系,即企业归谁所有。所有者权益的特征与分类见表1Z102010-8。

所有者权益的特征与内容　　表1Z102010-8

特征	无须偿还
	企业清算时,接受清偿在负债之后,所有者权益是对企业净资产的要求权
	可分享企业利润
内容	实收资本:所有者按出资比例实际投入到企业的资本
	资本公积:包括资本溢价、资产评估增值、接受捐赠、外币折算差额
	盈余公积:按照规定从企业的税后利润中提取的公积金
	未分配利润:本年度没有分配完的利润

2.收入、费用、利润的相关知识参见本章后续的相关内容。

【经典例题】5.根据现行《企业会计准则》,应列入流动负债的有（　　）。

A.应收账款　　B.长期借款
C.短期投资　　D.应交税金
E.应付工资

【答案】DE

【嗨·解析】AC属于流动资产,B属于长期负债。DE是正确答案。

（二）会计等式的应用

会计等式提示各会计要素之间的联系。是复式记账、试算平衡和编制会计报表的理论依据。会计等式分为静态会计等式和动态会计等式。见表1Z102010-9。

会计等式的分类　　表1Z102010-9

分类	特点	公式	对应财务报表
静态会计等式	反映企业某一特定日期财务状况	资产=负债+所有者权益	资产负债表
动态会计等式	反映企业一定会计期间经营成果	收入−费用=利润	利润表
综合会计等式	综合了企业利润分配前财务状况等式和经营成果等式之间的关系	资产=负债+所有者权益+收入−费用	

【经典例题】6.反映企业一定经营期间经营成果的会计等式是（　　）。

A.资产=收入+所有者权益

B.收入–费用=利润(或亏损)

C.资产=负债+所有者权益

D.收入–负债=利润（或亏损）

【答案】B

【嗨·解析】动态会计等式反映企业一定会计期间经营成果，公式为收入–费用=利润。

【经典例题】7.（2014年真题）反映企业某一时点财务状况的会计要素有（　　）。

A.资产

B.负债

C.所有者权益

D.利润

E.费用

【答案】ABC

【嗨·解析】资产、负债和所有者权益是反映企业某一时点财务状况的会计要素，也称为静态会计要素。

章节练习题

一、单项选择题

1. ( ) 对企业已经发生的交易或信息事项，通过确认、计量和报告程序进行加工处理，并借助于财务报表为主要内容的财务报告形式，向企业外部的利益集团提供以财务信息为主的经济信息。
   A.财务会计　　　B.管理会计
   C.成本会计　　　D.国际会计

2. 财务会计具有（ ）两项基本职能。
   A.核算和监督　　B.控制和核算
   C.决策和监督　　D.核算和决策

3. 会计基本的、首要的职能是（ ）。
   A.分析　B.核算　C.监督　D.控制

4. 企业在对会计要素进行计量时，一般应当按（ ）。
   A.历史成本　　　B.重置成本
   C.可变现净值　　D.现值

5. 不应高估资产或者收益、低估负债或者费用，属于（ ）。
   A.重要性原则　　B.可比性原则
   C.谨慎性原则　　D.持续性原则

6. 从空间上界定会计工作具体核算范围的假设，称之为（ ）。
   A.会计主体　　　B.持续经营
   C.会计分期　　　D.货币计量

7. 根据我国现行《企业会计准则》，某施工企业2012年3月收到建设单位2011年完工工程结算款200万元，则该笔款项在会计核算正确处理方式是计入（ ）。
   A.2012年的收入　　B.2012年的负债
   C.2011年的收入　　D.2011年的负债

8. 在一年内或者超过一年的一个营业周期内能变现或耗用的资产是（ ）。
   A.流动资产　　　B.长期资产
   C.固定资产　　　D.无形资产

9. 某企业某年度6月30日的财务报表中有资产4700万元，负债700万元，所有者权益2000万元，收入6000万元，则本期费用为（ ）万元。
   A.2000　　　　　B.2700
   C.4000　　　　　D.6000

10. 资产负债表是反映企业在某一特定日期（ ）的报表。
    A.财务状况　　　B.利润分配
    C.现金流量　　　D.经营成果

二、多项选择题

1. 会计要素包括（ ）。
   A.费用　　　　　B.利润
   C.所有者权益　　D.收入
   E.税收

2. 流动负债是指在一年内或超过一年的一个营业周期内偿还的债务，包括（ ）。
   A.短期借款　　　B.应付款项
   C.应付工资　　　D.应交税金
   E.应付债券

3. 动态会计等式是由（ ）等会计要素构成的。
   A.资产　　　　　B.收入
   C.负债　　　　　D.费用
   E.利润

参考答案及解析

一、单项选择题

1.【答案】A
【解析】财务会计对企业已经发生的交易或信息事项，通过确认、计量和报告程序进行加工处理，并借助于财务报表为主要内容的财务报告形式，向企业外部的利益集团提供以财务信息为主的经济信息。

2.【答案】A

【解析】核算和监督是财务会计两项基本职能。

3.【答案】B

【解析】核算是基本的、首要的，核算是监督的前提和基础。

4.【答案】A

【解析】企业在对会计要素进行计量时，一般应当按历史成本。

5.【答案】C

【解析】企业对交易或者事项进行会计确认、计量和报告应当保持应有的谨慎，不应高估资产或者收益、低估负债或者费用。

6.【答案】A

【解析】会计主体假设从空间上界定会计工作具体核算范围。

7.【答案】C

【解析】权责发生制基础要求，凡是当期已经实现的收入和已经发生或应当负担的费用，无论款项（货币）是否收付，都应当作为当期的收入和费用，计入利润表；凡是不属于当期的收入和费用，即使款项已在当期收付，也不应作为当期的收入和费用。

8.【答案】A

【解析】流动资金是指在一年内或超过一年的一个营业周期内变现、耗用的资产。

9.【答案】C

【解析】资产=负债+（所有者权益+收入－费用）。

10.【答案】A

【解析】资产负债表是反映企业在某一特定日期财务状况的报表。

二、多项选择题

1.【答案】ABCD

【解析】会计要素包括资产、负债、所有者权益、收入、费用和利润。

2.【答案】ABCD

【解析】流动负债：指在一年内或超过一年的一个营业周期内偿还的债务。如短期借款、应付款项、应付工资、应交税金等。应付债券属于长期负债。

3.【解析】BDE

【解析】利润表各要素是动态的，资产负债表是静态的。

1Z102020 成本与费用

本节知识体系

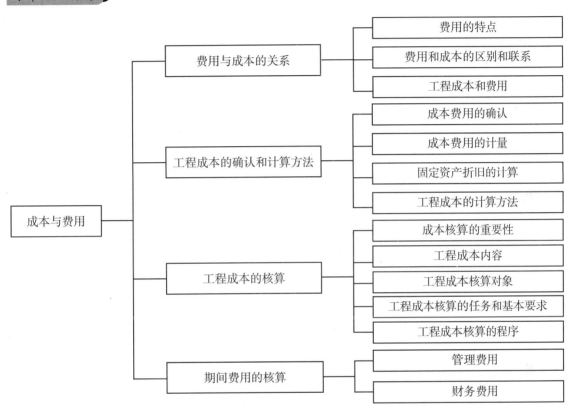

核心内容讲解

一、费用与成本的关系

(一) 费用的特点

费用是指企业在生产和销售商品、提供劳务等日常经济活动中所发生的,导致所有者权益减少、与向所有者分配利润无关的经济利益的总流出。费用的特点见表1Z102020-1。

费用的特点　表1Z102020-1

费用的特点	费用是企业日常活动中发生的经济利益的流出,而不是偶发的;营业外支出不属于费用
	费用可能表现为资产的减少,或负债的增加,或者兼而有之
	费用将引起所有者权益的减少,但与向企业所有者分配利润时的支出无关
	费用只包括本企业经济利益的流出,不包括为第三方或客户代付的款项和偿还债务的支出

（二）费用和成本的区别和联系

1.费用按不同的分类标准，有不同的费用分类方法，见表1Z102020-2。

费用的分类　表1Z102020-2

按经济用途分类	生产费用	与产品生产直接相关的费用，经对象化后进入生产成本
	期间费用	营业费用、管理费用、财务费

2.生产费用是指为生产产品而发生的、与产品生产直接相关的费用，如生产产品所发生的原材料费用、人工费用等。

生产费用与生产成本不是完全等同的概念，计入生产产品的生产费用才是生产成本。

生产费用的支出（含应付未付的部分），经过生产过程计入生产成本，在会计期末资产负债表日，还应根据产品的完工情况和销售情况，分别进入产成品成本和销售成本。见表1Z102020-3。

生产费用计入成本的前提　表1Z102020-3

生产费用计入生产成本的前提	生产费用的具体承担者（即成本核算对象）
	生产费用和生产成本的归属期	生产费用已经发生但应由以后多个会计期间承担的生产成本。如：预付租金
		生产费用应当计入生产成本但费用并没有实际支付。如：贷款利息

例如：（1）购买生产用原材料10万元，用于A、B两种产品生产，其中A产品消耗4万元，B产品消耗6万元，则生产费用为10万元，计入A产品生产成本4万元，B产品生产成本6万元；

（2）企业年初支出18万元，用于支付租期为6个月的周转材料的租金，则按照会计分期假设和权责发生制的要求，生产费用18万元（租金）应分摊计入6个月的生产成本，若平均分摊则每月生产成本为3万元；

（3）企业经营租赁方式租赁的生产用固定资产，租期6个月，每月租金5万元，租赁期结束时一次支付30万元租金，则每月应计入生产成本5万元，而生产费用30万元在租赁期末才实际支出。

3.与生产成本相比较，期间费用有以下特点：

期间费用与一定会计期间相联系，会计核算中不分摊到某一种产品成本中去，直接从企业当期销售收入中扣除的费用。见表1Z102020-4。

期间费用与生产成本对比　表1Z102020-4

与产品生产的关系不同	期间费用与产品的生产本身并不直接相关；生产成本与产品的生产直接相关
与会计期间的关系不同	期间费用只与费用发生的当期有关；生产成本与前后会计期间都有联系
与会计报表的关系不同	期间费用直接列入当期损益表；生产成本完工部分转为产品成品，已销售产品的生产成本列作产品销售成本，而未售产品和未完工的产品都应作为存货列入资产负债表

4.成本和费用的联系和区别见表1Z102020-5。

成本与费用联系与区别　表1Z102020-5

联系	都是企业除偿债性支出和分配性支出以外的支出的构成部分
	都是企业经济资源的耗费
	生产费用经对象化后进入生产成本，但期末应将当期已销产品的成本结转进入当期的费用
区别	成本是对象化的费用，其所针对的是一定的成本计算对象
	费用则是针对一定的期间而言的

（三）工程成本和费用

1.工程成本

施工企业的生产成本即工程成本。见表1Z102020-6。

直接费用与间接费用　表1Z102020-6

直接费用	人工费	包括企业从事建筑安装工程施工人员的工资、奖金、职工福利费、工资性质的津贴等
	材料费	构成工程实体的主要材料及原材料、辅助材料、构配件、零件、半成品的费用和周转材料的摊销及租赁费用
	机械使用费	机械使用费和租用外单位施工机械的租赁费；按台班、预算、作业量分配计入成本
	其他直接费	材料的二次搬运费、临时设施摊销费、生产工具使用费、工程定位复测费、工程点交费、场地清理费等
间接费用	建设工程按直接费分配进成本	企业下属施工单位或生产单位（如项目经理部）为组织和管理工程施工所发生的全部支出，包括临时设施摊销费用和施工单位管理人员工资、奖金等，物料消耗，工程保修费，劳动保护费，排污费及其他费用
	安装工程按人工费分配进成本	

2.期间费用

期间费用主要包括管理费用、财务费用和营业费用。施工企业的期间费用则主要包括管理费用和财务费用。见表1Z102020-7。

期间费用　表1Z102020-7

营业费用	施工企业没有该项内容
管理费用	企业行政管理部门发生的管理费用：如劳动保险、业务招待、广告费、无形资产摊销费等
财务费用	利息、汇兑损失、手续费、现金折扣等，不包括发行股票的手续费

【经典例题】1.根据《企业会计准则》，施工企业在签订合同时发生的差旅费、投标费用应在发生时确认为（　　）。

A.直接费用　　　　B.期间费用
C.间接费用　　　　D.工程成本

【答案】B

【嗨·解析】企业行政管理部门发生的管理费用：如劳动保险、业务招待、广告费、无形资产摊销费等，属于管理费用。期间费用包含管理费用，差旅费属于管理费用，正确答案为B。

【经典例题】2.（2016年真题）某施工企业5月份购买原材料380万元，其中5月份消耗120万元，其余260万元6月份生产使用；施工用的模板是3月份租赁的，租期8个月，并支付租金160万元，按月均摊；6月份企业办公费支出10万元；不计算其他费用，则权责发生制下该企业6月份的生产成本为（　　）万元。

A.260　　B.270　　C.280　　D.290

【答案】C

【嗨·解析】成本包含人材机和其他直接用于施工的当期支出。260+160/8=280万元；办公费10万元属于管理费用。

二、工程成本的确认和计算方法

（一）成本费用的确认

1.我国《企业会计准则》规定，"费用只有在经济利益很可能流出从而导致企业资产减少或者负债增加，且经济利益的流出额能够可靠计量时才予以确认"，这是费用确认的基本标准。

2.我国《企业会计准则》规定，企业发

生的支出不产生经济利益的,或者即使能够产生经济利益但不符合或者不再符合资产确认条件的,例如固定资产日常修理费等,应当在发生时确认为费用,计入当期损益。

费用与支出的关系:支出的范围比费用大。

在一般情况下,企业的支出可分为资本性支出、收益性支出、营业外支出及利润分配支出。见表1Z102020-8。

支出的类型 表1Z102020-8

类型	内容	举例
资本性支出	某项效益及于几个会计年度(或几个营业周期)的支出;应该予以资本化,不能作为当期的费用	购置和建造固定资产、无形资产及长期资产
收益性支出	某项效益仅及于本会计年度(或一个营业周期)的支出;这项支出应在一个会计期间内确认为费用	购买材料、工资、管理费用、财务费用、营业费用支付,生产过程中缴纳的税金、固定资产日常修理费
营业外支出	与其生产经营无直接关系的支出;不属于费用	固定资产盘亏、处置固定资产净损失、债务重组损失、罚款、捐赠支出、非常损失
利润分配支出	在利润分配环节发生的支出	股利分配支出

嗨·点评 费用属于收益性支出。

【经典例题】3.企业因排放的污水超出当地市政污水排放标准而缴纳罚款200万元,财务上该笔罚款应计入企业的(   )。

A.营业外支出　　　B.销售费用
C.管理费用　　　　D.营业费用

【答案】A

【嗨·解析】营业外支出包括固定资产盘亏、处置固定资产净损失、债务重组损失、罚款、捐赠支出、非常损失。

(二)成本费用的计量

费用是资产的一种转化形式。通常的费用计量属性是实际成本。

1.间接费用分摊

间接费用一般按直接费的百分比,水电安装工程、设备安装工程按人工费的百分比,计算的间接费比例进行分配。

$$间接费用分配率=\frac{当期实际发生的全部间接费用}{当期各项合同实际发生的直接费用之和}$$

某项合同当期应负担的间接费用=该合同当期实际发生的直接费用(或人工费)×间接费用分配率

2.无形资产摊销

(1)无形资产是指不具有实务形态,而以某种特殊权利、技术、知识、素质、信誉等价值形态存在于企业并对企业长期发挥作用的资产,如专利权,非专利技术、租赁权、特许经营权、版权、商标权、商誉、土地使用权等。

(2)企业应将入账的使用寿命有限的无形资产的价值在一定年限内摊销,其摊销金额计入管理费用,并同时冲减无形资产的账面价值;但对于使用寿命不确定的无形资产则不需要摊销,但每年应进行减值测试。

无形资产摊销包括摊销期、摊销方法和应摊销金额。见表1Z102020-9。

无形资产摊销　表1Z102020-9

摊销期	预计的使用寿命
摊销方法	直线法、生产总量法等
应摊销金额	无形资产应当按照成本进行初始计量； 摊销金额=成本-预计残值-已计提的减值准备累计金额

（三）固定资产折旧的计算

1.应计折旧额

应计折旧额是固定资产的原价扣除其预计净残值后的金额。已计提减值准备的固定资产，还应当扣除已计提的固定资产减值准备累计金额：

应计折旧额=原值-残值-减值准备

企业对已提足折旧仍继续使用的固定资产和单独计价入账的土地不计提折旧。

2.固定资产折旧（表1Z102020-10）

固定资产折旧的四种方法　表1Z102020-10

方法	公式	备注
平均年限法	固定资产年折旧额=$\dfrac{\text{固定资产应计折旧额}}{\text{固定资产预计使用年限}}$	每年固定资产折旧额与固定资产原值之比称为固定资产年折旧率
工作量法	行驶里程法：单位里程折旧额=$\dfrac{\text{应计折旧额}}{\text{总行驶里程}}$ 工作台班法：每工作台班折旧额=$\dfrac{\text{应计折旧额}}{\text{总工作台班}}$	按照固定资产预计可完成的工作量计提折旧额的方法 应计折旧额=原值-残值
双倍余额递减法	在不考虑固定资产预计净残值的情况下，根据每年年初固定资产净值和双倍的直线法折旧率计算固定资产折旧额	折旧率不变，折旧基数递减，每年的折旧额递减，是加速折旧的方法
年数总和法	将固定资产的原值减去净残值后的净额乘以一个逐年递减的分数（可用年数之和做分母）计算每年折旧额	折旧率递减，折旧基数不变，每年的折旧额递减，是加速折旧的方法

🔊 **嗨·点评**　平均年限法和工作量法是平均折旧法，双倍余额递减法和年数总和法是加速折旧方法。

例题：（1）某设备原值100万，残值率为10%，耐用5年，求设备的年折旧额、月折旧额。

解：

年折旧额=$\dfrac{100-100\times 10\%}{5}$=18万元

月折旧额=$\dfrac{18}{12}$=1.5万元

（2）某施工机械，原价100万，残值率为10%，耐用3000台班，第一年使用500台班，第二年使用400台班，试计算各年的折旧额。

解：

第一年折旧额：$\dfrac{100-100\times 10\%}{3000}\times 500$=15万元

第二年折旧额：$\dfrac{100-100\times 10\%}{3000}\times 400$=12万元。

3.无形资产摊销

企业应将入账的使用寿命有限的无形资产的价值在一定年限内摊销，其摊销金额计入管理费用；对于使用寿命不确定的无形资产则不需要摊销，但每年应进行减值测试。

无形资产摊销包括直线法、生产总量法等。（易作为考查固定资产折旧部分内容时的干扰项）

【经典例题】4.某施工企业购入一台施工机械，原价60000元，预计残值率3%，使用年限8年,按平均年限法计提折旧,该设备每年应计提的折旧额为( )元。

A.5820 B.7275 C.6000 D.7500

【答案】B

【嗨·解析】

$$固定资产年折旧额=\frac{固定资产应计折旧额}{固定资产预计使用年限}$$

$$固定资产折旧=\frac{60000-60000\times 3\%}{8}=7275。$$

(四)工程成本的计算方法

工程成本的计算方法一般应根据工程价款的结算方式来确定。建设工程价款结算,可以采用按月结算、分段结算、竣工后一次结算,或按双方约定的其他结算方式。见表1Z102020-11。

工程成本结算方法　表1Z102020-11

工程成本月份结算法	已完工程实际成本,既要以建造合同为对象,于工程竣工后办理单位工程成本结算,又要按月计算单位过程中已完分部分项工程成本,办理成本的中间结算:定期结算
工程成本分段结算法	已完工程是指合同约定的结算部位或阶段时已完成的工程阶段或部位,未完工程是指未完成的工程阶段或部位:定阶段结算
工程成本竣工结算法	竣工前归集自开工起至本月末止的施工费用累计额;竣工后归集的自开工起至竣工止的施工费用累计总额,就是竣工工程的实际成本

【经典例题】5.折旧率随着使用年限的变化而变化的固定资产折旧计算方法是( )。

A.平均年限法   B.双倍余额递减法

C.年数总和法   D.工作量法

【答案】C

【嗨·解析】年数总和法折旧率递减,折旧基数不变,每年的折旧额递减,是加速折旧的方法。

三、工程成本的核算

(一)成本核算的重要性(表1Z102020-12)

成本核算重要性及环节　表1Z102020-12

施工项目成本核算的重要性	后期或同类项目施工项目	成本预测,制订成本计划和实行成本控制所需信息的重要来源
	本施工项目	成本分析和成本考核的基本依据
成本核算包括两个基本环节	按照规定的成本开支范围对施工费用进行归集和分配	计算出施工费用的实际发生额
	根据成本核算对象,采用适当的方法	计算出该施工项目的总成本和单位成本

(二)工程成本内容

据《企业会计准备第15号——建造合同》,工程成本包括从建造合同签订开始至合同完成止所发生的、与执行合同有关的直接费用和间接费用。

直接成本费用,直接计入有关工程成本,包括人工费、材料费、机械使用费和其他直接费。

间接费用是指企业下属施工单位组织管理施工发生的费用支出,不包括企业行政管理部门为组织和管理生产经营活动而发生的费用。间接费用可先通过费用明细科目进行归集,再分配计入有关工程成本核算对象。

财政部"关于印发《企业产品成本核算制度(试行)》的通知"(财会〔2013〕17号文)中关于成本项目的划分见表1Z102020-13。

成本项目的划分 表1Z102020-13

成本项目	含义	内容
人工费用	直接从事建筑安装工程施工的人员	工资、奖金、津贴等
材料费用	耗费的工程材料等	材料、构件、周转材料租赁和摊销费
机械使用费	施工机械费用	使用费、租赁费、安拆及进出场费
其他直接费用	施工过程中发生的	二次搬运费、临时设施摊销费、生产工具使用费、工程定位复测费、工程点交费、场地清理费等；能够单独区分和可靠计量的订立合同发生的投标费、差旅费等
间接费用	企业下属施工单位组织管理施工发生的费用支出	项目经理部发生的：工程保修费、排污费等
分包成本	付给分包单位的款项	

（三）工程成本核算对象

工程成本核算对象方法主要有：以单项建造合同作为施工工程成本核算对象，对合同分立以确定施工工程成本核算对象，对合同合并以确定施工工程成本核算对象。

（四）工程成本核算的任务和基本要求

1.工程成本核算的任务（表1Z102020-14）

工程成本核算的任务 表1Z102020-14

先决前提和首要任务	执行国家有关成本开支范围，费用开支标准，工程预算定额，控制费用，合理节约使用人力、物力、财力
主体和中心任务	核算施工过程中发生的各项费用，计算施工项目的实际成本
根本目的	反映和监督施工项目成本计划的完成情况，为项目成本预测、企业经营决策提供资料，促进项目改善经营管理，降低成本，提高经济效益

2.施工项目成本核算的要求（表1Z102020-15）

成本核算的要求 表1Z102020-15

成本核算的要求	内容
划清成本、费用支出和非成本、费用支出界限	营业外支出不能计入成本
正确划分各种成本、费用的界限	划清工程成本和期间费用的界限； 划清本期工程成本与下期工程成本的界限：权责发生制的具体化； 划清不同成本核算对象之间的成本界限； 划清未完工程成本与已完工程成本的界限
加强成本核算的基础工作	正确计算成本的前提条件是做好各项财产物资的收发、领退、清查和盘点工作； 做到形象进度、产值统计、实际成本归集三同步，即三者的取值范围应是一致的； 制订或修订工时、材料、费用等各项内部消耗定额以及材料、结构件、作业、劳务的内部结算指导价； 完善各种计量检测设施，严格计量检验制度，使项目成本核算具有可靠的基础

（五）工程成本核算的程序

会计核算程序包括填制会计凭证、登记会计账簿和编制会计报表，是会计工作的核心任务。见表1Z102020-16。

会计核算的程序　表1Z102020-16

会计核算程序	账簿组织：会计凭证、会计账簿和会计报表的种类、格式
	会计凭证与会计账簿之间的关系
	会计账簿与会计报表之间的关系
	记账程序
	记账方法

工程成本的核算主要步骤包括：

（1）对所发生的费用进行审核，以确定应计入工程成本的费用和计入各项期间费用的数额；

（2）将应计入工程成本的各项费用，区分为哪些应当计入本月的工程成本，哪些应有其他月份的工程成本负担；

（3）将每个月应计入工程成本的生产费用，在各个成本对象之间进行分配和归集，计算各工程成本；

（4）对未完工程进行盘点，以确定本期已完工程实际成本；

（5）将已完工程成本转入工程结算成本；核算竣工工程实际成本。见表1Z102020-17。

工程成本核算的程序　表1Z102020-17

步骤	确定成本核算对象，设置成本核算科目，开设成本明细账：可以设置"工程施工"、"机械作业"、"辅助生产"、"间接费用"等科目
	核算与分配各项生产费用： 机械使用费：台班分配法、预算分配法、作业量分配法 间接费用：第一次是以人工费为基础将全部费用在不同类别的工程以及对外销售之间进行分配；第二次分配时将第一次分配到各类工程成本和产品的费用再分配到本类各成本核算对象中。分配的标准是，建筑工程以直接费为标准；安装工程以人工费为标准；产品（劳务、作业）的分配以直接费或人工费为标准
	计算期末工程成本（施工生产费用）： 本期已完工程成本=期初未完工程成本+本期发生的生产费用-期末未完工程成本
	计算年度合同费用
	计算竣工单位工程的实际成本和预算成本，编制单位工程竣工成本决算

年度合同费用的计算：根据《企业会计准则——建造合同》，推行"完工百分比法"确认工程收入和结转成本费用。确定合同完工进度的三种方法：

（1）累计实际发生的合同成本占合同预计总成本的比例；

（2）累计已经完成的合同工作量占合同预计总工作量的比例；

（3）已完合同工作量的测量。

累计实际发生的合同成本不包括：施工中尚未安装或使用的材料成本等与合同未来活动相关的合同成本；在分包工程的工作量完成之前预付给分包单位的款项。

【经典例题】6.工程成本核算包括的环节有：①核算与分配各项生产费用；②确定成本核算对象，设置成本核算科目，开设成本明细账；③计算年度合同费用；④计算期末工程成本；⑤编制单位工程竣工成本决算，则正确的核算程序是（　　）。

A.①②③④⑤　　B.①②④③⑤

C.②①④③⑤　　D.②③①④⑤

【答案】C

【嗨·解析】1.确定成本核算对象，设置成本核算科目，开设成本明细账。

2.核算与分配各项生产费用。

3.计算期末工程成本（施工生产费用）。

4.计算年度合同费用。

5.计算竣工单位工程的实际成本和预算成本,编制单位工程竣工成本决算。

【经典例题】7.(2015年真题)《企业会计准则第15号——建造合同》中推行的确认合同收入和结转成本费用的方法是( )。

A.完工百分比法　　B.竣工结算法
C.分段结算法　　　D.按月结算法

【答案】A

【嗨·解析】年度合同费用的计算:根据《企业会计准则——建造合同》,推行"完工百分比法"确认工程收入和结转成本费用。

四、期间费用的核算

期间费用包括销售费用、管理费用和财务费用等。施工企业的期间费用主要包括管理费用和财务费用。

(一)管理费用

管理费用是指企业行政管理部门为管理和组织经营活动发生的各项费用。见表1Z102020-18。

管理费　表1Z102020-18

类别	主要内容
管理人员工资	管理人员的基本工资、工资性补助、职工福利费、劳动保护费
办公费	企业管理办公用品,水电、烧水和集体取暖
差旅交通费	职工因公出差、调动工作的差旅费及管理部门的交通工具的油料费
固定资产使用费	固定资产的房屋、设备仪器等的折旧、大修、维修或租赁费
工具用具使用费	不属于固定资产的生产工具等的购置、维修和摊销费
劳动保险和职工福利费	由企业支付离退休职工的易地安家补助费、按规定支付给离休干部的各项经费
工会经费	企业按职工工资总额计提的工会经费
职工教育经费	企业为职工学习先进技术和提高文化水平,按职工工资总额计提的费用
财产保险费	施工管理用财产、车辆保险
税金	企业按规定缴纳的房产税、车船使用税、土地使用税、印花税
其他	技术转让费、技术开发费、业务招待费、绿化费、广告费、法律顾问费、审计费等

(二)财务费用

财务费用是指企业为筹集生产所需资金等而发生的费用,包括应当作为期间费用的利息支出、汇兑损失、相关的手续费以及企业发生的现金折扣或收到的现金折扣等内容。见表1Z102020-19。

财务费　表1Z102020-19

类别	主要内容
利息支出	企业短期借款利息、长期借款利息等利息支出
汇兑损失	企业向银行结售或购入外汇而产生的银行买入、卖出价与记账所采用的汇率之间的差额
相关手续费用	企业发行债券所需支出的手续费、银行手续费等,但不包括发行股票所支付的手续费
其他财务费用	融资租入固定资产发生的融资租赁费用等

【经典例题】8.下列各项中,属于财务费用的是( )。
A.应付债券 B.储备基金
C.盈余公积 D.利息支出
【答案】D
【嗨·解析】财务费用包括利息支出、汇兑损失、相关手续费、其他财务费用(如融资租赁费用等)。

【经典例题】9.根据现行《企业会计准则》,应计入管理费用的有( )。
A.印花税
B.固定资产使用费
C.管理人员劳动保护费
D.应付债券利息
E.法律顾问费
【答案】ABCE
【嗨·解析】选项D属于财务费用,其他属于管理费用。

1Z102000 工程财务

章节练习题

一、单项选择题

1. 费用按经济用途可分为（   ）。
   A.生产费用和间接费用
   B.生产费用和期间费用
   C.直接费用和期间费用
   D.直接费用和间接费用

2. （   ）是指为生产产品而发生的、与产品生产直接相关的费用，如生产产品所发生的原材料费用、人工费用等。
   A.生产费用   B.期间费用
   C.财务费用   D.管理费用

3. 成本与费用区别表现于（   ）。
   A.成本是会增加所有者权益，而费用则会减少所有者权益
   B.成本是对一定期间而言的，而费用是对一定的核算对象而言的
   C.费用表现为资产的减少，而成本表现为资产的增加
   D.费用是对一定期间而言的，而成本是对一定的核算对象而言的

4. 2013年10月，某施工公司购入一项固定资产价值20万元。根据企业会计准则及其相关规定，购入的固定资产属于（   ）。
   A.资本性支出   B.生产成本
   C.营业外支出   D.收益性支出

5. 2013年11月，某设计公司发生罚款支出2万元。根据企业会计准则及其相关规定，发生的罚款支出属于（   ）。
   A.资本性支出   B.生产费用
   C.营业外支出   D.交易费用

6. 某装饰企业所属的A项目工程完工时共发生材料费30万元，项目管理人员工资8万元，行政管理部门发生的水电费共2万元。根据企业会计准则及其相关规定，应计入工程成本的费用为（   ）万元。
   A.2   B.30   C.32   D.38

7. 某施工企业工程完工时共发生人工费50万元，项目管理人员工资12万元。根据企业会计准则及其相关规定，应计入成本的是（   ）万元。
   A.4   B.50   C.54   D.62

8. 某劳务施工企业为签订w项目建造合同共发生差旅费2万元，该项目于2013年12月完工时共发生人工费40万元，项目管理人员工资10万元。根据企业会计准则及其相关规定，应计入间接费用的是（   ）万元。
   A.10   B.12   C.40   D.42

9. 某施工机械预算价格为40万元，估计残值率为3%，折旧年限为10年，年工作台班数为250台班，则该机械的台班折旧费为（   ）元。
   A.195.9   B.155.20   C.160.00   D.164.80

10. 某施工企业购买一台新型挖土机械，价格为50万元，预计使用寿命为2000台班，预计净残值为购买价格的3%，若按工作量法折旧，该机械每工作台班折旧费应为（   ）元。
    A.242.50   B.237.50   C.250.00   D.257.70

11. 某建筑安装工程公司发生施工费用如下：人工费30万元，耗用材料费用50万元，机械使用费用10万元，银行借款利息5万元。根据企业会计准则及其相关规定，则此项工程的直接费用是（   ）万元。
    A.30   B.50   C.90   D.95

12. 某建筑安装工程公司发生施工费用如下：人工费30万元，耗用材料费用50万元，机械使用费用10万元，行政水电费5000元，银行借款利息8万元。根据企业会计准则及其相关规定，则此项工程的财务费用是（   ）万元。
    A.8   B.8.5   C.38   D.98

13. 根据我国现行的《企业会计准则》，不能

列入工程成本的支出是（　　）。
A.处理固定资产的净损失
B.生产所消耗的人工费
C.生产所消耗的材料费
D.企业下属的施工单位为组织和管理施工生产活动所发生的费用

14.某机电安装公司2013年10月发生施工材料费用60万元，人工费25万元，机械使用费用5万元，财产保险费5万元。根据企业会计准则及其相关规定，则此项工程成本是（　　）。
A.30万元　　B.65万元　　C.90万元　　D.95万元

15.根据《企业会计准则——建造合同》，推行（　　）确认工程收入和结转成本费用。
A.完工百分比法　　B.收付实现法
C.先进先出法　　　D.加权平均法

16.某建筑公司2013年2月发生工程担保费用10万元，财产保险费5万元，坏账准备2万元，短期借款利息5万元。根据企业会计准则及其相关规定，财务费用是（　　）。
A.15万元　　B.5万元　　C.20万元　　D.2万元

17.以下费用属于财务费用的是（　　）。
A.存货盘亏　　B.税金
C.汇兑损失　　D.咨询费

二、多项选择题
1.期间费用一般包括（　　）。
A.营业费用　　　B.管理费用
C.财务费用　　　D.成本费用
E.建设期利息

2.会计核算程序包括（　　）。
A.填制会计凭证　　B.登记会计账簿
C.编制会计报表　　D.交税
E.发布公告

3.施工企业发生的下列费用，应当计入财务费用的有（　　）。
A.财务人员的工资　　B.短期借款的利息
C.财务部门的办公费　　D.应付票据的利息
E.汇兑损失

参考答案及解析

一、单项选择题
1.【答案】B
【解析】费用按经济用途可分为生产费用和期间费用。

2.【答案】A
【解析】生产费用是指为生产产品而发生的、与产品生产直接相关的费用，如生产产品所发生的原材料费用、人工费用等。

3.【答案】D
【解析】费用是对一定期间而言的，而成本是对一定的核算对象而言的。

4.【答案】A
【解析】购买固定资产是资本性支出。

5.【答案】C
【解析】罚款属于营业外支出。

6.【答案】D
【解析】行政部水电费是管理费用，属于期间费用，其他都属于工程成本。

7.【答案】D
【解析】项目管理人员工资、人工费都是工程成本。

8.【答案】A
【解析】2万元是管理费用，属于期间费用；40万是成本，属于直接费；10万是间接费，也属于成本。

9.【答案】B
【解析】折旧费=$\dfrac{400000\times(1-3\%)}{250\times 10}$=155.2。

10.【答案】A
【解析】应提折旧=$\dfrac{500000\times(1-3\%)}{2000}$=242.5。

11.【答案】C
【解析】人材机是直接费用，银行利息是

财务费用。

12.【答案】A

【解析】银行利息是财务费用,其他都不是。

13.【答案】A

【解析】处理固定资产的净损失属于营业外支出。

14.【答案】C

【解析】工程成本包括人、材、机。

15.【答案】A

【解析】根据《企业会计准则——建造合同》,推行"完工百分比法"确认工程收入和结转成本费用。

16.【答案】B

【解析】只有利息是财务费用。

17.【答案】C

【解析】财务费用是指企业为施工生产筹集资金或提供预付款担保、履约担保、职工工资支付担保等所发生的费用,包括应当作为期间费用的利息支出(减利息收入)、汇兑损失(减汇兑收益)、相关的手续费以及企业发生的现金折扣或收到的现金折扣等内容。

二、多项选择题

1.【答案】ABC

【解析】期间费用一般包括营业费用、管理费用和财务费用三类。

2.【答案】ABC

【解析】会计核算程序包括填制会计凭证、登记会计账簿和编制会计报表。

3.【答案】BDE

【解析】A、C是管理人员工资,属于管理费用。

1Z102030 收入

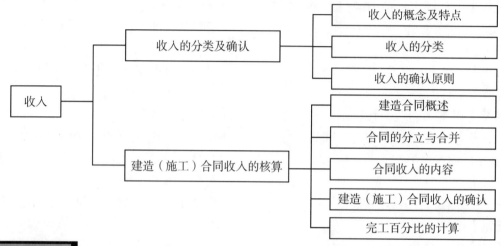

核心内容讲解

一、收入的分类及确认

（一）收入的概念及特点

营改增后，采用一般计税方法的建设工程按以下公式计算：

工程造价=税前工程造价×（1+11%），其中11%为建筑业增值税税率。

税前工程造价=人工费+材料费+施工机具使用费+企业管理费+利润+规费

营改增后，此时的建造合同收入为不含税收入。

狭义的收入：营业收入。

广义上的收入，包括营业收入、投资收益、补贴收入和营业外收入。收入的特点见表1Z102030-1。

收入的特点　　表1Z102030-1

收入的特点	
	收入从企业的日常活动中产生； 偶然发生的非正常活动产生的经济利益的流入，如出售固定资产、接受捐赠等，不能作为企业的收入
	收入表现为企业资产的增加，也可能表现为企业负债的减少
	收入导致企业所有者权益的增加
	收入只包括本企业经济利益的流入，不包括为第三方或客户代收的款项

（二）收入的分类

1.按收入的性质，企业的收入可以分为建造（施工）合同收入、销售商品收入、提供劳务收入和让渡资产使用权收入等。见表1Z102030-2。

收入按性质分类 表1Z102030-2

按性质分类	建造（施工）合同收入		企业通过签订建造合同并按合同为客户设计和建造房屋、道路、桥梁、水坝等建筑物以及船舶、飞机、大型机械设备等取得的收入
	销售商品收入：两类	产品销售	自行加工的碎石、商品混凝土、门窗制品
		材料销售	原材料、低值易耗品、周转材料、包装物等
	提供劳务收入		指企业通过提供劳务作业而取得的收入，包括：机械作业、运输服务、设计业务、产品安装、餐饮住宿等
	让渡资产使用权收入		指企业通过出租资产使用权而取得的收入，包括：金融企业发放贷款取得的收入，企业让渡无形资产使用权取得的收入

2.按企业营业的主次分类，企业的收入分为主营业务收入和其他业务收入。见表1Z102030-3。

收入按主次分类 表1Z102030-3

按主次分类	建筑业企业的主营业务收入	建造（施工）合同收入
	建筑业企业的其他业务收入	销售收入、材料销售收入、机械作业收入、无形资产出租收入、固定资产出租收入等

（三）收入的确认原则

1.销售商品收入的确认

销售商品收入的确认有5个条件，其中2个与销售相关、3个与财务相关。见表1Z102030-4。

销售商品收入的确认 表1Z102030-4

与销售相关	企业将商品所有权的风险和报酬转移给购货方
	企业没有保留与所有权相联系的继续管理权
与财务相关	收入的金额能够可靠地计量
	相关的经济利益很可能流入企业
	相关的已发生或将发生的成本能够可靠地计量

2.提供劳务收入的确认

按资产负债表日提供劳务交易结果能否可靠估计有不同的确认方法。见表1Z102030-5。

劳务收入的确认 表1Z102030-5

劳务交易结果能够可靠估计	采用完工百分比法确认提供劳务收入
劳务交易结果不能够可靠估计	已经发生成本能够得到补偿：劳务收入=劳务成本，相同金额结转成本
	已经发生成本不能补偿：发生成本计入当期损益，不确认劳务收入

根据《企业会计准则》，提供劳务交易的结果能够可靠估计，是指同时满足表1Z102030-6中的条件。

劳务收入可以可靠估计的条件 表1Z102030-6

能够可靠估计应满足条件	收入的金额能够可靠地计量
	相关的经济利益很可能流入企业
	交易的完工进度能够可靠地确定
	交易中已发生和将发生的成本能够可靠地计量

3.让渡资产使用权收入的确认

让渡资产使用权收入包括利息收入、使用费收入等。应同时满足：相关的经济利益很可能流入企业；收入的金额能够可靠地计量。收入才能予以确认。

【经典例题】1.施工企业其他业务收入包括（ ）。

A.产品销售收入   B.建造合同收入

C.材料销售收入　　D.固定资产盘盈收入
E.固定资产出租收入

【答案】ACE

【嗨·解析】按收入的性质,企业的收入可以分为建造(施工)合同收入、销售商品收入、提供劳务收入和让渡资产使用权收入等。B属于主营业务收入,D属于营业外收入。

【经典例题】2.施工企业向外提供机械作业取得的收入属于(　　)。
A.提供劳务收入　　B.销售商品收入
C.让渡资产使用权收入　D.建造合同收入

【答案】A

【嗨·解析】提供劳务收入指企业通过提供劳务作业而取得的收入,包括:机械作业、运输服务、设计业务、产品安装、餐饮住宿等。

二、建造(施工)合同收入的核算

(一)建造合同概述

1.概述

建造合同分为固定造价合同和成本加成合同。两者的区别在于他们所含风险的承担者不同,固定造价合同的风险主要是由承包人承担,建造承包商要承担合同项目的所有风险;而成本加成合同的风险主要由发包人承担。

2.建造(施工)合同的特征:
(1)针对性强,先有买主(客户),后有标的(即资产);
(2)建设周期长,资产的建造一般需要跨越一个会计年度,有的长达数年;
(3)建造的资产体积大,造价高;
(4)建造合同一般是不可撤销合同。

(二)合同的分立与合并

一般情况下,企业应以所订立的单项合同为对象,分别计算和确认各单项合同的收入、费用和利润。

1.一项包括建造数项资产的建造合同,同时满足下列条件,建造合同可以分立。见表1Z102030-7。

合同分立条件　表1Z102030-7

合同分立条件	每项资产均有独立的建造计划
	与客户就每项资产单独进行谈判,双方能够接受或拒绝与每项资产有关的合同条款
	每项资产的收入和成本可以单独辨认

2.一组合同,无论是对应单个客户还是多个客户,同时满足下列条件,建造合同可以合并。见表1Z102030-8。

合同合并条件　表1Z102030-8

合同合并条件	该组合同按一揽子交易签订
	该组合同密切相关,每项合同实际上已构成一项综合利润率工程的组成部分
	该组合同同时或依次履行

3.追加资产的建造合同处理

追加资产的建造,满足下列条件之一的,应当作为单项合同:
(1)该追加资产在设计、技术或功能上与原合同包括的一项或数项资产存在重大差异。
(2)议定该追加资产的造价时,不需要考虑合同价款。

(三)合同收入的内容

建造合同的收入包括两部分:合同规定的初始收入和合同变更、索赔、奖励等形成的收入。见表1Z102030-9。

建造合同收入分类 表1Z102030-9

合同收入	内容
合同规定的初始收入	建造承包商与客户在双方签订的合同中最初商定的合同总金额，构成了合同收入的基本内容
合同变更、索赔、奖励等形成的收入	执行合同过程中由于合同变更、索赔、奖励等原因而形成的收入。确认收入时，应满足以下要求： 客户能够确认变更、索赔、奖励而增加的收入； 该收入能够可靠地计量

（四）建造（施工）合同收入的确认

如果建造合同交易结果能够可靠地估计，应在资产负债表日根据完工百分比法确认当期的合同收入。

1.合同结果能够可靠估计的标准（表1Z102030-10）

合同结果能够可靠估计的标准 表1Z102030-10

固定造价合同结果能够可靠估计的标准	成本加成合同结果能够可靠估计的标准
合同总收入能够可靠地计量	
与合同相关的经济利益能流入企业	与合同相关的经济利益很可能流入企业
实际发生的合同成本能够清楚地区分和可靠地计量	实际发生的合同成本能够清楚地区分和可靠地计量
合同完工进度和未完成合同尚需发生的成本能够可靠地确定	

2.建造（施工）合同收入的确认（表1Z102030-11）

建造（施工）合同收入的确认 表1Z102030-11

合同结果能够可靠估计	采用完工百分比法确认建造合同收入	
合同结果不能够可靠估计	合同成本能够收回的：合同收入根据能够收回的实际成本来确认，合同成本在其发生的当期确认为费用	
	合同成本不能回收的：不确认为收入，成本在发生时立即确认为费用	

（五）完工百分比的计算

1.完工百分比的运用分两个步骤：

第一步，确定建造合同的完工进度，计算出完工百分比；

第二步，根据完工百分比确认和计量当期的合同收入。

2.确定建造（施工）合同完工进度有以下三种方法（表1Z102030-12）：

合同完工进度的确认 表1Z102030-12

方法	公式或确定方式	备注
根据累计实际发生的合同成本占合同预计总成本的比例确定	合同完工进度=$\dfrac{累计实际发生的合同成本}{合同预计总成本}\times 100\%$	该方法是投入衡量法
根据已经完成的合同工作量占合同预计总工作量的比例确定	合同完工进度=$\dfrac{已经完成的合同工程量}{合同预计总工程量}\times 100\%$	该方法是产出衡量法
根据已完成合同工作的技术测量确定	该方法是在上述两种方法无法确定合同完工进度时所采用的一种特殊的技术测量方法。 如：水下施工工程	这种技术测量应由专业人员现场进行科学测定，而不是由建筑业企业自行随意测定

3.计算公式：

当期确认的合同收入=实际合同总收入-以前会计期间累计已确认收入

=合同总收入×完工进度-以前会计期间累计已确认的收入。

例题：1.某建筑业企业与A业主订了一项合同总造价为3000万元的建造（施工）合同，合同约定建设期为3年。第1年，实际发生合同成本750万元，年末预计为完成合同尚需发生成本1750万元；第2年，实际发生合同成本1050万元，年末预计为完成合同尚需发生成本700万元。则第一年、第二年的合同完工进度分别为：

第1年合同完工进度=750÷（750+1750）×100%=30%

第2年合同完工进度=（750+1050）÷（750+1050+700）×100%=72%。

2.某建筑业企业与交通局签订修建一条150km公路的建造（施工）合同，合同约定工程总造价为60000万元，建设期为3年。该建筑公司第1年修建了45km，第2年修建了75km。则：

第1年合同完工进度=45÷150×100%=30%

第2年合同完工进度=（45+75）÷150×100%=80%。

【经典例题】3.某跨年度工程，施工合同总收入为10000万元，合同预计总成本为8500万元，以前年度累计已确定的毛利为600万元，当期期末累计完工进度为80%，当期确认的合同毛利为（　　）万元。

A.600　　B.900　　C.1200　　D.1500

【答案】A

【嗨·解析】合同毛利=（10000-8500）×80%-600=600。

【经典例题】4.某承包商于2007年11月1日签订了一项施工承包合同，合同工期为18个月，合同结果可靠地估计。合同总造价5000万元，2007年底已确认合同收入300万元，2008年12月31日工程完成程度为80%，2008年累计收到工程款3300万元。则2008年应确认合同收入（　　）万元。

A.4700　　B.4000　　C.3700　　D.3300

【答案】C

【嗨·解析】应确认合同的收入=5000×80%-300=3700。

【经典例题】5.某总造价5000万元的固定总价建造合同，约定工期为3年。假定经计算第一年完工进度为30%，第2年完工进度为70%，第3年全部完工交付使用，则关于合同收入确定的说法，正确的有（　　）。

A.第2年确认的合同收入为3500万元

B.第3年确认的合同收入为0

C.第1年确认的合同收入为1500万元

D.第3年确认的合同收入少于第2年

E.3年累计确认的合同收入为5000万元

【答案】CDE

【嗨·解析】第一年应确认收入=5000×30%=1500；

第二年应确认收入=5000×（70%-30%）=2000；

第三年应确认收入=5000-1500-2000=1500，三年累计确认全部收入5000万。

章节练习题

一、单项选择题

1. 金融企业发放贷款取得的收入属于（　　）。
   A.销售商品收入
   B.提供劳务收入
   C.让渡资产使用权收入
   D.建造合同收入

2. 施工企业向外提供的设计业务取得的收入属于（　　）。
   A.提供劳务收入
   B.销售商品收入
   C.让渡资产使用权收入
   D.建造合同收入

3. 以下哪个不是建造合同的特征（　　）。
   A.针对性强，先有买主，后有标的
   B.建设周期长
   C.建造资产体积大，造价高
   D.一般可撤销

4. 某承包商与建设单位签订建造一栋办公楼的合同，合同规定办公大楼的总造价为6000万元，则该合同是（　　）。
   A.固定造价合同　　B.可变动造价合同
   C.成本加成合同　　D.成本加利润合同

5. 某建筑工程公司与建设单位签订了一份大型资产建造合同。合同规定，以双方约定的基本成本为该资产的实际成本，合同总价款由实际成本加15%来确定，该合同是（　　）。
   A.成本确定价款合同　　B.成本加成合同
   C.固定造价合同　　　　D.浮动造价合同

6. 固定造价合同和成本加成合同的最大区别在于它们（　　）。
   A.付款方式不同
   B.所含风险的承担者不同
   C.金额大小不同
   D.合同名称不同

7. 固定造价合同的风险主要由（　　）承担。
   A.发包方　B.承包商　C.政府　D.NGO

8. （　　）是指客户为改变合同规定的作业内容而提出的调整产生的收入。
   A.初始收入
   B.合同变更收入
   C.营业外收入
   D.奖励等形成的收入

9. 如果建造合同结果能够可靠地估计，企业在资产负债表日，确认当期合同收入的方法是（　　）。
   A.工程计划进度法　　B.工程实际进度法
   C.完工百分比法　　　D.工程形象进度法

10. 某施工企业与业主签订了修建15公里铁路的建造合同，合同约定工程总造价45亿元，建设期3年，第1年该施工企业修建了4公里，第2年修建了8公里，则第2年合同完工进度为（　　）。
    A.20.00%　　　　　B.26.67%
    C.80.00%　　　　　D.53.33%

二、多项选择题

1. 收入可以有不同的分类，按照收入的性质，可以分为（　　）。
   A.销售商品收入
   B.提供劳务收入
   C.让渡资产使用权收入
   D.建造（施工）合同收入
   E.其他业务收入

2. 销售商品收入同时满足下列（　　）条件的，才能予以确认。
   A.企业已将商品所有权上的主要风险和报酬转移给购货方
   B.企业既没有保留通常与所有权相联系的继续管理权，也没有对已售出的商品实施有效控制
   C.收入的金额能够可靠地计量

D.相关的经济利益不能流入企业

E.相关的已发生或将发生的成本能够可靠地计量

3.对于建造（施工）合同风险的承担者，以下说法正确的是（　　）。

A.固定造价合同的风险主要由发包方承担

B.固定造价合同的风险主要由承包商承担

C.成本加成合同的风险主要由发包方承担

D.成本加成合同的风险主要由承包商承担

E.建造合同的风险由承包方、发包方及相关单位共同承担

4.合同规定的收入包括（　　）。

A.初始收入

B.合同变更收入

C.索赔收入

D.奖励等形成的收入

E.营业外收入

5.某建筑企业与甲公司签订了一项总造价为1000万元的建造合同，建设期为2年。第一年实际发生工程成本400万元，双方均履行了合同规定义务，但在第1年年末，由于建筑企业对该项工程的完工进度无法可靠的估计，所以与甲公司只办理了工程价款结算360万元，随后甲公司陷入经济危机而面临破产清算，导致其余款可能无法收回。则关于该合同收入与费用确认的说法，正确的有（　　）。

A.合同收入确认方法应采用完工百分比法

B.1000万元可确认为合同收入

C.360万元确认为当年的收入

D.1000万元可确认为合同费用

E.400万元应确认为当年费用

参考答案及解析

一、单项选择题

1.【答案】C

【解析】金融企业发放贷款取得的收入属于让渡资产使用权收入。

2.【答案】A

【解析】提供劳务收入是指企业通过提供劳务作业而取得的收入。建筑业企业提供劳务一般均为非主营业务，主要包括机械作业、运输服务、设计业务、产品安装、餐饮住宿等。

3.【答案】D

【解析】建造合同的特征有：（1）针对性强，先有买主，后有标的；（2）建设周期长；（3）建造资产体积大，造价高；（4）一般不可撤销。

4.【答案】A

【解析】固定了总造价为固定造价合同。

5.【答案】B

【解析】合同总价款由实际成本加15％来确定，该合同是成本加成合同。

6.【答案】B

【解析】固定造价合同和成本加成合同的最大区别在于它们所含风险的承担者不同。

7.【答案】B

【解析】固定造价合同的风险主要由承包商承担；成本加成合同的风险主要由发包方承担。

8.【答案】B

【解析】合同变更是指客户为改变合同规定的作业内容而提出的调整。

9.【答案】C

【解析】建造合同结果能够可靠地估计，企业在资产负债表日，确认当期合同收入的方法是完工百分比法。

10.【答案】C

【解析】合同完工进度=$\dfrac{已经完成的合同工程量}{合同预计总工程量} \times 100\%$

$= \dfrac{12}{15} \times 100\% = 80\%$。

二、多项选择题

1.【答案】ABCD

【解析】收入可以有不同的分类，按照收入的性质，可以分为销售商品收入，提供劳务收入，让渡资产使用权收入，建造（施工）合同收入。

2.【答案】ABCE

【解析】销售商品收入同时满足下列条件的，才能予以确认：

（1）企业已将商品所有权上的主要风险和报酬转移给购货方；

（2）企业既没有保留通常与所有权相联系的继续管理权，也没有对已售出的商品实施有效控制；

（3）收入的金额能够可靠地计量；

（4）相关的经济利益很可能流入企业；

（5）相关的已发生或将发生的成本能够可靠地计量。

3.【答案】BC

【解析】固定造价合同的风险主要由承包商承担；成本加成合同的风险主要由发包方承担。

4.【答案】ABCD

【解析】合同规定的初始收入和合同变更、索赔、奖励等形成的收入。

5.【答案】CE

【解析】合同成本能收回的，按收回成本确认收入，实际成本不能收回的，直接确认费用。

1Z102040 利润和所得税费用

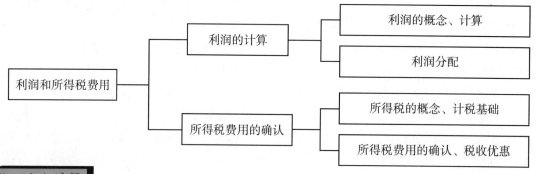

一、利润的计算

（一）利润的概念、计算

（1）利润的概念

利润是企业在一定会计期间的经营活动所获得的各项收入减各项支出后的净额以及直接计入当期利润的利得和损失等（表1Z102040-1），是企业在一定会计期间的经营成果。

利得和损失分类　表1Z102040-1

利得和损失	不计入当期损益，直接计入所有者权益	接受捐赠、变卖固定资产等
	直接计入当期损益的利得和损失	投资收益、投资损失等

根据《企业会计准则》，可以将利润分为营业利润、利润总额和净利润三个层次的指标，其中营业利润是企业利润的主要来源。

（2）利润的计算（表1Z102040-2）

利润的计算　表1Z102040-2

利润类型	公式
营业利润	营业利润=营业收入（不含税收入）-营业成本-销售费用-管理费用-财务费用-资产减值损失+公允价值变动收益（损失为负）+投资收益（损失为负）
利润总额	利润总额=营业利润+营业外收入-营业外支出
净利润	净利润=利润总额-所得税费用

其中，营业外收入（支出）是指企业发生的与其生产经营活动没有直接关系的各项收入（或支出）。见表1Z102040-3。

营业外收入和支出分类　表1Z102040-3

类别	举例
营业外收入	固定资产盘盈、处置固定资产净收益、处置无形资产净收益、罚款净收入等；
营业外支出	固定资产盘亏、处置固定资产净损失、处置无形资产净损失、债务重组损失、罚款支出、捐赠支出、非常损失等。

（二）利润分配

利润分配是指企业按照国家的有关规定，对当年实现的净利润和以前年度未分配的利润所进行的分配。

（1）税后利润分配的原则（表1Z102040-4）

利润分配的原则　表1Z102040-4

按法定顺序分配的原则	税后利润分配的基本原则
非有盈余不得分配原则	公司向股东分配股利的前提条件
同股同权、同股同利原则	向股东分配股利应遵守的原则
公司持有的本公司股份不得分配利润	

（2）税后利润的分配顺序（表1Z102040-5）

利润分配的顺序　表1Z102040-5

公司税后利润的分配顺序	弥补公司以前年度亏损
	提取法定公积金：按照当年可分配税后利润的10%提取；累计额为公司注册资本的50%以上，可以不再提取；法定公积金主要有以下3个用途：弥补亏损；扩大公司生产经营；增加公司注册资本
	经股东会或者股东大会决议提取任意公积金
	向投资者分配的利润或股利
	未分配利润

我国公司法规定的公积金有两种，法定公积金和任意公积金。资本公积金不得弥补亏损。

【经典例题】1.下列关于企业利润的描述中，正确的有（　　）。

A.净利润=利润总额-所得税费用

B.利润总额=营业利润+营业外收入-营业外支出

C.利润总额体现企业的最终经营成果

D.营业利润是企业利润的主要来源

E.营业利润包括企业对外投资收益

【答案】ABDE

【嗨·解析】净利润体现企业的最终经营成果，C选项错误，其他正确。

【经典例题】2.某施工年度工程结算收入是3000万元，营业成本为2300万元，管理费用为200万元，财务费用为100万元，其他业务收入为200万元，投资收益为150万元，营业外收入为100万元，营业外支出为80万元，所得税率为100万元，则企业营业利润为（　　）万元。

A.500　　B.520　　C.670　　D.750

【答案】D

【嗨·解析】营业利润=营业收入-营业成本-销售费用-管理费用-财务费用-资产减值损失+公允价值变动收益（损失为负）+投资收益（损失为负）

营业利润=3000-2300-200-100+200+150=750万。

二、所得税费用的确认

（一）所得税的概念、计税基础

所得税是指企业就其生产、经营所得和其他所得按规定交纳的税金。

应纳税所得额=收入总额−不征税收入−免税收入−各项扣除−允许弥补的以前年度的亏损

1. 所得税的计税基础见表1Z102040-6。

所得税计税基础分类　表1Z102040-6

分类	包含	分类	包含
收入总额	销售货物收入	货币形式的收入	现金、存款
	提供劳务收入		应收账款、应收票据
	转让财产收入		准备持有至到期的债券投资
	股息、红利等权益性投资收益		债务的豁免
	利息收入	非货币形式的收入	固定、生物、无形资产
	租金收入		股权投资
	特许权使用费收入		存货
	接受捐赠收入		不准备持有至到期的债券投资
	其他收入（企业资产溢余收入、逾期未退包装物押金收入、无法偿还的应付款、已作坏账损失处理又收回的款项等）		劳务及权益类等
不征税收入		财政拨款	
		行政事业性收费	
		政府性基金	
		国务院规定的其他不征税收入	
免税收入		国债利息收入	
		境内居民企业之间的股息、红利等投资收益收入	
		设立机构的非居民企业从居民企业取得的股息、红利	
		非营利组织收入	
各项扣除	成本、费用、损失（坏账损失）、税金等		
	公益性捐赠支出：利润总额12%以内部分	不含利润总额12%以外部分、滞纳金、罚款、赞助、给投资者的分红	
	固定资产折旧	不提折旧：未使用的、经营租入的、融资租出的、提足折旧的、单独入账的土地	
	无形资产摊销	不得计算摊销：自创商誉	
	长期待摊费用：固定资产改建支出、大修理支出		
	存货成本、转让资产净值		
	开发新技术的研究开发费用		
	安置残疾人员及其他国家鼓励就业人员		
不得扣除		投资期间投资资产的成本（待转让或处置时准予扣除）	
		境外营业机构亏损	
允许弥补的以前年度的亏损		结转年限最长不得超过5年	

2.各类资产的计税基础：历史成本。

3.资产的税务处理：

盘盈的固定资产：重置价值；

接受捐赠，债务重组方式取得：公允价值+相关税费；

改建的固定资产：改建支出；

当月投入使用的固定资产：下月起提折旧；当月停止使用的固定资产：下月停止折旧；

存货成本计算方法：先进先出、加权平均、个别计价法。

（二）所得税费用的确认、税收优惠

1.税收优惠

应纳税额=应纳税所得额×适用税率–减免税额–抵免税额

适用企业所得税税率见表1Z102040-7。

企业所得税税率　表1Z102040-7

条件	税率
居民企业	25%
非居民企业	20%
小型微利企业	20%
高新技术企业	15%

2.免征减征的规定

企业的下列所得，可以免征、减征企业所得税：

（1）从事农、林、牧、渔业项目的所得；

（2）从事国家重点扶持的公共基础设施项目投资经营的所得；

（3）从事符合条件的环境保护、节能节水项目的所得；

（4）符合条件的技术转让所得。

【经典例题】3.某施工企业2014年度利润总额8000万元。企业当年发生公益性捐赠支出1000万元。本企业在计算企业所得税时，捐赠支出准予扣除的最大金额是（　　）万元。

　　A.1000　　B.250　　C.960　　D.125

【答案】C

【嗨·解析】公益性捐赠支出：利润总额12%以内部分可以扣除，超出部分不得扣除。本题可以扣除的最大金额为：8000×12%=960万元。

【经典例题】4.（2016年真题）在计算所得税时，企业已作为坏账损失处理后又收回的应收账款应列入企业的（　　）。

　　A.销售收入　　　B.应收账款

　　C.接受捐赠收入　　D.其他收入

【答案】D

【嗨·解析】其他收入包括企业资产溢余收入、逾期未退包装物押金收入、无法偿还的应付款、已作坏账损失处理又收回的款项、债务重组收入、补贴收入、汇兑收益等。

【经典例题】5.高新技术企业所得税税率为（　　）。

　　A.10%　　B.15%　　C.20%　　D.25%

【答案】B

【嗨·解析】高新技术企业应采用15%的所得税税率。

章节练习题

一、单项选择题

1.（　　）反映了企业经济活动的效益，是衡量企业经营管理水平和经济效益的重要综合指标。
   A.净利润　　　　　B.营业利润
   C.总利润　　　　　D.营业外利润

2.（　　）是企业在一定会计期间的经营活动所获得的各项收入抵减各项支出后的净额以及直接计入当期利润的利得和损失等。
   A.利润　　　　　　B.营业利润
   C.总利润　　　　　D.净利润

3.通常，股份制公司的利润分配方案，由（　　）批准。
   A.董事会　　　　　B.职工代表大会
   C.总经理办公会议　D.股东大会

4.根据我国《企业会计准则》，利润总额的计算公式为（　　）。
   A.营业利润+营业外收入-营业外支出
   B.营业收入-营业成本+营业外收支净额
   C.营业利润+投资收益+营业外收支净额
   D.营业利润+投资收益

5.某施工年度工程结算收入是4000万元，营业成本为3300万元，管理费用为200万元，财务费用为100万元，其他业务收入为200万元，投资收益为150万元，营业外收入为100万元，营业外支出为80万元，所得税为100万元，则企业利润总额为（　　）万元。
   A.500　　B.520　　C.770　　D.750

6.某工程咨询企业的营业利润为502万元。该企业本年营业外收入30万元，营业外支出20万元，该企业利润总额是（　　）。
   A.532万元　　　　B.522万元
   C.512万元　　　　D.492万元

7.某施工企业年利润总额为4030万元，该企业所得税费用为530万元，净利润是（　　）。
   A.4000万元　　　　B.5270万元
   C.3500万元　　　　D.5500万元

8.法定盈余公积金的提取比例一般是（　　）。
   A.当年总利润10%
   B.当年总利润50%
   C.当年净利润10%
   D.当年净利润5%

9.非居民企业所得税税率为（　　）。
   A.10%　　B.15%　　C.20%　　D.25%

10.企业发生的公益性捐赠支出，在年度利润总额（　　）以内的部分，准予在计算应纳税所得额时扣除。
   A.10%　　B.11%　　C.12%　　D.13%

11.企业纳税年度发生的亏损，准予向以后年度结转，用以后年度的所得弥补，但结转年限最长不得超过（　　）年。
   A.3　　B.4　　C.5　　D.6

12.符合条件的小型微利企业，减按（　　）的税率征收企业所得税。
   A.15%　　B.20%　　C.25%　　D.30%

二、多项选择题

1.营业外支出包括（　　）。
   A.固定资产盘亏
   B.处置固定资产净损失
   C.债务重组损失
   D.无形资产净损失
   E.税金

2.我国《公司法》规定的公司税后利润的分配原则可以概括为以下几个方面（　　）。
   A.按法定顺序分配的原则
   B.非有盈余不得分配原则
   C.同股同权、同股同利原则
   D.公司持有的本公司股份不得分配利润
   E.先分配股利，再还借款

3. 应纳税所得额为收入总额减去（　　）。
A. 不征税收入
B. 免税收入
C. 各项扣除
D. 允许弥补的以前年度的亏损
E. 罚款支出

参考答案及解析

一、单项选择题

1.【答案】C
【解析】企业的利润总额集中反映了企业经济活动的效益，是衡量企业经营管理水平和经济效益的重要综合指标。

2.【答案】A
【解析】利润是企业在一定会计期间的经营活动所获得的各项收入抵减各项支出后的净额以及直接计入当期利润的得和损失等。

3.【答案】D
【解析】股份制公司利润分配方案由股东大会批准。

4.【答案】A
【解析】利润总额=营业利润+营业外收入−营业外支出。

5.【答案】C
【解析】4000−3300−200−100+200+150+100−80=770。

6.【答案】C
【解析】利润总额=营业利润+营业外收入−营业外支出。

7.【答案】C
【解析】净利润=利润总额−所得税费用。

8.【答案】C
【解析】法定盈余公积金的提取比例一般是当年净利润10%。

9.【答案】C
【解析】非居民企业所得税税率为20%。

10.【答案】C
【解析】企业发生的公益性捐赠支出，在年度利润总额12%以内的部分，准予在计算应纳税所得额时扣除。

11.【答案】C
【解析】企业纳税年度发生的亏损，准予向以后年度结转，用以后年度的所得弥补，但结转年限最长不得超过5年。

12.【答案】B
【解析】符合条件的小型微利企业，减按20%的税率征收企业所得税。

二、多项选择题

1.【答案】ABCD
【解析】营业外支出包括固定资产盘亏、处置固定资产净损失、处置无形资产净损失、债务重组损失、罚款支出、捐赠支出、非常损失等。

2.【答案】ABCD
【解析】我国《公司法》规定的公司税后利润的分配原则可以概括为以下几个方面：按法定顺序分配的原则；非有盈余不得分配原则；同股同权、同股同利原则；公司持有的本公司股份不得分配利润。

3.【答案】ABCD
【解析】企业每一纳税年度的收入总额，减除不征税收入、免税收入、各项扣除以及允许弥补的以前年度亏损后的余额，为应纳税所得额。

1Z102050 企业财务报表

本节知识体系

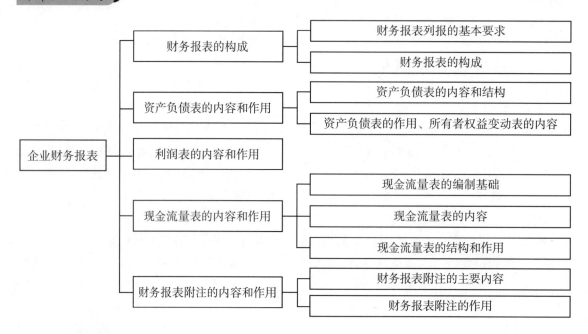

核心内容讲解

一、财务报表的构成

财务报表是指企业财务状况、经营成果和现金流量的结构性描述，是反映企业某一特定日期财务状况和某一会计期间经营成果、现金流量的书面文件。

（一）财务报表列报的基本要求

《企业会计准则（2006）》对编制财务报表列报的基本要求主要包括以下六个方面（表1Z102050-1）。

财务报表基本要求　表1Z102050-1

基本要求	企业应当以持续经营为基础编制财务报表
	财务报表项目的列报应当在各个会计期间保持一致，不得随意变更
	重要项目单独列报：重要性根据企业所处环境，从项目的性质和金额大小判断
	报表列示项目不应相互抵消：资产扣除减值准备后的余额列示、非日常活动的损益以收入扣减费用的净额列示，不属于抵消
	当期与上期报表列报项目应当具有可比性
其他相关要求	披露内容：编报企业的名称；资产负债表日或涵盖的会计期间；人民币金额单位；财务报表是否合并财务报表
	企业至少应当按年编制财务报表

（二）财务报表的构成

根据现行会计准则的规定，财务报表至少应当包括资产负债表、利润表、现金流量表、所有者权益（或股东权益）变动表和附注。见表1Z102050-2。

财务报表的构成　表1Z102050-2

财务报表的构成	内容
资产负债表	反映企业在某一特定日期财务状况，这一时点一般在企业月末、季末、半年末、年末等； 属于静态报表； 以"资产=负债+所有者权益"这一静态等式为依据； 账户式结构
利润表	反映企业在一定会计期间的经营成果； 属于动态报表 以"利润=收入-费用"这一动态等式为依据； 多步式结构
现金流量表	反映企业一定会计期间现金和现金等价物流入和流出的财务报表； 属于动态报表
所有者权益（或股东权益）	为资产负债表的附表
财务报表附注	对上述表中列示项目的文字描述或明细资料

【经典例题】1.根据我国现行《企业会计准则》，企业财务报表至少应包括（　　）。

A.资产负债表

B.利润表

C.现金流量表

D.所有者权益变动表

E.成本分析表

【答案】ABCD

【嗨·解析】根据现行会计准则的规定，财务报表至少应当包括资产负债表、利润表、现金流量表、所有者权益（或股东权益）变动表和附注。

【经典例题】2.（2014年真题）根据现行《企业会计准则》，企业在财务报表显著位置至少应披露的项目有（　　）。

A.编报企业名称

B.资产负债表日或会计报表涵盖的会计期间

C.人民币金额单位

D.企业财务负责人姓名

E.是否合并会计报表

【答案】ABCE

【嗨·解析】根据现行《企业会计准则》，企业在财务报表显著位置至少应披露编报企业的名称；资产负债表日或涵盖的会计期间；人民币金额单位；财务报表是合并财务报表的，应当予以标明。

【经典例题】3.（2015年真题）根据现行《企业会计准则》，关于企业财务报表列报基本要求的说法，正确的有（　　）。

A.企业应当以持续经营为基础编制财务报表

B.重要项目应单独列报

C.报表列示项目不应相互抵消

D.当期报表列报项目与上期报表项目应当具有可比性

E.企业至少应当按月编制财务报表

【答案】ABCD

【嗨·解析】企业至少应当按年编制财务报表，E选项错误，其他正确。

二、资产负债表的内容和作用

（一）资产负债表的内容和结构

1.资产负债表的内容

资产负债表根据资产、负债、所有者权益之间的关系，即"资产=负债+所有者权益"，按照一定的分类标准和顺序，把企业一定日期的资产、负债和所有者权益各项目进行适当排列编制出的报表。其采用账户式结构。

（1）流动资产：资产满足下列条件之一的，应当归类为流动资产：

①预计在一个正常营业周期中变现、出售或耗用。

②主要为交易目的而持有。

③预计在资产负债表日起一年内(含一年,下同)变现。

④自资产负债表日起一年内,交换其他资产或清偿负债的能力不受限制的现金或现金等价物。

(2)流动负债:负债满足下列条件之一的,应当归类为流动负债:

①预计在一个正常营业周期中清偿。

②主要为交易目的而持有。

③自资产负债表日起一年内到期应予以清偿。

④企业无权自主地将清偿推迟至资产负债表日后一年以上。

(3)非流动负债:对于在资产负债表日起一年内到期的负债,企业预计能够自主地将清偿义务展期至资产负债表日后一年以上的;贷款人在资产负债表日或之前同意提供在资产负债表日后一年以上的宽限期,企业能够在此期限内改正违约行为,且贷款人不能要求随时清偿。

(二)资产负债表的作用、所有者权益变动表的内容

1.资产负债表的作用(表1Z102050-3)

资产负债表作用 表1Z102050-3

资产负债表的作用	资产负债表能够反映企业在某一特定日期所拥有的各种资源总量及其分布情况,可以分析企业的资产构成,以便及时进行调整
	资产负债表能够反映企业的偿债能力,可以提供某一日期的负债总额及其结构,表明企业未来需要用多少资产或劳务清偿债务以及清偿时间
	资产负债表能够反映企业在某一特定日期企业所有者权益的构成情况,可以判断资本保值、增值的情况以及对负债的保障程度

2.所有者权益变动表的内容

《企业会计准则》规定,所有者权益变动表至少应当包括以下单列项目(表1Z102050-4):

所有者权益变动表内容 表1Z102050-4

所有者权益变动表项目内容	净利润
	直接计入所有者权益的利得和损失项目及其总额
	会计政策变更和差错更正的累积影响金额
	所有者投入资本和向所有者分配利润等
	按照规定提取的盈余公积
	实收资本(或股本)、资本公积、盈余公积、未分配利润的期初和期末余额及其调节情况

【经典例题】4.关于资产负债表作用的说法,正确的有( )。

A.能够反映企业在某一特定日期所拥有的各种资源总量及分布情况

B.能够反映企业的偿债能力

C.能够反映构成净利润的各种要素

D.能够反映企业在一定会计期间现金和现金等价物流入流出的情况

E.能够反映企业在某一特定日期企业所有者收益的构成情况

【答案】ABE

【嗨·解析】见表1Z102050-3。A、B、E是正确答案,C属于利润表的内容,D属于现金流量表的内容。

【经典例题】5.根据我国现行《企业会计准则》,企业在资产负债表日或之前违反了长期借款协议,导致贷款人可随时要求清偿的债务,在资产负债表中应当归为( )。

A.非流动负债   B.长期应付款
C.流动负债   D.长期借款

【答案】C

【嗨·解析】根据我国现行《企业会计准则》,企业在资产负债表日或之前违反了长期借款协议,导致贷款人可随时要求清偿的债务,在资产负债表中应当归为流动负债。

三、利润表的内容和作用

1.利润表的内容

我国采用的是多步式利润表,主要反映以下几个方面的内容:

(1)营业收入,营业收入=主营业务收入+其他业务收入。

(2)营业利润,营业利润=营业收入-营业成本-销售费用-管理费用-财务费用-资产减值损失+公允价值变动收益+投资收益。

(3)利润总额,利润总额=营业利润+营业外收入-营业外支出。

(4)净利润,净利润=利润总额-所得税费用。

如果有些企业还有其他一些综合收益,则应加上扣除相关所得税影响后的净额,成为综合收益总额。

2.利润表的作用(表1Z102050-5)

利润表的作用　表1Z102050-5

利润表的作用	利润表能反映企业在一定期间的收入和费用情况以及获得利润或发生亏损的数额,表明企业投入与产出之间的关系
	通过利润表提供的不同时期的比较数字,可以分析判断企业损益发展变化的趋势,预测企业未来的盈利能力
	通过利润表可以考核企业的经营成果以及利润计划的执行情况,分析企业利润增减变化原因
	反映企业经营业绩的主要来源和构成
	有助于使用者判断净利润表的质量和风险,有助于使用者预测净利润的持续性从而做出正确的决策

【经典例题】6.利润表中的内容不包括( )。

A.营业利润
B.利润总额
C.净利润分配的各项要素
D.营业收入

【答案】C

【嗨·解析】净利润体现在利润表中,分配体现在所有者权益变动表中。

四、现金流量表的内容和作用

(一)现金流量表的编制基础

现金流量表的概念

现金流量表是反映企业一定会计期间现金和现金等价物流入和流出的财务报表,他属于动态的财务报表。现金流量表是以现金为基础编制的,这里现金包括库存现金、可以随时用于支付的存款、其他货币资金以及现金等价物。表1Z102050-6。

现金等价物的特点　表1Z102050-6

作为现金等价物的交易性金融资产(短期投资)必须满足条件	期限短:三个月内能够变现	如:三个月到期的国库券、商业汇票、货币基金、可转定期存单、银行承兑汇票等
	流动性强	
	易于转换为已知金额的现金	
	价值变动风险小:股票投资不满足	

(二)现金流量表的内容

现金流量表的内容应当包括经营活动、投资活动和筹资活动产生的现金流量(表1Z102050-7)。

现金流量表内容 表1Z102050-7

类型	内容
经营活动	收到的税费返还； 收到其他与经营活动有关的现金； 购买商品、接受劳务支付的现金等
投资活动	企业长期资产的构建和不包括在现金等价物范围的投资及其处置活动： 处置固定资产、无形资产和其他长期资产收回的现金净额； 购建固定资产、无形资产和其他长期资产支付的现金； 取得子公司及其他营业单位支付的现金净额等
筹资活动	导致企业资本及债务规模和构成发生变化的活动： 取得借款收到的现金； 偿还债务支付的现金； 分配股利、利润或偿付利息支付的现金等

（三）现金流量表的结构和作用

1.现金流量表的结构（表1Z102050-8）

现金流量表由正表和补充资料两部分组成。

现金流量表结构 表1Z102050-8

组成	正表	补充资料
内容	经营活动产生的现金流量	将净利润调节为经营活动产生的现金流量
	投资活动产生的现金流量	不涉及现金收支的重大投资和筹资活动
	筹资活动产生的现金流量	
	汇率变动对现金的影响	
	现金及现金等价物净增加额	现金及现金等价物净增加情况

2.现金流量表的作用（表1Z102050-9）

现金流量表的作用 表1Z102050-9

现金流量表的作用	现金流量表有助于使用者对企业整体财务状况做出客观评价
	现金流量表有助于评价企业的支付能力、偿债能力和周转能力
	现金流量表有助于使用者预测企业未来的发展情况

【经典例题】7.在下列企业财务活动中，属于投资活动的是（ ）。
A.发行股票
B.利息的支付
C.支付工资
D.购买政府公债
【答案】D
【嗨·解析】AB属于筹资活动，C属于经营活动。

【经典例题】8.关于现金等价物特点的说法，正确的是（ ）。
A.持有的期限较长
B.易于转换为现金，但是转换的金额不能确定
C.价值变动风险较大
D.流动性强
【答案】D
【嗨·解析】现金等价物应持有期限较短，A选项错误。现金等价物应可转换确定金额，B错误。现金等价物的价值变动风险较小，C错误。现金等价物的流动性较强，D选项正确。

【经典例题】9.下列经济活动产生的现

金中，不属于筹资活动产生的现金流量是（　　）。

A.取得借款收到的现金
B.分配股利支付的现金
C.偿还债务支付的现金
D.处置子公司收到的现金

【答案】D

【嗨·解析】选项D属于投资活动。

五、财务报表附注的内容和作用

（一）财务报表附注的主要内容

附注是对资产负债表、利润表、现金流量表和所有者权益变动表等报表中列示项目的文字描述或明细资料。见表1Z102050-10。

附注的顺序表　表1Z102050-10

附注内容及披露顺序	财务报表的编制基础
	遵循企业会计准则的声明
	重要会计政策的说明，包括财务报表项目的计量基础和会计政策的确定依据
	重要会计估计的说明，包括下一会计期间内很可能导致资产、负债账面价值重大调整的会计估计的确定依据
	会计政策和会计估计变更以及差错更正的说明
	对已在资产负债表、利润表、现金流量表和所有者权益变动表中列示的重要项目的进一步说明
	或有和承诺事项、资产负债表日后非调整事项、关联方关系及其交易等需要说明的事项

（二）财务报表附注的作用

由于财务报表中所规定的内容具有一定的固定性和规定性，只能提供定量的会计信息，其所能反映的会计信息受到一定的限制。财务报表附注是对财务报表的补充。

章节练习题

一、单项选择题

1. （　　）是指企业财务状况、经营成果和现金流量的结构性描述，是反映企业某一特定日期财务状况和某一会计期间经营成果、现金流量的书面文件。
   A.财务报表　　　　B.会计凭证
   C.会计账簿　　　　D.税收政策

2. 当期财务报表的列报，至少应当提供所有列报项目上一可比会计期间的比较数据，以及与理解当期财务报表相关的说明。这是会计的（　　）。
   A.重要性　　　　　B.相关性
   C.可比性　　　　　D.不得相互抵消性

3. 反映企业在一定会计期间经营成果的报表是（　　）。
   A.利润表
   B.资产负债表
   C.现金流量表
   D.所有者权益变动表

4. 利润表的内容不包括（　　）。
   A.营业利润　　　　B.利润总额
   C.净利润　　　　　D.预收款

5. 企业作为短期投资而购入的可流通的股票（　　）。
   A.属于现金等价物　B.属于负债
   C.不属于现金等价物　D.不属于资产

6. 下列各项中，属于投资活动现金流入的是（　　）。
   A.承包工程收到的现金
   B.处置固定资产收回的现金
   C.取得借款所收到的现金
   D.吸收投资所收到的现金

7. 下列各项中，属于筹资活动流入现金的是（　　）。
   A.承包工程收到的现金
   B.处置固定资产收回的现金
   C.取得借款所收到的现金
   D.收到的税费返还

8. （　　）是对在资产负债表、利润表、现金流量表和所有者权益变动表等报表中列示项目的文字描述或明细资料，以及对未能在这些报表中列示项目的说明等。
   A.资产负债表　　　B.利润表
   C.现金流量表　　　D.附注

二、多项选择题

1. 企业应当在财务报表的显著位置至少披露下列各项（　　）。
   A.编报企业的名称
   B.资产负债表或财务报表涵盖的会计期间
   C.人民币金额单位
   D.财务报表是合并财务报表的
   E.应交税费总额

2. 根据企业会计准则及其相关规定，下列各项中属于流动负债的是（　　）。
   A.短期借款　　　　B.应付账款
   C.应付职工薪酬　　D.长期借款
   E.应付债券

3. 所有者权益变动表至少应当包括以下单列项目（　　）。
   A.净利润
   B.直接计入所有者权益的利得和损失项目及其总额
   C.会计政策变更和差错更正的累积影响金额
   D.所有者投入资本和向所有者分配利润等
   E.总收入

4. 现金流量表的内容应当包括（　　）。
   A.经营活动产生的现金流量
   B.投资活动产生的现金流量
   C.筹资活动产生的现金流量
   D.收购活动产生的现金流量
   E.营销活动产生的现金流量

参考答案及解析

一、单项选择题

1.【答案】A
【解析】财务报表是指对企业财务状况、经营成果和现金流量的结构性描述,是反映企业某一特定日期财务状况和某一会计期间经营成果、现金流量的书面文件。

2.【答案】C
【解析】当期报表列报项目与上期报表列报项目应当具有可比性。当期财务报表的列报,至少应当提供所有列报项目上一可比会计期间的比较数据,以及与理解当期财务报表相关的说明。

3.【答案】A
【解析】利润表是反映企业在一定会计期间经营成果的报表。

4.【答案】D
【解析】我国采用的是多步式利润表,按利润形成的主要环节列示营业利润。利润总额和净利润等中间性利润指标。不包括预收款,所以选择D选项。

5.【答案】C
【解析】企业作为短期投资而购入的可流通的股票,尽管期限短,变现的能力也很强,但由于其变现的金额并不确定,其价值变动的风险较大,因而不属于现金等价物。

6.【答案】B
【解析】CD是融资活动,A是经营活动。

7.【答案】C
【解析】取得借款属于筹资活动的现金流入。

8.【答案】D
【解析】附注是对在资产负债表、利润表、现金流量表和所有者权益变动表等报表中列示项目的文字描述或明细资料,以及对未能在这些报表中列示项目的说明等。

二、多项选择题

1.【答案】ABCD
【解析】企业应当在财务报表的显著位置至少披露下列各项:编报企业的名称;资产负债表日或财务报表涵盖的会计期间;人民币金额单位;财务报表是合并财务报表的。

2.【答案】ABC
【解析】D、E是长期负债。

3.【答案】ABCD
【解析】所有者权益变动表至少应当包括以下单列项目:(1)净利润;(2)直接计入所有者权益的利得和损失项目及其总额;(3)会计政策变更和差错更正的累积影响金额;(4)所有者投入资本和向所有者分配利润等;(5)按照规定提取的盈余公积。

4.【答案】ABC
【解析】现金流量表的内容应当包括经营活动、投资活动和筹资活动产生的现金流量。

1Z102060 财务分析

本节知识体系

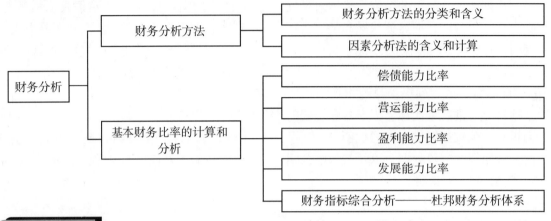

核心内容讲解

一、财务分析方法

(一)财务分析方法的分类和含义

财务分析的方法,主要包括趋势分析法、比率分析法和因素分析法。见表1Z102060-1。

财务分析方法　表1Z102060-1

财务分析方法	分类	特点
趋势分析法	定基指数 环比指数	也称水平分析法,通过对比两期或连续数期财务报告中相同指标,确定其增减变化的方向、数额和幅度,来说明企业财务状况、经营成果和现金流量变动趋势的分析方法
比率分析法	构成比率 效率比率 相关比率	通过计算各种比率来确定经济活动变动程度的分析方法;比率分析法是财务分析最基本、最重要的方法
因素分析法	连环替代法 差额计算法	依据分析指标与其驱动因素之间的关系,从数量上确定各因素对分析指标的影响方向及程度的分析方法; 定量解释差异成因的工具,既可以全面分析各因素对经济指标的影响,又可以单独分析某因素对经济指标的影响

(二)因素分析法的含义和计算

1. 连环替代法

例题:某企业2010年8月份A材料的实际费用为6720元,而其计划值为5400元。由于该材料费用由产品产量、单位产品材料耗用量和材料单价三个因素的乘积构成,因此,可以把材料费用这个指标分解为三个因素,然后逐个分析它们对材料费用的影响程度。三个因素的重要性按下表排序,现假设这三个因素的数值如该表所示。

项目	单位	计划值	实际值	差异=实际值-计划值
产品产量	件	120	140	20
单位产品材料消耗量	千克/件	9	8	−1
材料单价	元/千克	5	6	1
材料费用	元	5400	6720	1320

根据上表得知，材料费用总额实际值比计划值增加1320元，这是分析对象。运用连环替代法，可以计算各因素变动对材料费用总额的影响程度，具体如下：

  计划指标：120×9×5=5400元　　　　　　　　①
  第一次替代：140×9×5=6300元　　　　　　　②
  第二次替代：140×8×5=5600元　　　　　　　③
  第三次替代：140×8×6=6720元（实际指标）　④
  因素分析：
  ②−①=6300−5400=900元　产量增加的影响
  ③−②=5600−6300=−700元　材料节约的影响
  ④−③=6720−5600=1120元　价格提高的影响
  900−700+1120=1320元　全部因素的影响。

2.差额计算法

仍以上题数据为例，采用差额计算法确定各因素变动对材料费用的影响。

产量增加对材料费用的影响=（140−120）×9×5=900元

材料节约对材料费用的影响=140×（8−9）×5=−700元

价格提高对材料费用的影响=140×8×（6−5）=1120元

全部因素的影响：900−700+1120=1320元。

【经典例题】1.在企业财务分析时，对比两期或连续数期财务报告中相同指标，确定其变化方向、数额和幅度的分析方法，属于（　　）。

A.差额分析法　　B.趋势分析法
C.结构分析法　　D.因素分析法

【答案】B

【嗨·解析】趋势分析法也称水平分析法，通过对比两期或连续数期财务报告中相同指标，确定其增减变化的方向、数额和幅度，来说明企业财务状况、经营成果和现金流量变动趋势的分析方法。

【经典例题】2.某施工企业8月份钢筋原材料的实际费用为22万元，而计划值为20万元，由于钢筋原材料费由工程数量、单位工程量钢筋耗用量和钢筋单价三个因素乘积构成，若分析这三个因素对钢筋原材料的影响方向及程度，适宜采用的财务分析方法是（　　）。

A.概率分析法　　B.因素分析法
C.结构分析法　　D.趋势分析法

【答案】B

【嗨·解析】因素分析法依据分析指标与其驱动因素之间的关系，从数量上确定各因素对分析指标的影响方向及程度的分析方法；本题正确选项为B。

二、基本财务比率的计算和分析

（一）偿债能力比率

偿债能力分为短期偿债能力和长期偿债能力。包括资产负债率、流动比率和速动比率三个指标。见表1Z102060-2。

偿债能力比率 表1Z102060-2

指标	公式	备注
资产负债率（长期偿债能力）	资产负债率=$\dfrac{总负债}{总资产}\times 100\%$	从债权人角度：资产负债率越低，说明企业偿债能力越强； 从企业所有者和经营者角度：希望该指标高些，有利于利用财务杠杆增加所有者获利能力； 一般50%比较合适
流动比率（短期偿债能力）	流动比率=$\dfrac{流动资产}{流动负债}$	生产性行业合理最低流动比率值为2，如比率过低，企业近期可能有财务方面的困难
速动比率（短期偿债能力）	速动比率=$\dfrac{速动资产}{流动负债}$	速动资产=流动资产−存货 速动资产=货币资金+交易性金融资产+应收票据+应收账款+其他应收款 速动比率≥1说明企业有偿债能力

（二）营运能力比率

营运能力比率是用于衡量公司资产管理效率的指标，常用的指标有总资产周转率、流动资产周转率、存货周转率、应收账款周转率等。周转次数越多，资产管理效率越高。见表1Z102060-3。

营运能力比率 表1Z102060-3

比率	公式
总资产周转率	总资产周转次数=$\dfrac{主营业务收入}{资产总额}$
流动资产周转率	流动资产周转次数=$\dfrac{主营业务收入}{流动资产}$
存货周转率	存货周转次数=$\dfrac{营业成本}{存货}$
应收账款周转率	应收账款周转次数=$\dfrac{营业收入}{应收账款}$

说明：资产总额、流动资产、存货、应收账款一般按照期初和期末的平均值计算。

（三）盈利能力比率

盈利能力比率常用的有净资产收益率和总资产报酬率。净资产收益率和总资产报酬率还能反映企业资产的综合利用效率。见表1Z102060-4。

盈利能力比率 表1Z102060-4

比率	公式	备注
净资产收益率	净资产收益率=$\dfrac{净利润}{净资产}\times 100\%$	指标越高，表明企业盈利能力越好；资产的利用效率越高
总资产净利率	总资产净利率=$\dfrac{净利润}{总资产}\times 100\%$	指标越高：表明企业资产的利用效率越高，也意味着资产盈利能力越强

说明：净资产、资产总额可以取期初和期末的平均值。

（四）发展能力比率

衡量企业发展能力的指标主要有营业增长率和资本积累率。见表1Z102060-5。

发展能力比率　表1Z102060-5

比率	公式	作用
营业增长率	营业增长率 = $\dfrac{\text{本期营业收入增加额}}{\text{上期营业收入总额}} \times 100\%$	衡量企业经营状况和市场占有能力、预测企业经营业务拓展趋势的重要标志
资本积累率	资本积累率 = $\dfrac{\text{本年所有者权益增长额}}{\text{年初所有者权益}} \times 100\%$	体现了企业资本的积累能力，是评价企业发展潜力的重要指标

（五）财务指标综合分析——杜邦财务分析体系

在财务指标综合分析方法中，比较典型的是杜邦财务分析体系，简称杜邦分析。

杜邦分析利用财务比率的内在联系对企业财务状况和经营成果进行综合评价；

该体系是以净资产收益率为核心指标，以总资产净利率和权益乘数为两个方面，重点揭示企业获利能力及权益乘数对净资产收益率的影响；

杜邦财务分析体系是一个多层次的财务比率分解体系。

【经典例题】3.杜邦财务分析体系中的核心指标是（　　）。

A.销售净利率　　　B.净资产收益率
C.总资产报酬率　　D.总资产周转率

【答案】B

【嗨·解析】杜邦财务分析利用财务比率的内在联系对企业财务状况和经营成果进行综合评价；该体系是以净资产收益率为核心指标，以总资产净利率和权益乘数为两个方面，重点揭示企业获利能力及权益乘数对净资产收益率的影响，以及各相关指标之间的相互作用关系。

【经典例题】4.下列财务比率中，属于企业偿债能力分析指标的是（　　）。

A.总资产周转率　　B.净资产收益率
C.营业增长率　　　D.流动比率

【答案】D

【嗨·解析】A属于运营能力指标，B属于盈利能力指标，C属于发展能力指标。

【经典例题】5.（2015年真题）某企业流动比率为3.2，速动比率为1.5，该行业平均的流动比率和速动比率分别为3和2，关于该企业流动资产和偿债能力的说法，正确的是（　　）。

A.该企业的偿债能力较强
B.该企业流动资产存货比例过大
C.该企业的应收票据，应收账款比例较大
D.该企业流动资产中货币资金比例较大

【答案】B

【嗨·解析】资产中属于流动资产不属于速动资产的为存货。流动比率高，速动比率低原因是存货在流动资产中占比较高，提升了流动资产与流动负债的比值。

章节练习题

一、单项选择题

1. 要分别分析材料消耗量和采购单价对工程材料费用的影响,可以采用的财务分析方法是(　　)。
   A.趋势分析法　　　　B.因果分析法
   C.比率分析法　　　　D.因素分析法

2. (　　)将分析指标分解为各个可以计量的因素,并根据各个因素之间的依存关系,顺次用各因素的比较值(通常为实际值)替代基准值(通常为标准值或计划值),据以测定各因素对指标的影响。
   A.连环替代法　　　　B.水平分析法
   C.比率分析法　　　　D.因素分析法

3. 某企业资产总额年末数为1163150元,流动负债年末数为168150元,长期负债年末数为205000元,则该企业年末的资产负债率为(　　)。
   A.32.08%　　　　　　B.20.60%
   C.17.62%　　　　　　D.14.46%

4. 流动比率是企业流动资产与流动负债的比率,通常认为其合理值是(　　)。
   A.0.5　　B.1　　C.1.5　　D.2

5. 下列各项中,不反映运营能力分析的指标是(　　)。
   A.总资产周转率　　　B.流动资产周转率
   C.存货周转率　　　　D.速动比率

6. 下列财务指标中,可以反映企业营运能力比率的指标是(　　)。
   A.净资产收益率　　　B.流动比率
   C.存货周转率　　　　D.资本积累率

7. 下列财务指标中,数值越高,表明企业资产的盈利能力越强的指标是(　　)。
   A.营业增长率　　　　B.速动比率
   C.总资产周转率　　　D.净资产收益率

8. 反映企业盈利能力的核心指标是(　　)。
   A.总资产收益率　　　B.流动资产周转率
   C.利润增长率　　　　D.净资产收益率

9. 反映企业发展能力的指标是(　　)。
   A.总资产收益率　　　B.流动资产周转率
   C.利润增长率　　　　D.营业增长率

10. 杜邦财务分析体系中的核心指标是(　　)。
    A.销售净利率　　　　B.净资产收益率
    C.总资产报酬率　　　D.总资产周转率

二、多项选择题

1. 财务分析的方法,主要包括(　　)。
   A.趋势分析法　　　　B.比率分析法
   C.因素分析法　　　　D.ABC分析法
   E.头脑风暴法

2. 因素分析法根据其分析特点可分(　　)两种。
   A.连环替代法　　　　B.水平分析法
   C.比率分析法　　　　D.因素分析法
   E.差额计算法

3. 关于杜邦财务分析体系的说法,正确的有(　　)。
   A.通过杜邦分析能发现企业资本金的变动趋势
   B.杜邦分析利用财务比率的内在联系对企业财务状况和经营成果进行综合评价
   C.杜邦分析将若干财务指标形成一个完整的指标体系
   D.杜邦分析能研究各项资产的比重变化情况,揭示企业的偿债能力
   E.杜邦分析以净资产收益率为核心指标

参考答案及解析

一、单项选择题

1.【答案】D

【解析】因素分析法依据分析指标与其驱动因素之间的关系，从数量上确定，各因素对分析指标的影响方向及程度的分析方法，本题正确选项为D。

2.【答案】A

【解析】连环替代法是将分析指标分解为各个可以计量的因素，并根据各个因素之间的依存关系，顺次用各因素的比较值（通常为实际值）替代基准值（通常为标准值或计划值），据以测定各因素对指标的影响。

3.【答案】A

【解析】总负债=（168150+205000）=373150,

资产负债率=$\frac{373150}{1163150}$=32.08%。

4.【答案】D

【解析】流动比率是企业流动资产与流动负债的比率，通常认为其合理值是2。

5.【答案】D

【解析】D是偿债能力分析。

6.【答案】C

【解析】A是盈力能力比率；B是偿债能力比率；D是发展能力比率。

7.【答案】D

【解析】D是盈利能力分析指标。

8.【答案】D

【解析】净资产收益率是指企业本期净利润和净资产的比率，是反映企业盈利能力的核心指标。

9.【答案】D

【解析】营业增长率是发展能力。

10.【答案】B

【解析】杜邦财务分析体系以净资产收益率为核心。

二、多项选择题

1.【答案】ABC

【解析】财务分析的方法，主要包括趋势分析法、比率分析法和因素分析法。

2.【答案】AE

【解析】因素分析法根据其分析特点可分为连环替代法和差额计算法两种。

3.【答案】BCE

【解析】在财务指标综合分析方法中，比较典型的是杜邦财务分析体系，简称杜邦分析，是利用各主要财务比率指标之间的内在联系对企业财务状况和经营成果进行综合系统评价的方法。该体系是以净资产收益率为核心指标，以总资产净利率和权益乘数为两个方面，重点揭示企业获利能力及权益乘数对净资产收益率的影响，以及各相关指标之间的相互作用关系。

1Z102070 筹资管理

本节知识体系

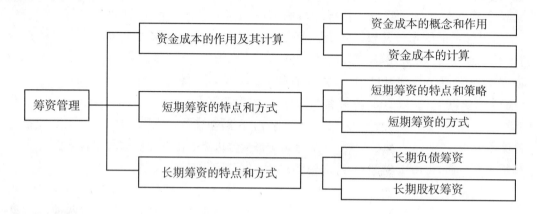

核心内容讲解

一、资金成本的作用及其计算

（一）资金成本的概念和作用

1.资金成本的概念

资金成本是指企业为筹措和使用资本而付出的代价，是资金使用者向资金所有者和中介机构支付的占用费和筹集费用。资金成本包括资金占用费和筹资费用两个部分。见表1Z102070-1。

资金成本的组成　表1Z102070-1

资金成本	占用费：变动成本	借款利息、债券利息等
	筹资费：固定成本	手续费、律师费、广告费等

2.资金成本的作用（表1Z102070-2）

资金成本的作用　表1Z102070-2

资金成本的主要作用	主要表现
选择资金来源、确定筹资方案的重要依据	力求选择综合资金成本最低的筹资方式
评价投资项目、比较投资方案和进行投资决策的经济标准	资金成本率是投资项目的最低收益率或必要报酬率
评价企业经营业绩的基准	全部投资的利润率应高于资金成本

（二）资金成本的计算

常用的资金成本有个别资金成本和综合资金成本。见表1Z102070-3。

资金成本分类　表1Z102070-3

资金成本分类	内容
个别资金成本	债务资金成本：长期借款资金成本、长期债券资金成本； 权益资金成本：优先股资金成本、普通股资金成本和留存收益资金成本
综合资金成本	对个别资金成本加权平均得到的结果

资金成本率=资金占用费/筹资净额

1.个别资金成本率的计算

A公司从银行取得一笔长期借款1000万元，手续费0.1%，年利率为5%，每年结息一次，到期一次还本，企业所得税率为25%，则这笔借款的资金成本率为：

$$\frac{1000 \times 5\% \times (1-25\%)}{1000 \times (1-0.1\%)}=3.75\%$$

2.综合资金成本率的计算

A公司现有长期资本总额为10000万元，其中长期借款2000万元，长期债券5000万元，普通股3000万元，各种长期资金成本率分别为5%，6%和10%。该公司综合资金成本率如何计算？

答：综合资金成本率可按两步测算：

第一步，计算各种长期资本占全部资本的比例。

长期借款资金比例=2000÷10000×100%=20%

长期债券资金比例=5000÷10000×100%=50%

普通股资金比例=3000÷10000×100%=30%

第二步，测算综合资金成本。

综合资金成本=5%×20%+6%×50%+10%×30%=7%。

【经典例题】1.某施工企业从银行取得一笔借款500万元，银行手续费为0.5%，借款年利率为7%，期限2年，每年计算并支付利息，到期一次还本，企业所得税率为25%，则在财务上这笔借款的资金成本率为（   ）。

A.5.25%   B.7.00%   C.5.28%   D.7.04%

【答案】C

【嗨·解析】资金成本率=资金占用费/筹资净额

$$资金成本率=\frac{7\% \times (1-25\%)}{1-0.5\%}=5.28\%$$

【经典例题】2.某企业从银行取得一笔长期借款2000万元，年利率8%，期限3年，每年末结息一次，到期一次还本，借款手续费率0.2%，企业所得税率25%，则该笔借款的资金成本率为（   ）。

A.6.00%   B.8.02%   C.6.01%   D.8.20%

【答案】C

【嗨·解析】资金成本率=资金占用费/筹资净额

$$资金成本率=\frac{8\% \times (1-25\%)}{1-0.2\%}=6.01\%$$

【经典例题】3.下列资金成本中，属于资金占用费的有（   ）。

A.债券利息

B.贷款利息

C.借款手续费

D.发行债券支付的印刷费

E.筹资过程中支付的广告费

【答案】AB

【嗨·解析】C、D、E属于资金成本中的筹资费。

【经典例题】4.（2015年真题）某企业通过长期借款和长期债券两种方式筹资，其中长期借款3000万元，债券2000万元。期限均为3年，每年结息一次，到期一次还本。长期借款利率为6%，手续费率2%。长期债券年利率为6.5%；手续费率1.5%，所得税率25%。关于该企业资金成本的说法，错误是（   ）。

A.长期债券的资金成本率为4.95%

B.长期借款的资金成本为4.59%

C.两种筹资成本均属于债务资金成本

D.企业筹资的综合资金成本为4.77%

【答案】D

【嗨·解析】长期借款资金成本：6%×(1-25%)/(1-2%)=4.59%

长期债券资金成本：6.5%×(1-25%)/(1-1.5%)=4.95%，两种都属于债务资金综合资金成本：0.6×4.59%+0.4×4.95%=4.73%。

二、短期筹资的特点和方式

（一）短期筹资的特点和策略

1.短期筹资的特点（表1Z102070-4）

短期筹资是指为满足企业临时性流动资金需要而进行的筹资活动，一般是在一年以内或超过一年的一个营业周期内到期，常用的方式是通过流动负债方式取得。

短期筹资的特点　表1Z102070-4

短期筹资的特点	筹资速度快
	筹资弹性好：限制条件相对较少，使用更加灵活
	筹资成本较低
	筹资风险高：利率波动较大

企业的流动资产一般分为临时性资产和永久性资产两部分。临时性资产包括销售旺季增加的应收账款和存货；永久性资产包括保险储备中的存货或现金等。

2.短期筹资的策略（表1Z102070-5）

短期筹资的策略　表1Z102070-5

短期筹资策略	特点
配合型筹资策略（比较理想）	临时性流动资产：临时性负债筹集资金；永久性流动资产：长期负债、商业信用和权益资本筹集资金
激进型筹资策略（风险收益高）	临时性负债融通临时性流动资产及部分永久性资产的资金需要
稳健型筹资策略（风险收益低）	临时性负债只融通部分临时性流动资产的资金；部分临时性流动资产和永久性资产，则由长期负债、自发性负债和权益资本作为资金来源

（二）短期筹资的方式

短期负债筹资最常用的方式是商业信用和短期借款。

1.商业信用

商业信用是指在商品交易中由于延期付款或预收货款所形成的企业间的借贷关系。它的具体形式有应付账款、应付票据和预收账款等，是一种持续性的信用形式。见表1Z102070-6。

商业信用的形式　表1Z102070-6

商业信用	形式	分类
	应付账款	免费信用（有折扣有信用）、有代价信用（无折扣有信用）、展期信用（无折扣无信用）（例：2/10、n/30） 放弃现金折扣成本=[折扣百分比/（1-折扣百分比）]×[360/（信用期-折扣期）] 与折扣期长短、折扣百分比同方向；与信用期反方向
	应付票据	商业承兑汇票和银行承兑汇票
	预收账款	相当于向买方借用资金后用货物抵偿
	特点	容易取得，不负担成本；期限短，放弃折扣成本高

例题：A企业按2/10、n/30的条件购入货物20万元。计算该企业放弃现金折扣的资金成本。

解：2/10、n/30的条件为如果该企业在10天内付款，便享受了10天的免费信用期，并获得了折扣0.4万元，免费信用额为19.6万元。因此，该企业放弃现金折扣的资金成本为：[2%/（1-2%）]×[360/（30-10）]=36.7%

2.短期借款

短期借款指企业向银行和其他非银行金

融机构借入的期限在1年以内的借款。主要有生产周转借款、临时借款、结算借款等。短期借款的信用条件主要方式见表1Z102070-7。借款利息及其支付方法见表1Z102070-8。

信用条件的主要方式　表1Z102070-7

信用条件主要方式	内容
信贷限额	银行对借款人规定的无担保贷款的最高限额
周转信贷协定	企业享有周转信贷协定，要就贷款限额的未使用部分付给银行一笔承诺费
补偿性余额	银行要求借款企业在银行中保持按贷款限额或实际借用额一定百分比（一般为10%~20%）的最低存款余额
担保贷款	担保一般包括保证责任、财务抵押、财产质押
	担保贷款包括保证贷款、抵押贷款和质押贷款
	贷款的偿还有到期一次偿还和在贷款期内定期等额偿还2种方式
	企业为取得贷款而作出其他承诺

短期借款利息及其支付方法　表1Z102070-8

借款利息的支付方法	特点
收款法	借款到期时向银行支付利息的方法
贴现法	可利用的贷款额只有本金减去利息部分后的差额，因此贷款的实际利率高于名义利率
加息法	实际上只平均使用了贷款本金的半数，却支付全额利息 企业所负担的实际利率高于名义利率大约1倍

3.企业对银行的选择主要考虑下列因素：风险政策、银行态度、贷款专业化程度、银行的稳定性。

（1）贴现法

例题：某企业从银行取得借款120万元，期限1年，年利率（即名义利率）为6%，利息额为7.2（=120×6%）万元；按照贴息法付息。

企业实际可利用的贷款为112.8（=120-7.2）万元，该项贷款的实际利率为7.2÷（120-7.2）=6.38%。

（2）加息法

例题：某企业从银行取得借款120万元，期限1年，年利率（即名义利率）为6%，分12个月等额还本付息。

按照加息法付息该项贷款的实际利率为120×6%÷（120÷2）=12%。

【经典例题】5.银行短期借款信用条件中的补偿性余额条款是指（　　）。

A.借款人要对贷款限额未使用部分支付补偿费

B.借款人在银行中保持按实际借用额的一定比例计算的最低存款余额

C.银行如果不能及时向借款人贷款需要向借款人支付补偿金

D.借款人如果不能按时还款需要向银行支付补偿金

【答案】B

【嗨·解析】补偿性余额银行要求借款企业在银行中保持按贷款限额或实际借用额一定百分比（一般为10%~20%）的最低存款余额。

【经典例题】6.下列短期负债筹资方式中，属于商业信用形式的有（　　）。

A.抵押贷款　　B.预收账款
C.应付账款　　D.商业承兑汇票
E.银行承兑汇票

【答案】BCDE

【嗨·解析】商业信用是指在商品交易中由于延期付款或预收货款所形成的企业间的借

贷关系。它的具体形式有应付账款、应付票据和预收账款等。商业承兑汇票和银行承兑汇票属于应付票据是一种持续性的信用形式。

【经典例题】7.（2015年真题）对筹资方案而言，短期负债筹资的特点有（　　）。

A.筹资速度快　　B.筹资风险高
C.筹资难度大　　D.限制条件较多
E.筹资成本较高

【答案】AB

【嗨·解析】短期筹资，筹资难度较小，筹资速度快。限制条件相对较小，筹资成本较低。选项C、D、E错误。

三、长期筹资的特点和方式

长期筹资是企业筹集自身发展过程中所需要的长期资金，通常可分为长期负债筹资和长期股权筹资。

（一）长期负债筹资

长期负债可分为长期借款筹资、长期债券筹资、融资租赁和可转换债券筹资。

1.长期借款筹资

（1）长期借款是指企业向银行或其他非银行金融机构借入的使用期超过1年的借款。见表1Z102070-9。

企业取得长期借款的条件　　表1Z102070-9

企业取得长期借款的条件	独立核算、自负盈亏、有法人资格
	经营方向和业务范围符合国家产业政策，借款用还属于银行贷款办法规定的范围
	借款企业具有一定的物资和财产保证，担保单位具有相应的经济实力
	具有偿还贷款的能力
	财务管理和经济核算制度健全，资金使用效益及企业经济效益良好
	在银行设有账户，办理结算

（2）长期借款的期限长、风险大，按照国际惯例，银行通常对借款企业提出一些有助于保证贷款按时足额偿还的条件，形成了合同的保护性条款，大致分为一般性保护条款和特殊性保护条款两类。见表1Z102070-10。

长期借款的保护类条款　　表1Z102070-10

保护条款分类	内容
一般性保护条款	对借款企业流动资金保持量的规定； 对支付现金股利和再购入股票的限制； 对资本支出规模的限制； 限制其他长期债务； 借款企业定期向银行提交财务报表，及时掌握企业的财务情况； 不准在正常情况下出售较多资产； 如期缴纳税费和清偿其他到期债务，以防被罚款而造成现金流失； 不准以任何资产作为其他承诺的担保或抵押； 不准贴现应收票据或出售应收账款； 限制租赁固定资产的规模
特殊性保护条款	贷款专款专用； 不准企业投资于短期内不能收回资金的项目； 限制企业高级职员的薪金和奖金总额； 要求企业主要领导人在合同有效期间担任领导职务； 要求企业主要领导人购买人身保险

（3）长期借款筹资的特点见表1Z102070-11。

长期借款筹资的特点　表1Z102070-11

长期借款筹资的特点	筹资速度快
	借款弹性较大
	借款成本较低
	长期借款的限制性条款比较多，制约着借款的使用

🔊 **嗨·点评**　注意与短期负债筹资的特点相区分。

2.长期债券筹资

发行债券的优点：筹资对象广、市场大；这种筹资方式的缺点：成本高、风险大、限制条件多。公司发行债券可以平价、溢价和折价。

3.融资租赁

租赁费中的利息、手续费以及融资租赁设备的折旧费均可在税前支付，可以减轻所得税负担。承租人作为融资活动的债务人，应当采用与自有固定资产相一致的折旧政策计提租赁资产折旧。

（1）融资租赁的特点（表1Z102070-12）

融资租赁的特点　表1Z102070-12

融资租赁的特点	融资租赁的主要目的在于融通资金
	租赁期限长（期限一般超过经济寿命的75%）
	在租赁期内，出租方通常不提供维修和保养服务
	租赁合同稳定，非经双方同意，中途不得退租
	租赁期满后，承租方可以将租赁物退还给出租方，也可以作价将租赁物买下，还可以续租

（2）融资租赁的优点（表1Z102070-13）

融资租赁的优点　表1Z102070-13

融资租赁的优点	能够迅速获得所需长期资产的使用权
	具有较强的灵活性
	减少设备引进费，从而降低设备取得成本
	租赁费中的利息、手续费以及融资租赁设备的折旧费均可在税前支付，可以减轻所得税负担
	承租人应当采用与自有固定资产相一致的折旧政策计提租赁资产折旧

（3）融资租赁的租金组成（表1Z102070-14）

融资租赁的租金组成　表1Z102070-14

融资租赁的租金	租赁资产的成本	包括资产的购买价、运杂价、运输途中的保险费
	租赁资产的成本利息	出租人向承租人所提供资金的利息
	租赁手续费	出租人承办租赁业务的费用；出租人向承租人提供租赁服务所赚取的利润

4.可转换债券筹资

可转换债券是一种允许持有人在规定的时间内按规定的价格转换为发行公司或其他公司普通股股票的有价证券。

（二）长期股权筹资

长期股权筹资分为优先股筹资、普通股股票筹资以及认股权证筹资。

1.优先股股票筹资与普通股票筹资

优先股较普通股票具有一定的优先权。普通股股票是股份有限公司发行的无特别权利的股份，是最基本的、标准的股票。见表1Z102070-15。

优先股与普通股的特点　表1Z102070-15

特点	优先股	普通股
	永久性资金，不必偿还本金	永久性资金，不需归还
	股利标准是固定的，支付有灵活性	股利取决于公司当年的盈利水平和股利分配政策，没有固定的股利负担
	不会改变普通股股东对公司的控制权	改变公司的控制权；提高公司的信誉和知名度
	提高公司的举债能力	增强公司的举债能力

2.认股权证筹资

认股权证是指由发行人所发行的附有特定条件的一种有价证券，它允许持有人按某一特定价格在规定的期限内购买既定数量的标的资产。

【经典例题】8.（2014年真题）关于融资租赁的说法，正确的是（　　）。

A.融资租赁的出租人应将租赁资产列入

其资产负债表

B.承租人支付的租赁费中的利息不能在企业所得税前扣除

C.融资租赁的承租人应当采用与自有固定资产一样的折旧政策计提租赁资产折旧

D.融资租赁的承租人可随时退租

【答案】C

【嗨·解析】融资租赁的承租人应将租赁资产列入其资产负债表。承租人租赁利息可以在企业所得税前扣除。融资租赁不可以随时退租。

【经典例题】9.下列不属于长期负债筹资的方式是（　　）。

A.长期借款筹资　　B.长期债券筹资
C.融资租赁　　　　D.发行优先股筹资

【答案】D

【嗨·解析】选项D属于股权筹资，不属于负债筹资。

章节练习题

一、单项选择题

1. 下列各项中，属于资金占用费用的是（　　）。
   A.债券利息　　　　　B.银行借款手续费
   C.发行债券印刷费　　D.代理发行费

2. 某项目贷款筹资总额18万元，筹资费率为10%，贷款年利率为9%，不考虑资金的时间价值，则该项贷款的资金成本率为（　　）。
   A.8.10%　　　　　　B.9.00%
   C.10.00%　　　　　 D.11.10%

3. 某企业从银行借入一笔长期借款2000万元，手续费率为0.2%，年利率为7%，期限为5年，每年结息一次，年末付息，到期一次还本，企业所得税率为25%，则该项借款的资金成本率为（　　）。
   A.7.20%　B.7.01%　C.5.26%　D.5.45%

4. 某施工企业按3/10，n/30的条件购入钢材50万元，企业在第20天支付了全部货款50万元，那么该企业放弃现金折扣的成本为（　　）。
   A.2.00%　　　　　　B.55.67%
   C.2.04%　　　　　　D.11.11%

5. 施工企业从建设单位取得工程预付款，属于企业筹资方式中的（　　）筹资。
   A.融资租赁　　　　　B.短期借款
   C.长期借款　　　　　D.商业信用

6. 下列不属于长期借款筹资特点的是（　　）。
   A.筹资速度快　　　　B.借款弹性较大
   C.借款成本较高　　　D.限制性条款较多

7. 融资租赁的出租人在进行相关账务处理时（　　）。
   A.不能将租赁资产列入资产负债表，但可以对租赁资产提取折旧
   B.能够将租赁资产列入资产负债表，但不可以对租赁资产提取折旧
   C.能够将租赁资产列入资产负债表，也能够对租赁资产提取折旧
   D.不能将租赁资产列入资产负债表，也不能对租赁资产提取折旧

二、多项选择题

1. 下列各项中，属于筹资费用的是（　　）。
   A.债券利息　　　　　B.银行借款手续费
   C.发行债券印刷费　　D.代理发行费
   E.发行债券支出的广告费

2. 资金成本的概念广泛地运用于财务管理中，其主要作用表现在（　　）。
   A.是选择资金来源、确定筹资方案的重要依据
   B.是评价投资项目、决定投资取舍的重要标准
   C.是确定投资项目现金流大小的重要依据
   D.是评价企业经营成果的尺度
   E.是确定投资项目风险的依据

3. 短期负债筹资通常有以下特点（　　）。
   A.筹资速度快　　　　B.筹资弹性好
   C.筹资成本较低　　　D.筹资手续简便
   E.筹资风险高

4. 商业信用筹资的特点主要是（　　）。
   A.期限较长
   B.如果放弃现金折扣时所付出的成本较低
   C.容易取得，且无须正式办理筹资手续
   D.如果没有现金折扣，则不负担成本
   E.具有持续性

5. 长期负债筹资可分为（　　）。
   A.长期借款筹资　　　B.长期债券筹资
   C.融资租赁　　　　　D.可转换债券筹资
   E.发行股票筹资

6. 长期股权筹资分为（　　）。
   A.优先股股票筹资　　B.普通股股票筹资
   C.认股权证筹资　　　D.长期债券筹资

E.商业信用
7.优先股股票筹资的优点有（　　）。
　A.优先股是永久性资金
　B.股利固定、支付灵活
　C.能扩大公司实收资本
　D.不影响普通股股东对公司的控制权
　E.能提高公司的举债能力
8.普通股股票筹资的优点主要包括（　　）。
　A.不是公司的永久性资金
　B.没有到期日，不需归还
　C.没有固定的股利负担
　D.反映公司的实力
　E.发行过程有助于提高公司知名度

参考答案及解析

一、单项选择题

1.【答案】A
【解析】利息属于资金占用费。

2.【答案】C
【解析】$\dfrac{18 \times 9\%}{18 \times (1-10\%)} = 10\%$

3.【答案】C
【解析】$\dfrac{2000 \times 7\% \times (1-25\%)}{2000 \times (1-0.2\%)} = 5.26\%$。

4.【答案】B
【解析】该企业放弃现金折扣的资金成本为：$[3\%/(1-3\%)] \times [360/(30-10)] = 55.67\%$。

5.【答案】D
【解析】预付款属于商业信用。

6.【答案】C
【解析】见表1Z102070-11。

7.【答案】D
【解析】融资租赁的出租人不能将租赁资产列入资产负债表。与此相适应，也不能对租赁资产中的固定资产提取折旧。

二、多项选择题

1.【答案】BCDE
【解析】筹资费用是指在资金筹集过程中支付的各项费用，如银行的借款手续费，发行债券支付的印刷费、代理发行费、律师费、公证费、广告费等，它通常是在筹措资金时一次性支付，在使用资金的过程中不再发生。

2.【答案】ABD
【解析】资金成本是选择资金来源、确定筹资方案的重要依据；是评价投资项目、决定投资取舍的重要标准；是评价企业经营成果的基准。

3.【答案】ABCE
【解析】短期负债筹资通常有以下特点：筹资速度快；筹资弹性好；筹资成本较低；筹资风险高。

4.【答案】CDE
【解析】商业信用筹资最大的优越性在于容易取得。首先，对于多数企业来说，商业信用是一种持续性的信用形式，且无须正式办理筹资手续。其次，如果没有现金折扣或使用不带息票据，商业信用筹资不负担成本。其缺陷在于期限较短，在放弃现金折扣时所付出的成本较高。

5.【答案】ABCD
【解析】长期负债筹资可分为长期借款筹资、长期债券筹资、融资租赁和可转换债券筹资。

6.【答案】ABC
【解析】长期股权筹资分为优先股股票筹资、普通股股票筹资以及认股权证筹资。

7.【答案】ABDE
【解析】优先股较普通股而言具有一定的优先权。优先股筹资的优点主要有：
（1）优先股是公司的永久性资金。公司不必考虑偿还本金，这极大地减轻了公司的财务负担；

（2）优先股的股利标准是固定的，但支付却有一定的灵活性；

（3）优先股的发行，不会改变普通股股东对公司的控制权；

（4）发行优先股能提高公司的举债能力。

8.【答案】BCDE

【解析】通股筹资与负债筹资方式相比，具有如下的优点：

（1）普通股没有到期日，不需归还，是公司的一种永久性资金；

（2）公司发行普通股后，每年分配给股东的股利，取决于公司当年的盈利水平和公司所采取的股利分配政策，因此普通股没有固定的股利负担；

（3）普通股筹集的资本是公司最基本的资金来源，是公司举债的基础，并能够反映公司的实力，增强公司的举债能力；

（4）公司能成功发行普通股必须具备一定的条件，通过发行可以起到对外宣传的作用，从而扩大公司的影响，提高了公司的信誉和知名度。

1Z102080 流动资产财务管理

本节知识体系

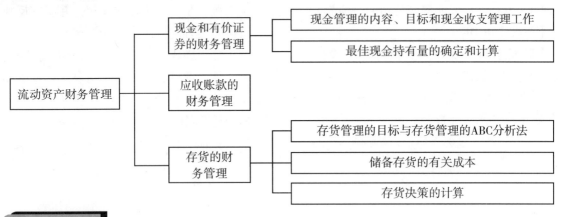

核心内容讲解

一、现金和有价证券的财务管理

（一）现金管理的内容、目标和现金收支管理工作

1.现金管理的内容

库存现金、各种形式的银行存款、银行本票、银行汇票等。

2.现金管理的目标

企业置存现金的原因，是满足交易性需要、预防性需要和投机性需要。企业现金管理的目标，是在资产的流动性和盈利能力之间做出抉择，以获取最大的长期利益。

3.现金收支管理的工作（表1Z102080-1）

现金收支管理的工作　表1Z102080-1

现金收支管理的工作	力争现金流量同步
	使用现金浮游量：从企业开出支票到银行将款项划出企业账户的时间差：银行账户和企业账面间的差额
	加速收款
	推迟应付款的支付

（二）最佳现金持有量的确定和计算

确定现金持有量的方法有成本分析模式、存货模式和随机模式三种。

成本分析模式是通过分析持有现金的成本，寻找持有成本最低的现金持有量。

企业持有现金的成本：机会成本：现金持有量越大，机会成本越高；

管理成本：现金持有量变化，管理成本不变；

短缺成本：现金持有量越大，机会成本越低。

三项成本之和最小的现金持有量，就是最佳现金持有量。

例题：甲企业有三种现金持有方案，他们各自的机会成本、管理成本和短缺成本如下现金持有方案：

	A	B	C
现金持有量	50000	70000	100000
机会成本	5000	7000	10000
管理成本	20000	20000	20000
短缺成本	6750	2500	0

要求分析三个方案持有现金的总成本，并推荐最佳现金持有量。

解：这三种方案的总成本计算结果为：A，31750；B，29500；C，30000。

经过比较可知，B方案的总成本最低，故该企业的最佳现金持有量是70000元。

【经典例题】1.施工企业制定了如下表的四种现金持有方案（单位：元），从成本分析的角度来看，企业最佳的现金持有量为（　　）元。

现金持有量	60000	80000	100000	110000
机会成本	6000	7000	7500	8000
管理成本	3000	3000	3000	3000
短缺成本	5000	4000	3000	2000

A.60000　　B.80000　　C.100000　　D.110000

【答案】D

【嗨·解析】企业持有现金的成本：机会成本、管理成本、短缺成本，三项成本之和最小的现金持有量，就是最佳现金持有量。本题中三者之和最少的是D选项。

【经典例题】2.（2014年真题）下列现金收支管理措施中，能提高现金利用效率的是（　　）。

A.充分使用现金浮游量
B.推迟应收账款收款时间
C.争取使现金流入的时间晚一些，现金流出的时间尽可能早一些
D.提高应付款的支付期

【答案】A

【嗨·解析】A选项正确，见表1Z102080-1；选项B应加速收款；选项C应争取现金流量同步；选项D应推迟应付款的支付。只有选项A正确。

二、应收账款的财务管理

1.概念

应收账款是企业流动资产中的一个重要项目，是商业信用的直接产物。

2.产生原因

企业发生应收账款的主要原因是扩大销售，增强竞争力，那么其管理目标就是求得利润。

3.信用政策

企业应收账款赊销的效果好坏，依赖于企业的信用政策，信用政策包括：信用期间、信用标准"5C"系统和现金折扣政策。

4.信用标准的衡量

信用标准可以通过"5C"系统来进行衡量。"5C"系统是评估顾客信用品质的五个方面：品质、能力、资本、条件、抵押。

企业已发生的应收账款，拖欠时间越长，款项收回的可能性越小，形成坏账的可能性越大。对此，企业应实施严密的监督，随时掌握回收的情况。

【经典例题】3.企业应收账款管理中，可以通过"5C"系统对顾客的（　　）进行评估。

A.资产状况　　　　B.信用品质
C.偿债能力　　　　D.盈利能力

【答案】B

【嗨·解析】"5C"系统是指评估顾客信用品质的五个方面。

三、存货的财务管理

（一）存货管理的目标与存货管理的ABC分析法

1.目标

存货管理的目标：在存货成本和存货效益之间做出权衡，达到两者的最佳结合。

2.存货管理的ABC分析法

存货管理的ABC分析法：按照一定的标准，将企业的存货划分为A、B、C三类。分别实行分品种重点管理、分类别一般控制和按总额灵活掌握的存货管理方法。见表1Z102080-2。

ABC分类法　　表1Z102080-2

分类	特点（数量、金额标准）	管理
A类	存货种类较少，但占用资金较多	应集中精力，对其经济批量认真规划，实施严格控制
B类	存货介于A类和C类之间	也应给予相当的重视，管理中根据实际情况采取灵活措施
C类	存货虽然种类繁多，但占用资金很少	不必耗费过多的精力去分别确定其经济批量，可凭经验确定进货量

（二）储备存货的有关成本（表1Z102080-3）

存货的总成本=取得成本+储存成本+缺货成本。

储备存货的成本　表1Z102080-3

	包括内容	具体内容
储备存货的成本	取得成本（=订货成本+购置成本）	订货成本：包括订货固定成本和订货变动成本 订货固定成本：如常设采购机构的基本开支 订货变动成本：如办公费、差旅费、邮资、电报电话费； 购置成本：存货本身的价值
	储存成本（=储存固定成本+储存变动成本）	储存固定成本：与存货数量无关，如仓库折旧、仓库职工的固定月工资； 储存变动成本：与存货数量有关，如存货资金的应计利息、存货的破损和变质损失、存货的保险费用
	缺货成本	包括供货中断造成的损失，紧急额外购入成本等

（三）存货决策的计算

存货的决策涉及四项内容：决定进货项目、选择供应单位、决定进货时间和决定进货批量。财务部门的职责是决定进货时间和进货批量。

按照存货管理目的，需要通过合理的进货批量和进货时间，使得存货的总成本最低，这个批量叫做经济订货量或经济批量。计算公式：

$$Q^* = \sqrt{2D \times \frac{K_{订}}{K_{存}}}$$

其中，Q^* 为经济订货量，D 为存货年需要量，$K_{订}$ 为每次订货的变动成本，$K_{存}$ 为单位存货的存储成本。

例题：某施工企业生产所需A材料，年度采购总量为1000t，材料单价为5000元/t，一次订货成本为2000元，每吨材料的年平均储备成本为100元。则A材料的经济采购批量如下：

$$Q^* = \sqrt{2 \times 2000 \times 1000 \div 100} = 200t$$

上式表明，当采购批量为200t时，存货的总成本最低，低于或超过这一批量都是不合理的。

【经典例题】4.企业存货的总成本是存货的取得成本、储存成本和（　　）之和。

A.购置成本　　B.存货保险税费

C.订货成本　　D.缺货成本

【答案】D

【嗨·解析】企业存货的总成本是存货的取得成本、储存成本和缺货成本之和。

【经典例题】5.采用ABC分析法进行存货管理，对A类存货应采用的管理方法是（　　）。

A.按总额灵活掌握

B.分类别一般控制

C.凭经验确定进货量

D.分品种重点管理

【答案】D

【嗨·解析】存货管理的ABC分析法：按照一定的标准，将企业的存货划分为A、B、C三类。分别实行分品种重点管理、分类别一般控制和按总额灵活掌握的存货管理方法。

对A类存货应集中精力，对其经济批量认真规划，实施严格控制。

【经典例题】6.施工企业所需的某种材料，年度采购总量为2000t，材料单价为6000元/t，一次订货成本为4000元，每吨材料的年平均储备成本为200元。根据经济批量模型，该种材料的经济采购批量为（　　）t。

A.280.0　　B.282.8　　C.284.6　　D.286.4

【答案】B

【嗨·解析】

$$Q^* = \sqrt{2D \times \frac{K_{订}}{K_{存}}} = \sqrt{2 \times 2000 \times \frac{4000}{200}} = 282.8$$

章节练习题

一、单项选择题

1. （　　）是企业流动性最强的资产。
   A.现金　　　　　　B.存货
   C.股票　　　　　　D.应收账款

2. 从企业开出支票，到收票人收到支票并存入银行，至银行将款项划出企业账户，中间需要一段时间。现金在这段时间的占用称为（　　）。
   A.现金流量同步　　B.现金浮游量
   C.收款　　　　　　D.应付款的支付

3. 某企业有甲、乙、丙、丁四个现金持有方案，各方案的现金持有量依次是60000元、70000元、84000元、120000元。四个方案的机会成本均为现金持有量的10%，管理成本均为24000元，短缺成本依次是8100元、3000元、2500元和0元。若采用成本分析模式进行现金持有量决策，该企业应采用（　　）方案。
   A.甲　　B.乙　　C.丙　　D.丁

4. 采用ABC分析法进行存货管理，对C类存货应采用的管理方法是（　　）。
   A.按总额灵活掌握　　B.分类别一般控制
   C.凭经验确定进货量　D.分品种重点管理

二、多项选择题

1. 下列资产在财务管理上可作为现金管理的有（　　）。
   A.应收账款　　　　B.无形资产
   C.库存现金　　　　D.银行存款
   E.银行本票

2. 下列资产在财务管理上可作为现金管理的有（　　）。
   A.应收账款　　　　B.银行汇票
   C.库存现金　　　　D.银行存款
   E.银行本票

3. 企业置存现金的原因，主要是满足（　　）。
   A.交易性需要　　　B.预防性需要
   C.投机性需要　　　D.心理需要
   E.自我实现的需要

4. 现金收支管理的目的在于提高现金使用效率，为达到这一目的，应当注意做好以下几方面工作（　　）。
   A.力争现金流量同步
   B.使用现金浮游量
   C.加速收款
   D.推迟应付款的支付
   E.提前应付款的支付

5. 信用政策包括（　　）。
   A.信用期间　　　　B.信用标准
   C.现金折扣政策　　D.信用额度
   E.应收款总额

6. 企业储备存货有关的成本，包括以下三种，分别是（　　）。
   A.取得成本　　　　B.储存成本
   C.缺货成本　　　　D.历史成本
   E.沉没成本

参考答案及解析

一、单项选择题

1.【答案】A
【解析】现金是企业流动性最强的资产。

2.【答案】B
【解析】从企业开出支票，到收票人收到支票并存入银行，至银行将款项划出企业账户，中间需要一段时间。现金在这段时间的占用称为现金浮游量。

3.【答案】B
【解析】甲：60000×10%+24000+8100=38100
乙：70000×10%+24000+3000=34000

丙：84000×10%+24000+2500=34900

丁：120000×10%+24000+0=36000。

4.【答案】C

【解析】C类存货虽然种类繁多，但占用资金很少，不必耗费过多的精力去分别确定其经济批量，也难以实行分品种或分大类控制，可凭经验确定进货量。

二、多项选择题

1.【答案】CDE

【解析】现金是企业流动性最强的资产。具体包括：库存现金、各种形式的银行存款、银行本票、银行汇票等。

2.【答案】BCDE

【解析】见上题。

3.【答案】ABC

【解析】企业置存现金的原因，主要是满足交易性需要、预防性需要和投机性需要。

4.【答案】ABCD

【解析】现金收支管理的目的在于提高现金使用效率，为达到这一目的，应当注意做好以下几方面工作：力争现金流量同步；使用现金浮游量；加速收款；推迟应付款的支付；提前应付款的支付。

5.【答案】ABC

【解析】信用政策包括：信用期间、信用标准和现金折扣政策。

6.【答案】ABC

【解析】企业储备存货有关的成本，包括以下三种：取得成本、储存成本、缺货成本。

1Z103000 建设工程估价

一、本章近三年考情

本章近三年考试真题分值统计 （单位：分）

节 \ 年份	2014年 单选题	2014年 多选题	2015年 单选题	2015年 多选题	2016年 单选题	2016年 多选题
1Z103010 建设工程项目总投资	1	2	4	2	3	2
1Z103020 建筑安装工程费用项目的组成与计算	4	2	3	2	4	2
1Z103030 建设工程定额	5	2	3	2	4	2
1Z103040 建设工程项目设计概算	2		4	2	3	2
1Z103050 建设工程项目施工图预算	3		4	2	1	
1Z103060 工程量清单编制	3		2		4	
1Z103070 工程量清单计价	4	2	5	4	6	6
1Z103080 计量与支付	3	2	8	6	8	4
1Z103090 国际工程投标报价	2	2	1		2	2

二、本章学习提示

工程造价是指建设项目从筹建到竣工验收所花费的全部费用的总和，或指建设一项工程预期开支或实际开支的全部固定资产投资费用。工程项目的建设，无论是国外还是国内，都需要经过以下几个阶段：可行性研究阶段、设计阶段、招投标阶段、实施阶段、竣工验收阶段等。在工程项目建设的整个过程中，每个阶段都必须计算工程造价，它是一个由粗到细、由估算到确定的过程。建设工程估价是注册建造师考试的核心内容之一。

这一章的特点是知识点多，并有计算要求，但是知识体系跟平时工作关系比较密切。本章是考试得分的重点章节，因此在应试复习时应投入大量精力。本章在"建设工程经济"考试中占分值比例较高，在50%左右，题型有单选题和多选题，形式有计算题、数据填空题、方法题、归类题，以及文字含义题，并有部分内容跟实务考试案例有比较密切的关系，如建筑安装工程造价计算、工程成本分析、工程量清单报价、计量与支付等，应结合实务考试的要求进行复习。

学习本章，首先要明确项目建设各阶段工程造价的内容：

工程建设阶段	估价内容
项目建议书及可行性研究阶段	投资估算
初步设计阶段	设计概算
技术设计阶段	修正概算
施工图设计阶段	施工图预算
投标阶段	投标报价
承包人与发包人签订合同时	合同价
合同实施阶段	结算价
工程竣工验收后	竣工决算价

1Z103000 建设工程估价

1Z103010 建设工程项目总投资

本节知识体系

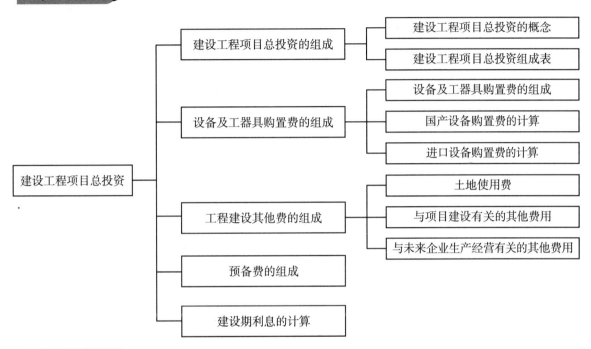

核心内容讲解

一、建设工程项目总投资的组成

（一）建设工程项目总投资的概念

1. 总投资的概念

（1）建设工程项目总投资是指进行某项工程建设花费的全部费用。

（2）生产性建设工程项目总投资包括建设投资和铺底流动资金；非生产性建设工程项目总投资只包括建设投资。

2. 建设投资构成

（1）建设投资由设备及工器具购置费、建筑安装工程费、工程建设其他费用、预备费（包括基本预备费和涨价预备费）和建设期利息组成。

（2）建设投资中，设备及工器具购置费、建筑安装工程费、工程建设其他费用和基本预备费属于静态投资部分；涨价预备费和建设期利息属于动态投资部分。

工程造价与建设投资的概念一致，同时工程造价的另一种含义是市场交易活动中形成的建筑安装工程价格和建设工程的总价格。

【经典例题】1.不属于非生产性建设工程项目总投资中建设投资的是（ ）。

A.直接费 　　　　B.土地使用费
C.铺底流动资金 　D.涨价预备费

【答案】C

【嗨·解析】生产性建设工程项目总投资包括建设投资和铺底流动资金；非生产性建

设工程项目总投资只包括建设投资。

【经典例题】2.（2016年真题）下列建设项目投资中，属于动态投资的是（　　）。

A.建设期利息

B.设备及工器具购置费

C.铺底流动资金

D.基本预备费

【答案】A

【嗨·解析】静态投资：设备及工器具购置费、建筑安装工程费、工程建设其他费用和基本预备费；动态投资：涨价预备费和建设期利息。

（二）建设工程项目总投资组成表

1.建设工程项目总投资的组成表（表1Z103010-1）

建设工程项目总投资组成　表1Z103010-1

建设工程项目总投资	建设投资	工程费用	建筑安装工程费	静态投资
			设备及工器具购置费：建设投资中的积极部分	
		工程建设其他费用		
		预备费	基本预备费	
			涨价预备费	动态投资
		建设期利息		
	流动资产投资	铺底流动资金（=流动资金×30%）		

2.工程建设其他费的组成表（表1Z103010-2）

工程建设其他费组成　表1Z103010-2

工程建设其他费用	土地使用费	农用土地征用费
		取得国有土地使用费
	与项目建设有关的其他费用	建设管理费
		可行性研究费
		研究试验费
		勘察设计费
		环境影响评价费
		劳动安全卫生评价费
		场地准备及临时设施费
		引进技术和进口设备其他费
		工程保险费
		特殊设备安全监督检验费
		市政公用设施建设及绿化补偿费
	与未来企业生产经营有关的其他费用	联合试运转费
		生产准备费
		办公和生活家具购置费

【经典例题】3.生产性建设工程项目投资中的积极部分是指（　　）。

A.安装工程投资

B.设备工器具投资

C.工程建设其他费用

D.建筑工程投资

【答案】B

【嗨·解析】建设工程投资中的积极部分

是指设备及工器具购置费。

【经典例题】4.以下内容不属于与未来企业生产经营有关的其他费用的是（　　）。

A.联合试运转费

B.生产准备费

C.工程保险费

D.办公和生活家具购置费

【答案】C

【嗨·解析】与未来企业生产经营有关的其他费用包括：联合试运转费、生产准备费、办公和生活家具购置费。

二、设备及工器具购置费的组成

（一）设备及工器具购置费的组成

1.设备及工器具购置费的组成

（1）设备及工具购置费用由设备购置费用和工具、器具及生产家具购置费用构成。设备及工器具购置费是建设投资中的积极部分。

（2）设备购置费是指为建设工程项目购置或自制的达到固定资产标准的设备、工具、器具的费用。所谓固定资产标准是指使用年限在一年以上，单位价值在一定限额以上。

（3）工器具及生产家具购置费是指新建项目或扩建项目初步设计规定所必须购置的不够固定资产标准的设备、仪器、工卡模具、器具、生产家具和备品备件的费用。

设备购置费与工器具及生产家具购置费的区分主要在于是否达到固定资产标准。

2.设备购置费与工器具及生产家具购置费的计算。（见表1Z103010-3）

设备购置费与工器具及生产家具购置费的计算　表1Z103010-3

设备及工器具购置费	设备购置费=设备原价或进口设备抵岸价+设备运杂费
	工器具及生产家具购置费=设备购置费×定额费率

3.设备运杂费的构成及计算（表1Z103010-4）

设备运杂费的构成及计算　表1Z103010-4

设备运杂费	运费和装卸费	1）国产标准设备：制造厂交货点至工地仓库（或指定地点）所发生的运费和装卸费 2）进口设备：我国到岸港口、边境车站至工地仓库（或指定地点），所发生的运费和装卸费
	包装和包装材料器具费	在设备出厂价格中没有包含的设备包装和包装材料器具费；如已包括则不应重复计算
	供销部门的手续费	按照有关部门规定的统一费率计算
	采购与仓库保管费	是指采购、验收、保管和收发设备所发生的各种费用，包括设备采购、保管和管理人员工资、工资附加费、办公费、差旅交通费、设备供应部门办公和仓库所占固定资产使用费、工具用具使用费、劳动保护费、检验试验费等
	成套公司的服务费	
	计算公式：设备运杂费=设备原价×设备运杂费率	

【经典例题】5.（2016年真题）某工程采用的国产设备拟由设备成套公司供应，则成套公司的服务费在估价时应计入（　　）。

A.建设管理费　　　B.设备原价

C.进口设备抵岸价　D.设备运杂费

【答案】D

【嗨·解析】如果设备是由成套公司供应的，成套公司的服务费也应计入设备运杂费中。

【经典例题】6.（2015年真题）关于国产设备运杂费估算的说法，正确的是（　　）。

A.国产设备运杂费包括由设备制造厂交货地点运至工地仓库所发生的运费

B.国产设备运至工地后发生的装卸费不应包括在运杂费中

C.运杂费在计取时不区分沿海和内陆，统一按运输距离估算

D.工程承包公司采购设备的仓库保管费用不应计入运杂费

【答案】A

【嗨·解析】设备运杂费包括包装和包装材料器具费、运输费、装卸费、采购费及仓库保管费、供销部门手续费。如果设备是由成套公司供应的，成套公司的服务费也应计入设备运杂费中。一般来讲，沿海和交通便利的地区，设备运杂费率相对低一些；内地和交通不便利的地区就要相对高一些，边远省份则要更高一些。

（二）国产设备购置费的计算

国产设备购置费的组成及计算见表1Z103010-5。

国产设备购置费的组成及计算　　表1Z103010-5

国产设备购置费	国产设备原价	国产标准设备	一般按带有备件的出厂价计算
		国产非标准设备	成本计算估价法
			系列设备插入估价法
			分部组合估价法
			定额估价法
			接近实际出厂价
	设备运杂费	设备运杂费=设备原价×设备运杂费率	

【经典例题】7.（2016年真题）估算建设项目设备购置费时，可直接作为设备原价的有（　　）。

A.国产非标准设备成本价

B.国产标准设备出厂价

C.国产标准设备订货合同价

D.进口设备抵岸价

E.进口设备出厂价

【答案】BCD

【嗨·解析】国产非标准设备采用实际出厂价，国产标准设备一般采用带备件的出厂价（或订货合同价）计算；进口设备抵岸价可作为设备原价。

（三）进口设备购置费的计算

1.进口设备的交货方式及责任划分

（1）进口设备交货方式见表1Z103010-6。

进口设备交货方式分类　　表1Z103010-6

进口设备交货方式	内陆交货类：出口国内陆
	目的地交货类：进口国的港口或内地
	装运港交货类：出口国装运港

（2）装运港交货类包括装运港船上交货价（FOB）、运费在内价（CFR）和运费、保险费在内价（CIF）三种情况。其中装运港船上交货价方式买卖双方责任划分见表1Z103010-7。

1Z103000 建设工程估价

装运港船上交货价买卖双方责任　　表1Z103010-7

	卖方的责任	买方的责任
装运港船上交货价（FOB）：习惯称为离岸价	①负责在合同规定的期限内，将货物装上买方指定的船并及时通知买方；②负责货物装船前的一切费用和风险；负责办理出口手续；③提供出口国政府或有关方面签发的证件；④负责提供有关装运单据	①负责租船或订舱，支付运费，并将船期、船名通知卖方；②承担货物装船后的一切费用和风险；③负责办理保险及支付保险费，办理在目的港的进口和收货手续；④接收卖方提供的有关装运单据，并按合同规定支付货款

运费在内价（CFR）

运费、保险费在内价（CIF）：习惯称为到岸价

2.进口设备抵岸价的构成和计算

（1）进口设备抵岸价的概念

进口设备抵岸价是指抵达买方边境港口或边境车站，且交完关税以后的价格。

（2）进口设备抵岸价的构成图（图1Z103010）

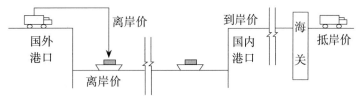

图1Z103010　进口设备抵岸价的构成图

进口设备到岸价=离岸价+国外运费+国外运输保险费

进口设备抵岸价=到岸价（离岸价+国外运费+国外运输保险费）+银行财务费+外贸手续费+进口关税+增值税+消费税。

（3）进口设备抵岸价的计算公式（表1Z103010-8）

进口设备抵岸价的构成及计算　　表1Z103010-8

进口设备抵岸价	货价=离岸价（FOB价）×人民币外汇牌价
	国外运费=离岸价×运费率 或 国外运费=运量×单位运价
	国外运输保险费=（离岸价+国外运费）×国外运输保险费率/（1-国外运输保险费率）
	银行财务费=离岸价×人民币外汇牌价×银行财务费率
	外贸手续费=进口设备到岸价×人民币外汇牌价×外贸手续费率
	进口关税=到岸价×人民币外汇牌价×进口关税税率
	进口产品增值税额=组成计税价格×增值税率 组成计税价格=到岸价×人民币外汇牌价+进口关税+消费税
	消费税：对部分进口产品（如轿车等）征收 消费税=（到岸价×人民币外汇牌价+关税）×消费税率/（1-消费税率）

例题：某公司拟从国外进口一套机电设备，重量1500t，装运港船上交货价，即离岸价（FOB价）为400万美元。其他有关费用参数为：国际运费标准为360美元/t，海上运输保险费率为0.266%，中国银行手续费率为0.5%，外贸手续费率为1.5%，关税税率为22%，增值税的税率为17%，美元的银行外汇牌价为1美元=6.1元人民币，设备的国内运杂费率为2.5%。估算该设备购置费。

解：根据上述各项费用的计算公式。则

有：

　　进口设备货价=400×6.1=2440万元

　　国际运费=360×1500×6.1=329.4万元

　　国外运输保险费=[（2440+329.4）/（1-0.266%）]×0.266%=7.386万元

　　进口关税=（2440+329.4+7.386）×22%=610.89万元

　　增值税=（2440+329.4+7.386+610.89）×17%=575.9万元

　　银行财务费=2440×0.5%=12.2万元

　　外贸手续费=（2440+329.4+7.386）×1.5%=41.65万元

　　国内运杂费=2440×2.5%=61万元

　　设备购置费=2440+329.4+7.386+610.89+575.9+12.2+41.65+61=4078.4万元。

【经典例题】8.采用装运港船上交货价的进口设备，估算其购置费时，货价按照（　　）计算。

　　A.出厂价　　　　B.到岸价
　　C.抵岸价　　　　D.离岸价

【答案】D

【嗨·解析】装运港船上交货价也称为离岸价，采用这种方式交易时，货价按照离岸价计算。

【经典例题】9.按人民币计算，某进口设备离岸价为2000万元，到岸价为2100万元，银行财务费为10万元，外贸手续费为30万元，进口关税为147万元。增值税税率为17%，不考虑消费税，则该设备的抵岸价为（　　）万元。

　　A.2551.99　　　　B.2644.00
　　C.2651.99　　　　D.2668.99

【答案】D

【嗨·解析】进口产品增值税=（到岸价+进口关税）×增值税率=（2100+147）×17%=381.99万元；

抵岸价=到岸价+银行财务费+外贸手续费+关税+增值税=2100+10+30+147+381.99=2668.99万元。

【经典例题】10.按人民币计算，某进口设备的离岸价为1000万元，到岸价为1050万元，关税为105万元，银行财务费率为0.5%，则该设备的银行财务费为（　　）万元。

　　A.5.00　　B.5.25　　C.5.33　　D.5.78

【答案】A

【嗨·解析】银行财务费=离岸价×银行财务费率=1000×0.5%=5.00万元。

三、工程建设其他费的组成

　　工程建设其他费用是指工程项目从筹建到竣工验收交付使用为止的整个建设期间，除建筑安装工程费用、设备及工器具购置费以外的，为保证工程建设顺利完成和交付使用后能够正常发挥效用而发生的一些费用。

　　工程建设其他费的组成见表1Z103010-9。

工程建设其他费组成　　表1Z103010-9

工程建设其他费的组成	土地使用费
	与项目建设有关的其他费用
	与未来企业生产经营有关的其他费用

（一）土地使用费

　　土地使用费的组成见表1Z103010-10。

土地使用费组成　　表1Z103010-10

农用土地征用费	包括安置补助费、土地补偿费、土地管理费、耕地占用税等
取得国有土地使用费	包括土地使用权出让金、城市建设配套费、房屋征收与补偿费等

1Z103000 建设工程估价

【经典例题】11.下列建设工程项目相关费用中，属于工程建设其他费用的是（ ）。

A.土地使用费
B.建筑安装工程费
C.设备及工器具购置费
D.预备费

【答案】A

【嗨·解析】工程建设其他费用包括：土地使用费、与项目建设有关的其他费用和与未来企业生产经营有关的其他费用。

（二）与项目建设有关的其他费用

1.建设管理费

建设管理费的组成见表1Z103010-11。

建设管理费组成表　表1Z103010-11

建设管理费	建设单位管理费 包括：设计审查费、工程招标费、完工清理费、竣工验收费、零星固定资产购置费以及建设单位工作人员的工资、福利、五险一金等 建设单位管理费=工程费用×建设单位管理费费率
	工程总包管理费
	工程监理费
	工程质量监督费

2.可行性研究费

3.研究试验费

为本建设工程项目提供或验证设计数据、资料等进行必要的研究试验及按照设计规定在建设过程中必须进行试验、验证所需的费用。该项费用不包括：

（1）应由科技三项费用（即新产品试制费、中间试验费和重要科学研究补助费）开支的项目。

（2）应在建筑安装费用中列支的施工企业对建筑材料、构件和建筑物进行一般鉴定、检查所发生的费用及技术革新的研究试验费。

（3）应在勘察设计费或工程费用中开支的项目。

🔊嗨·点评　注意研究试验费和建筑安装工程费用中的检验试验费的区别。

4.勘察设计费

勘察设计类的组成见表1Z103010-12。

勘察设计费组成　表1Z103010-12

勘察设计费	工程勘察费
	初步设计费（基础设计费）、施工图设计费（详细设计费）
	设计模型制作费

5.环境影响评价费

6.劳动安全卫生评价费

7.场地准备及临时设施费的组成（表1Z103010-13）

场地准备及临时设施费概念及组成　表1Z103010-13

场地准备费	建设工程项目为了达到工程开工条件所发生的场地平整和对建设场地遗留的有碍于施工建设的设施进行拆除清理的费用； 建设场地的大型土石方工程应进入工程费用中的总图运输费用中
临时设施费	主要指为了满足施工建设需要而供到场地界区的，未列入工程费用的临时水、电、路、信、气等其他工程费用； 建设单位的现场临时建（构）筑物的搭设、维修、拆除、摊销； 施工期间专用公路或桥梁的加固、养护、维修等费用； 不包括已列入建筑安装工程费用中的施工单位临时设施费

8.引进技术和进口设备其他费的组成（表1Z103010-14）

引进技术和进口设备其他费组成　表1Z103010-14

引进技术和进口设备其他费	出国人员费用
	国外工程技术人员来华费用
	技术引进费
	分期或延期付款利息
	担保费：国内金融机构为买方出具保函的担保费
	进口设备检验鉴定费用
注：该项费用内容与进口设备抵岸价内容的区别	

9.工程保险费的组成（表1Z103010-15）

工程保险费组成　表1Z103010-15

工程保险费	建筑安装工程一切险
	进口设备财产保险
	人身意外伤害险
注：该项费用与建筑安装工程费用中的危险作业意外伤害保险费内容的区别	

10.特殊设备安全监督检验费

11.市政公用设施建设及绿化补偿费

【经典例题】12.建设项目投资组成中，建设管理费包括（　　）。

A.工程勘察费　　　B.工程监理费
C.工程设计费　　　D.施工管理费
E.建设单位管理费

【答案】BE

【嗨·解析】建设管理费包括：建设单位管理费、工程监理费和工程质量监督费。

【经典例题】13.（2015年真题）下列建设工程投资费用中，属于工程建设其他费用中的场地准备及临时设施费有（　　）。

A.施工单位场地平整费
B.建设单位临时设施费
C.环境影响评价费
D.遗留设施拆除清理费
E.施工单位临时设施费

【答案】BD

【嗨·解析】场地准备及临时设施费都是建设单位花费的，所以A、E带有施工单位的都是错误的。C是与场地准备及临时设施费并列的，属于与项目建设有关的其他费用。

【经典例题】14.（2015年真题）为预测和分析建设项目存在的职业危险、危害因素种类及危害程度，并提出合理应对措施而产生的费用属于（　　）。

A.安全文明施工费
B.建设单位管理费
C.生产准备费
D.劳动安全卫生评价费

【答案】D

【嗨·解析】劳动安全卫生评价费：评价建设工程项目对环境可能产生影响、预测和分析建设工程项目存在的职业危险、危害因素的种类和危险危害程度。

（三）与未来企业生产经营有关的其他费用

与未来企业生产经营有关的其他费用的组成见表1Z103010-16。

与未来企业生产经营有关的其他费用组成　表1Z103010-16

联合试运转费	联合试运转费是指进行整个生产线或装置的负荷联合试运转或局部联动试车所发生的费用净支出； 包括施工单位参加试运转人员工资以及专家指导费等； 不包括应由设备安装工程费用开支的调试及试车费用，以及在试运转中暴露出来的因施工原因或设备缺陷等发生的处理费用； 不发生试运转或试运营收入大于或者等于费用支出的工程，不列此项费用； 联合试运转费=联合试运转支出-联合试运转收入

生产准备费	生产职工培训费
	生产单位提前进厂参加施工、设备安装、调试等以及熟悉工艺流程及设备性能等人员的工资、工资性补贴、职工福利费、差旅交通费、劳动保护费等。 生产准备费=设计定员×生产准备费指标（元／人）
办公和生活家具购置费	为保证新建、改建、扩建项目初期正常生产、使用和管理所必须购置的办公和生活家具、用具的费用

🔊 **嗨·点评** 区别办公和生活家具购置费与工器具及生产家具购置费的区别，只一字之差。

【经典例题】15.下列费用中，应计入建设工程项目投资中"生产准备费"的有（　　）。

A.生产职工培训费

B.购买原材料，能源的费用

C.办公家具购置费

D.联合试运转费

E.提前进场人员的工资、福利等费用

【答案】AE

【嗨·解析】生产准备费包括生产职工培训费和生产单位提前进场发生的相关费用。

【经典例题】16.下列工程建设投资中，属于与未来生产经营有关的其他费用的有（　　）。

A.联合试运转费

B.生产家具购置费

C.建设单位管理费

D.办公家具购置费

E.生产职工培训费

【答案】ADE

【嗨·解析】与未来企业生产经营有关的费用包括联合试运转费、办公和生活家具购置费和生产准备费（包括生产职工培训费和提前进场相关费用）。

四、预备费的组成

预备费包括基本预备费和涨价预备费。具体含义及计算见表1Z103010-17。

基本预备费、涨价预备费的含义和计算　表1Z103010-17

预备费的组成	基本预备费	是指在项目实施中可能发生难以预料的支出，需要预先预留的费用，又称不可预见费。主要指设计变更及施工过程中可能增加工程量的费用
		基本预备费 =（设备及工器具购置费+建筑安装工程费+工程建设其他费）×基本预备费率
	涨价预备费	建设工程项目在建设期内由于价格等变化引起投资增加，需要事先预留的费用 涨价预备费以建筑安装工程费、设备及工器具购置费之和为计算基数。计算公式： $$PC=\sum_{t=1}^{n} I_t[(1+f)^t-1]$$ 式中　I_t——第t年的建筑安装工程费、设备及工器具购置费之和； 　　　n——建设期； 　　　f——建设期价格上涨指数

例题：某建设工程项目在建设期初的建筑安装工程费、设备及工器具购置费之和为45000万元。按本项目实施进度计划，项目建设期为3年，投资分年使用比例为：第一年25%，第二年55%，第三年20%，建设期内预计年平均价格总水平上涨率为5%。建设期贷款利息为1395万元，建设工程项目其他费用为3860万元，基本预备费率为10%。求（1）基本预备费；（2）涨价预备费；（3）静态投资；（4）动态投资；（5）建设投资。

解：

（1）基本预备费：（45000+3860）×10%=4886万元

（2）涨价预备费：

第一年的涨价预备费=45000×25%×[(1+5%)^1-1]=562.5万元

第二年的涨价预备费=45000×55%×[(1+5%)^2-1]=2536.88万元

第三年的涨价预备费=45000×20%×[(1+5%)^3-1]=1418.63万元

该项目建设期的涨价预备费=562.5+2536.88+1418.63=4518.01万元

（3）静态投资：45000+3860+4886=53746万元

（4）动态投资=建设期贷款利息+涨价预备费=1395+4518.01=5913.01万元

（5）建设投资=静态投资+动态投资=53746+5913.01=59659.01万元

【经典例题】17.某拟建项目的建筑安装工程费为1000万元，设备及工器具购置费为600万元，工程建设其他费为300万元，则该项目涨价预备费的计算基数为（　　）万元。

A.1000　B.1300　C.1600　D.1900

【答案】C

【嗨·解析】涨价预备费计费基数=建筑安装工程费+设备及工器具购置费=1000+600=1600万元。

【经典例题】18.某建设工程项目的设备及工器具购置费为2500万元，建筑安装工程费为2000万元，工程建设其他费为1500万元，基本预备费率为10%，则该项目的基本预备费为（　　）万元。

A.200　B.400　C.600　D.450

【答案】C

【嗨·解析】基本预备费=（2500+2000+1500）×10%=600万元。

五、建设期利息的计算

建设期利息是指项目借款在建设期内发生并计入固定资产的利息。

1.计算原则

在编制投资估算时通常假定借款均在年中支用。

当年借款按一半计息，上年借款全额计息，逐年计算，最后累加。

2.建设期利息的计算

例题：某新建项目，建设期为3年，共向银行贷款1300万元，贷款时间为：第1年300万元，第2年600万元，第3年400万元，年利率为6%，计算建设期利息。

解：在建设期，各年利息计算如下：

第1年应计利息=$\frac{1}{2}$×300×6%=9万元

第2年应计利息=（300+9+$\frac{1}{2}$×600）×6%=36.54万元

第3年应计利息=（300+9+600+36.54+$\frac{1}{2}$×400）×6%=68.73万元

建设期利息总和=9+36.54+68.73=114.27万元。

【经典例题】19.某建设项目，建设期为两年，向银行贷款1000万元，贷款时间和额度为第一年400万元，第二年600万元，贷款年利率6%，建设期不支付利息，则编制该项目投资估算时，建设期利息为（　　）万元。

A.12.00　B.120.00　C.54.72　D.42.72

【答案】C

【嗨·解析】第一年应计利息：400×6%×$\frac{1}{2}$=12万元；

第二年应计利息：（400+12+600×$\frac{1}{2}$）×6%=42.72万元；

总利息：12+42.72=54.72万元。

1Z103000 建设工程估价

章节练习题

一、单项选择题

1. 建设投资的组成包括：设备及工器具购置费、建筑安装工程费、工程建设其他费用、建设期利息和（　　）。
   A.预备费　　　　　　B.基本预备费
   C.涨价预备费　　　　D.建设管理费

2. 按人民币计算，某进口货物的离岸价为5000万元，到岸价为5800万元，关税为105万元，银行财务费率为0.5%，则该货物的银行财务费为（　　）万元。
   A.25　　　　　　　　B.29
   C.54　　　　　　　　D.54.5

3. 某建设工程项目需从国外进口设备，应计入该设备运杂费的是（　　）。
   A.设备安装前在工地仓库的保管费
   B.国外运费
   C.国外运输保险费
   D.按规定交纳的增值税

4. 按人民币计算，某进口设备的离岸价6000万元，到岸价6500万元，银行财务费25万元，外贸手续费费率为1.5%，则设备的外贸手续费为（　　）万元。
   A.90　　　　　　　　B.97.5
   C.100　　　　　　　D.97.875

5. 下列各项中，不属于研究试验费的是（　　）。
   A.为建设工程项目提供或验证设计数据进行必要的研究试验所需费用
   B.按照设计规定在建设过程中必须进行试验、验证所需费用
   C.为建设工程项目提供或验证设计资料进行必要的研究试验所需费用
   D.施工企业建筑材料、构件进行一般鉴定、检查所发生的费用

6. 建设工程的招标费应计入（　　）。
   A.现场管理费　　　　B.措施费
   C.建设单位管理费　　D.间接费

7. 某建设项目实施到第2年时，由于规范变化导致某分项工程量增加，因此增加的费用应从建设投资中的（　　）支出。
   A.基本预备费　　　　B.涨价预备费
   C.建设期利息　　　　D.工程建设其他费

8. 某建设工程项目在建设初期估算的建筑安装工程费、设备及工器具购置费之和为5000万元，按照项目进度计划，建设期为2年，第1年投资2000万元，第2年投资3000万元，预计建设期内价格总水平上涨率为每年5%，则该项目的涨价预备费估算是（　　）万元。
   A.250.00　B.307.50　C.407.50　D.512.50

9. 某项目建设期，建设期内第1年贷款700万元，第2年贷款600万元，年内均衡发放，年利率为8%，则编制该项目的投资估算时，建设期利息总和为（　　）万元。
   A.104.00　B.110.24　C.114.94　D.155.84

10. 按人民币计算，某进口设备离岸价为1000万元，到岸价为1050万元，银行财务费为5万元，外贸手续费为15万元，进口关税为70万元，增值税税率为17%，不考虑消费税和海关监管手续费，则该设备的抵岸价为（　　）万元。
    A.1260.00　　　　　B.1271.90
    C.1321.90　　　　　D.1330.40

二、多项选择题

1. 下列不属于建设投资中静态投资的是（　　）。
   A.设备及工器具购置费
   B.建筑安装工程费
   C.工程建设其他费用
   D.涨价预备费
   E.建设期利息

2.下列属于建设单位管理费的是（　　）。
　　A.企业工作人员工资
　　B.为职工缴纳的养老保险
　　C.劳动保护费
　　D.工程监理费
　　E.工程质量监督费

3.下列属于试运转收入的是（　　）。
　　A.试运转所需原材料　　B.原料及动力消耗
　　C.低值易耗品　　　　　D.产品销售收入
　　E.产品其他收入

4.涨价预备费以（　　）之和为计算基数。
　　A.建筑安装工程费
　　B.设备及工器具购置费
　　C.工程建设其他费
　　D.价格上涨指数
　　E.建设期利息

5.某建设工程项目购置的进口设备采用装运港船上交货价，属于买方责任的有（　　）。
　　A.负责租船、支付运费，并将船期、船名通知卖方
　　B.按照合同约定在规定的期限内将货物装上船只
　　C.办理在目的港的进口和收货手续
　　D.接受卖方提供的装运单据并按合同约定支付货款
　　E.承担货物装船前的一切费用和风险

参考答案及解析

一、单项选择题
1.【答案】A
　　【解析】建设投资，由设备及工器具购置费、建筑安装工程费、工程建设其他费用、预备费（包括基本预备费和涨价预备费）和建设期利息组成。
2.【答案】A

　　【解析】银行财务费=离岸价×银行财务费率=5000×0.5%=25万元。
3.【答案】A
　　【解析】BCD三项都在进口设备抵岸价中。只有A项的保管费是设备运杂费的组成部分。
4.【答案】B
　　【解析】外贸手续费=进口设备到岸价×外贸手续费率=6500×1.5%=97.5万元。
5.【答案】D
　　【解析】研究试验费是指为本建设工程项目提供或验证设计数据、资料等进行必要的研究试验及按照设计规定在建设过程中必须进行试验、验证所需的费用。
6.【答案】C
　　【解析】招标费属于建设单位管理费。
7.【答案】A
　　【解析】基本预备费是指在项目实施中可能发生难以预料的支出，需要预先预留的费用，又称不可预见费。主要指设计变更及施工过程中可能增加工程量的费用。
8.【答案】C
　　【解析】本题考核的是涨价预备费的计算。特别注意涨价预备费计算的基数是建筑安装工程费、设备及工器具购置费之和。
第一年涨价预备费：2000×[（1+5%）-1]=100万元；
第二年涨价预备费：3000×[（1+5%）^{2}-1]=307.5万元；
则该项目的涨价预备费估算是100+307.5=407.5万元。
9.【答案】B
　　【解析】第1年应计利息=$\frac{1}{2}$×700× 8%=28万元，第2年应计利息=（700+28+$\frac{1}{2}$×600）×8%=82.24万元，建设期利息总和=28+82.24=110.24万元。

10.【答案】D

【解析】设备抵岸价=1050+5+15+70+（1050+70）×17%=1330.40万元。

二、多项选择题

1.【答案】DE

【解析】建设投资中静态投资部分包括建筑安装工程费、设备及工器具购置费、工程建设其他费和基本预备费构成。动态投资部分包括涨价预备费、建设期利息等。

2.【答案】ABC

【解析】建设单位管理费包括：工作人员工资、工资性补贴、施工现场津贴、职工福利费、住房基金、基本养老保险、基本医疗保险费、失业保险费、办公费、差旅交通费、劳动保护费、工具用具使用费、业务招待费、工程招标费等。

3.【答案】DE

【解析】A、B、C是试运转费用，不是收入。

4.【答案】AB

【解析】涨价预备费以建筑安装工程费、设备及工器具购置费之和为计算基数。

5.【答案】ACD

【解析】本题考核的是装运港船上交货价时买方的责任。采用装运港船上交货价（FOB）时买方的责任是：负责租船或订舱，支付运费，并将船期、船名通知卖方；承担货物装船后的一切费用和风险；负责办理保险及支付保险费，办理在目的港的进口和收货手续；接受卖方提供的有关装运单据，并按合同规定支付货款。

1Z103020 建筑安装工程费用项目的组成与计算

本节知识体系

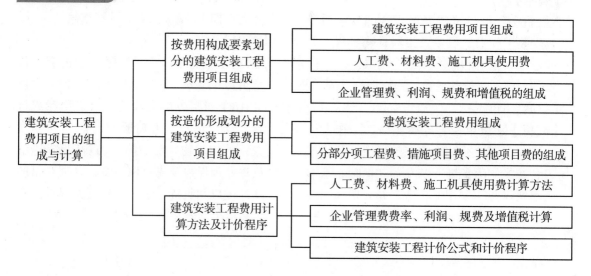

核心内容讲解

一、按费用构成要素划分的建筑安装工程费用项目组成

（一）建筑安装工程费用项目组成

按照费用构成要素划分，建筑安装工程费由人工费、材料（包含工程设备，下同）费、施工机具使用费、企业管理费、利润、规费和增值税组成。见图1Z103020-1。

1Z103000 建设工程估价

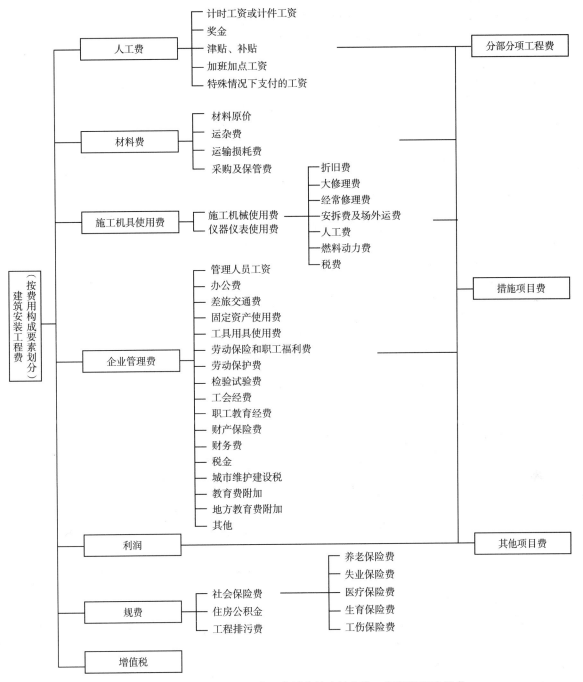

图1Z103020-1 按费用构成要素划分的建筑安装工程费用项目组成

【经典例题】1.按费用构成要素划分的建筑安装工程费用项目组成不包括（　　）。

A.材料费　　　　B.措施费
C.企业管理费　　D.规费

【答案】B

【嗨·解析】按照费用构成要素划分，建筑安装工程费由人工费、材料费（包含工程设备，下同）、施工机具使用费、企业管理费、利润、规费和增值税组成。

（二）人工费、材料费、施工机具使用费

1.人工费的定义及包含的内容（表1Z103020-1）

人工费定义及组成　表1Z103020-1

人工费	定义	支付给从事建筑安装工程施工的生产工人和附属生产单位工人的各项费用
	内容	计时工资或计件工资
		奖金
		津贴补贴:如流动施工津贴、特殊地区施工津贴、高温（寒）作业临时津贴、高空津贴等
		加班加点工资
		特殊情况下支付的工资：定期休假、停工学习期间等的工资

2.材料费的定义及包含的内容（表1Z103020-2）

材料费定义及组成　表1Z103020-2

材料费	定义	施工过程中耗费的原材料、辅助材料、构配件、零件、半成品或成品、工程设备的费用
	内容	材料原价
		运杂费
		运输损耗费
		采购及保管费：包括采购费、仓储费、工地保管费、仓储损耗（材料出库之前的费用）

3.施工机具使用费的定义及包含的内容（表1Z103020-3）

施工机具使用费的定义及组成　表1Z103020-3

施工机具使用费	定义	施工作业所发生的施工机械、仪器仪表使用费或其租赁费
	组成	施工机械使用费
		仪器仪表使用费：是指工程施工所需使用的仪器仪表的摊销及维修费用
	施工机械使用费包含内容	折旧费
		大修理费
		经常修理费
		安拆费及场外运费：大型机械除外
		人工费：机上司机（司炉）或其他操作人员的人工费
		燃料动力费
		税费：施工机械按规定应缴纳的车船使用税、车辆保险费、车辆年检费等

嗨·点评 大型机械设备的按拆费及场外运费不在施工机械使用费里。

【经典例题】2.根据《建筑安装工程费用项目组成》，属于建筑安装工程施工机械使用费的有（　　）。

A.施工机械大修理费
B.施工机械经常修理费
C.机上司机和其他操作人员的工作日人工费
D.施工机械按规定缴纳的车船使用税
E.大型机械设备进出场及安拆费

【答案】ABCD

【嗨·解析】ABCD都属于施工机械使用费，E答案不属于施工机械使用费，属于措施项目费。

【经典例题】3.建筑安装工程费中的人工费是指用于支付（　　）的各项费用。

A.施工现场的所有工作人员
B.直接从事建筑安装工程施工的生产工人
C.施工现场除了机械操作人员以外的所有工作人员

D.从事建筑安装工程施工的生产和管理人员

A.措施费　　　　　B.材料费
C.企业管理费　　　D.现场管理费

【答案】B

【嗨·解析】人工费是指支付给从事建筑安装工程施工的生产工人和附属生产单位工人的各项费用。

【答案】B

【嗨·解析】材料费中的采购及保管费包括采购费、仓储费、工地保管费和仓储损耗费。

【经典例题】4.根据建筑安装工程费组成的文件，建筑材料的采购费、仓储费、工地保管费和仓储损耗费属于建筑安装工程的是（　　）。

（三）企业管理费、利润、规费和增值税的组成

1.企业管理费的组成（表1Z103020-4）

企业管理费的组成　表1Z103020-4

企业管理费	（1）管理人员工资	
	（2）办公费	
	（3）差旅交通费	
	（4）固定资产使用费	
	（5）工具用具使用费	
	（6）劳动保险和职工福利费	夏季防暑降温、上下班交通补贴等
	（7）劳动保护费	含在有碍身体健康环境中施工的工人保健费用等。
	（8）检验试验费	对建筑以及材料、构件和建筑安装物进行一般鉴定、检查所发生的费用，包括自设试验室进行试验所耗用的材料等费用； 不包括新结构、新材料的试验费，对构件做破坏性试验及其他特殊要求检验试验的费用和建设单位委托检测机构进行检测的费用； 但对施工企业提供的具有合格证明的材料进行检测其结果不合格的，该检测费用由施工企业支付
	（9）工会经费	
	（10）职工教育经费	
	（11）财产保险费	
	（12）财务费	
	（13）税金	是指企业按规定缴纳的房产税、车船使用税、土地使用税、印花税等
	（14）城市维护建设税	
	（15）教育费附加	
	（16）地方教育费附加	
	（17）其他	包括业务招待费、绿化费、广告费、审计费等

🔊 **嗨·点评** 区分企业管理费的组成与措施项目费的组成。

2. 规费的组成（表1Z103020-5）

规费组成　表1Z103020-5

规费	社会保险费	（1）养老保险费
		（2）失业保险费
		（3）医疗保险费
		（4）生育保险费
		（5）工伤保险费
	住房公积金	
	工程排污费	

🔊 **嗨·点评** 规费组成：五险一金一排污。

3. 增值税

增值税是以商品（含应税劳务）在流转过程中产生的增值额作为计税依据而征收的一种流转税。从计税原理上说，增值税是对商品生产、流通、劳务服务中多个环节的新增价值或商品的附加值征收的一种流转税。根据财政部、国际税务总局《关于全面推开营业税改征增值税试点的通知》（财税[2016]36号）要求，建筑业自2016年5月1日起纳入营业税改征增值税试点范围（简称营改增）。建筑业营改增后，工程造价按"价税分离"计价规则计算，具体要素价格适用增值税税率执行财税部门的相关规定。税前工程造价为人工费、材料费、施工机具使用费、企业管理费、利润和规费之和，各费用项目均以不包含增值税（可抵扣进项税额）的价格计算。

【经典例题】5.根据现行《建筑安装工程费用项目组成》（建标[2013] 44号），职工的劳动保险费应计入（　　）。

A.规费
B.措施费
C.人工费
D.企业管理费

【答案】D

【嗨·解析】劳动保险和职工福利费属于企业管理费。

【经典例题】6.根据现行《建筑安装工程费用项目组成》（建标[2013] 44号），企业按规定为职工缴纳的基本养老保险属于（　　）。

A.企业管理费
B.措施费
C.规费
D.人工费

【答案】C

【嗨·解析】基本养老保险属于社会保险的一种，属于规费。

二、按造价形成划分的建筑安装工程费用项目组成

（一）建筑安装工程费用组成

建筑安装工程费按照工程造价形成由分部分项工程费、措施项目费、其他项目费、规费、增值税组成，分部分项工程费、措施项目费、其他项目费包含人工费、材料费、施工机具使用费、企业管理费和利润。见图1Z103020-2。

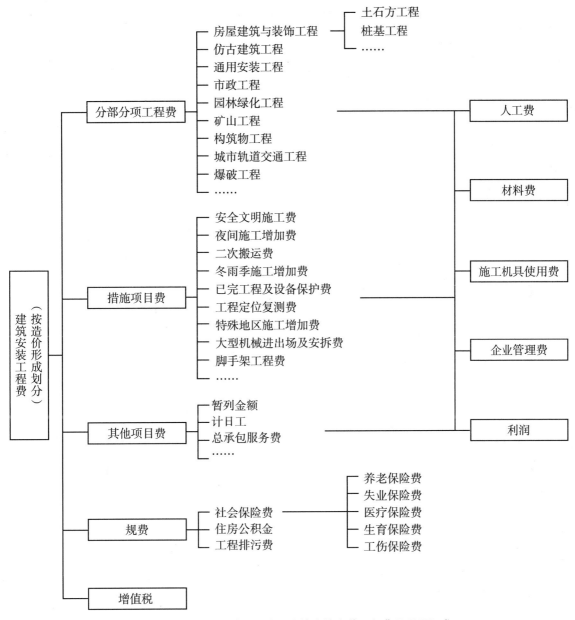

图1Z103020-2 按造价形成划分的建筑安装工程费用项目组成

【经典例题】7.按造价形成划分的建筑安装工程费用项目组成不包括（　　）。

A.分部分项工程费
B.措施费
C.企业管理费
D.规费

【答案】C

【嗨·解析】建筑安装工程费按照工程造价形成由分部分项工程费、措施项目费、其他项目费、规费、增值税组成。

（二）分部分项工程费、措施项目费、其他项目费的组成（表1Z103020-6）

分部分项工程费、措施项目费、其他项目费的定义及组成　表1Z103020-6

分部分项工程费	定义		完成各专业工程的分部分项工程应予列支的各项费用
措施项目费	定义		为完成建设工程施工，发生于该工程施工前和施工过程中的技术、生活、安全、环境保护等方面的费用
	内容		安全文明施工费：环境保护费、文明施工费、安全施工费和临时设施费
			夜间施工增加费：含夜班补助费
			二次搬运费
			冬雨季施工增加费
			已完工程及设备保护费：竣工验收前，必要的保护措施费用
			工程定位复测费
			特殊地区施工增加费
			大型机械设备进出场及安拆费
			脚手架工程费
其他项目费	暂列金额		指发包人在工程量清单中暂定并包括在工程合同价款中的一笔款项
	计日工		施工过程中，承包人完成发包人提出的施工图纸以外的零星项目或工作所需的费用
	总承包服务费		总承包人为配合、协调发包人进行的专业工程发包，对发包人自行采购的材料、工程设备等进行保管以及施工现场管理、竣工资料汇总整理等服务所需的费用

🔊**嗨·点评** 措施费巧记：冬夜特大雨，二工已安架。

【经典例题】8.根据建筑安装工程费用组成的规定，以下属于措施费的有（　）。

A.工程排污费

B.检验试验费

C.大型机械设备进出场及安拆费

D.冬雨季施工增加费

E.安全施工费

【答案】CDE

【嗨·解析】A属于规费，B属于企业管理费，C、D、E都属于措施费。

【经典例题】9.项目竣工验收前，施工企业对已完工程进行保护发生的费用应计入（　）。

A.措施费　　　B.规费

C.人工费　　　D.企业管理费

【答案】A

【嗨·解析】项目竣工验收前，施工企业对已完工程进行保护发生的费用属于已完工程及设备保护费，应计入措施费。

三、建筑安装工程费用计算方法及计价程序

（一）人工费、材料费、施工机具使用费计算方法

1.人工费的计算

人工费=∑（工日消耗量×日工资单价）

日工资单价=$\dfrac{\text{生产工人平均月工资（计时、计件）+平均月（奖金+津贴补贴+特殊情况下支付的工资）}}{\text{年平均每月法定工作日}}$

人工费：最低日工资单价不得低于工程所在地人力资源和社会保障部门所发布的最低工资标准的：普工1.3倍；一般技工2倍；高级技工3倍。

2.材料费的计算

材料单价=[（材料原价+运杂费）×（1+运输损耗率）]×（1+采购保管费率）

3.施工机具使用费的计算

（1）机械台班单价的计算

机械台班单价=台班折旧费+台班大修费+台班经常修理费+台班安拆费及场外运费+台班人工费+台班燃料动力费+台班车船税费

（2）折旧费计算

$$台班折旧费=\frac{机械预算价格×(1-残值率)}{耐用总台班数}$$

耐用总台班数=折旧年限×年工作台班

（3）大修理费计算

$$台班大修理费=\frac{一次大修理费×大修次数}{耐用总台班数}$$

例题：一台施工机械一次大修理费用为5000元，耐用10000台班，每隔1000台班大修理一次，计算台班大修理费用。

解：

$$台班大修理费=\frac{5000×9}{10000}=4.5元。$$

【经典例题】10.某施工材料采购原价为190元/t，运杂费为40元/t，运输损耗率为1%，采购保管率为3%，则该材料的单价为（　　）元/t。

A.234.28　B.237.66　C.239.20　D.239.27

【答案】D

【嗨·解析】材料单价=[（190+40）×（1+1%）]×[1+3%]=239.27。

【经典例题】11.（2015年真题）某施工机械预算价格为200万元，预计可使用10年，每年平均工作250个台班，预计净残值40万元。按工作量法计算折旧，则该机械台班折旧费为（　　）万元。

A.0.8　　B.0.64　　C.0.06　　D.0.064

【答案】D

【嗨·解析】台班折旧费=（200-40）/（250×10）=0.064。

（二）企业管理费费率、利润、规费及增值税计算

1.企业管理费费率的计算

（1）以分部分项工程费为计算基础

企业管理费费率（%）=生产工人年平均管理费÷（年有效施工天数×人工单价）×人工费占分部分项工程费比例（%）。

（2）以人工费和机械费合计为计算基础

企业管理费费率（%）=生产工人年平均管理费÷[年有效施工天数×（人工单价+每一工日机械使用费）]×100%。

（3）以人工费为计算基础

企业管理费费率（%）=生产工人年平均管理费÷（年有效施工天数×人工单价）×100%。

2.利润的计算

应以定额人工费或定额人工费与定额机械费之和作为计算基数，利润在税前建筑安装工程费的比重可按不低于5%且不高于7%的费率计算。

3.规费的计算

（1）社会保险费和住房公积金

社会保险费和住房公积金应以定额人工费为计算基础。

（2）工程排污费

工程排污费等其他应列而未列入的规费应按工程所在地环境保护等部门规定的标准缴纳，按实计取列入。

4.增值税的计算

建筑安装工程费用的税金是指国家税法规定应计入建筑安装工程造价内的增值税销项税额。

税金（增值税销项税额）的计算方法。根据《关于做好建筑业营改增建设工程计价依据调整准备工作的通知》（建办标[2016]4号）文件规定，工程造价可按以下公式计算：

工程造价=税前工程造价×（1+11%）

税前造价=人工费+材料费+施工机具使用费+企业管理费+规费+利润

税前造价=分部分项工程费+措施费+其他项目费+规费

式中11%为建筑业适用增值税税率。由此，税金计算公式：

税金=税前工程造价×税率（或征收率）

或税金= $\dfrac{\text{工程造价}}{1+\text{税率（或征收率）}} \times$ 税率（或征收率）。

【经典例题】12.（2015年真题）某施工企业投标报价时确定企业管理费率以人工费为基础计算，据统计资料，该施工企业生产工人年平均管理费为1.2万元，年有效施工天数为240天，人工单价300元/天，人工费占分部分项工程费的比例为75%，则该企业的企业管理费费率为（　　）。

A.12.15%　　　　B.12.50%
C.16.67%　　　　D.22.22%

【答案】C

【嗨·解析】以人工费为计算基础，则企业管理费费率=12000/（240×300）×100%=16.67%。

【经典例题】13.根据《建筑安装工程费用项目组成》，以定额人工费为计费基础的规费有（　　）。

A.养老保险费　　B.医疗保险费
C.工伤保险费　　D.工程排污费
E.住房公积金

【答案】ABCE

【嗨·解析】社会保险费和住房公积金应以定额人工费为计算基础，工程排污费按相关部门规定缴纳，按实计取列入。

（三）建筑安装工程计价公式和计价程序

1.建筑安装工程计价公式

（1）分部分项工程费

分部分项工程费=Σ（分部分项工程量×综合单价）

式中：综合单价包括人工费、材料费、施工机具使用费、企业管理费和利润以及一定范围的风险费用。

（2）措施项目费

1）国家计量规范规定应予计量的措施项目，其计算公式为：

措施项目费=Σ（措施项目工程量×综合单价）

2）国家计量规范规定不宜计量的措施项目计算方法如下：

①安全文明施工费=计算基数×安全文明施工费费率（%）

计算基数应为定额基价（定额分部分项工程费+定额中可以计量的措施项目费）、定额人工费或（定额人工费+定额机械费）

②夜间施工增加费=计算基数×夜间施工增加费费率（%）

③二次搬运费=计算基数×二次搬运费费率（%）

④冬雨期施工增加费=计算基数×冬雨期施工增加费费率（%）

⑤已完工程及设备保护费=计算基数×已完工程及设备保护费费率（%）

上述后面四项措施项目的计费基数应为定额人工费或（定额人工费+定额机械费）。

（3）其他项目费

①暂列金额由发包人掌握使用、扣除合同价款调整后如有余额，归发包人。

②计日工由发包人和承包人按施工过程中的签证计价。

③总承包服务费由发包人在招标控制价中根据总包服务范围和有关计价规定编制，承包人投标时自主报价，施工过程中按签约合同价执行。

（4）规费和增值税

不得作为竞争性费用。

🔊 嗨·点评　全书不可竞争性费用只有规费、增值税和安全文明施工费。

2.建筑安装工程计价程序

例题：某高层商业办公综合楼工程建筑面积为90586m²。根据计算，建筑工程造价为2300元/m²，安装工程造价为1200元/m²（不含增值税进项税额），装饰装修工程造价为1000元/m²（不含增值税进税税额），其中定额人工费占分部分项工程造价的15%。措施费以分部分项工程费为计费基础，其中安全文明施工费费率为1.5%，其他措施费费率合计1%。其他项目费合计800万（不含增值税进税税额），规费费率为8%，增值税税率为11%，计算招标控制价。

解：

序号	内容	计算方法	金额（万元）
1	分部分项工程费	（1.1+1.2+1.3）	40763.7
1.1	建筑工程	90586×2300	20834.78
1.2	安装工程	90586×1200	10870.32
1.3	装饰装修工程	90586×1000	9058.6
2	措施项目费	分部分项工程费×2.5%	1019.0925
2.1	其中：安全文明施工费	分部分项工程费×1.5%	611.4555
3	其他项目费		800
4	规费	分部分项工程费×15%×8%	489.16
5	增值税（扣除不列入计税范围的甲供材料和甲供设备费用）	(1+2+3+4)×11%	4737.91

招标控制价合计=（1+2+3+4+5）=47809.86万元

【经典例题】14.某土建结构工程，计算出的分部分项工程费用2600万元，其中定额人工费占该项工程费的16%。措施费以该分部分项工程费为计费基础，其中安全文明施工费费率为2.0%，其他措施费费率合计1%，其他项目费合计200万，规费费率为10%，增值税税率11%，以上费用全部不含增值税进项税额，试计算该项工程的招标控制价为（　　）万元。

A.2816.4　　　　B.2919.6

C.3240.8　　　　D.4138.6

【答案】C

【嗨·解析】分部分项工程费=2600万元

措施费=2600×3%=78万元

其他项目费=200万元

规费=2600×16%×10%=41.6万元

增值税=（2600+78+200+41.6）×11%=321.2万元

招标控制价=2600+78+200+41.6+321.2=3240.8万元。

章节练习题

一、单项选择题

1. 材料费不包括（　　）。
   A. 材料原价
   B. 材料运杂费及运输损耗费
   C. 材料采购及保管费
   D. 材料检验试验费

2. 某新建工程，采购一批直径ϕ12的螺纹钢筋200t，钢筋的供应价格为4280元/t，运费为60元/t，运输损耗为0.25%，采购保管费率为1%，则该钢筋的采购单价为（　　）。
   A. 3999.9元
   B. 4030元
   C. 4350.85元
   D. 4394.36元

3. 某施工用机械，折旧年限为10年，年平均工作300个台班，台班折旧费800元，残值率为5%，则该施工机械的预算价格为（　　）。
   A. 116.4万元
   B. 120万元
   C. 123.6万元
   D. 252.6万元

4. 按照建筑安装工程造价组成的规定，以下各项中，不属于措施项目费的是（　　）。
   A. 环境保护费
   B. 二次搬运费
   C. 工程排污费
   D. 临时设施费

5. 下列不是不可竞争性费用的是（　　）。
   A. 规费
   B. 增值税
   C. 安全文明施工费
   D. 措施费

6. 下列属于分部分项工程费的是（　　）。
   A. 工程定位复测费
   B. 爆破工程费
   C. 总包服务费
   D. 社会保险费

7. 某施工机械购置费为120万元，折旧年限为6年，年平均工作250个台班，预计净残值率为3%，按工作台班法提取折旧，该机械台班折旧费为（　　）元。
   A. 800
   B. 776
   C. 638
   D. 548

8. 某分项工程，按工程量清单计算出的工程费用6000万元，其中定额人工费占该分项工程费的18%，措施费以该分项工程费为计费基础，其中安全文明施工费费率为2.0%，其他措施费费率合计1.5%，其他项目费合计400万元，规费费率为20%，增值税率为11%，利润率4%（以上费用全部不含增值税进项税额），试计算该分项工程的投标报价为（　　）万元。
   A. 6912.41
   B. 7210.61
   C. 7576.86
   D. 7438.91

二、多项选择题

1. 人工费包括（　　）。
   A. 计时或计件工资
   B. 社会保险费
   C. 奖金和津贴
   D. 加班加点工资
   E. 特殊情况下支付的工资

2. 施工机具使用费包括（　　）。
   A. 固定资产使用费
   B. 施工机械使用费
   C. 模板使用费
   D. 大型设备进出场及安拆费
   E. 仪器仪表使用费

3. 施工机械台班单价与下列因素有关（　　）。
   A. 机械使用费
   B. 机械安拆费
   C. 场外运费
   D. 机械折旧费
   E. 机械大修理费

4. 下列各项属于企业管理费的是（　　）。
   A. 管理人员工资
   B. 固定资产使用费
   C. 工伤保险
   D. 劳动保险费
   E. 工会经费

5. 施工企业对建筑材料、构件进行一般性鉴定、检查所发生的费用属于（　　）。
   A. 材料费
   B. 规费
   C. 检验试验费
   D. 企业管理费
   E. 措施费

6.下列选项属于其他项目费的是（ ）。
A.计日工　　　　B.住房公积金
C.夜间施工增加费　D.土石方工程
E.暂列金额

参考答案及解析

一、单项选择题

1.【答案】D
【解析】材料费内容包括：（1）材料原价；（2）运杂费；（3）运输损耗费；（4）采购及保管费。

2.【答案】D
【解析】材料单价=[（材料原价+运杂费）×（1+运输损耗率）]×（1+采购保管费率）=[（4280+60）×（1+0.25%）]×（1+1%）=4394.36元。

3.【答案】D
【解析】台班折旧费=$\frac{机械预算价格×（1-残值率）}{耐用总台班数}$；其中耐用总台班数=折旧年限×年工作台班=10×300=3000台班；则机械预算价格=台班折旧费×耐用总台班数/（1-残值率）=800×3000/（1-5%）=2526315元=252.6万元。

4.【答案】C
【解析】C是规费，其他都属于措施费。

5.【答案】D
【解析】A、B、C都是不可竞争性质的费用，D不是。

6.【答案】B
【解析】按照造价形成划分：分部分项工程费、措施项目费、其他项目费、规费和税金。A属于措施项目费；C属于其他项目费；D属于规费。

7.【答案】B
【解析】台班折旧费=1200000×（1-3%）/（6×250）=776元。

8.【答案】C
【解析】定额人工费=6000×18%=1080万元；安全文明施工费=6000×2.0%=120万元；其他措施项目费=6000×1.5%=90万元；规费=1080×20%=216万元；税金=（6000+120+90+400+216）×11%=750.86万元；投标报价=6000+120+90+400+216+750.86=7576.86万元。

二、多项选择题

1.【答案】ACDE
【解析】社会保险费属于规费，故B错。

2.【答案】BE
【解析】施工机具使用费包括：施工机械使用费和仪器仪表使用费。D答案是措施费。

3.【答案】BCDE
【解析】7项组成，没有机械使用费。

4.【答案】ABDE
【解析】C属于规费，其他都属于企业管理费。

5.【答案】CD
【解析】检验试验费是指施工企业按照有关标准规定，对建筑以及材料、构件和建筑安装物进行一般鉴定、检查所发生的费用，检验试验费属于企业管理费。

6.【答案】AE
【解析】B属于规费；C措施项目费；D属于分部分项工程费。

1Z103030 建设工程定额

本节知识体系

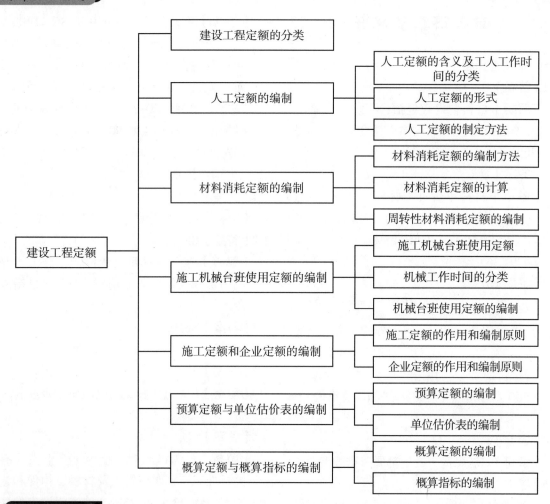

核心内容讲解

一、建设工程定额的分类

1. 按生产要素内容分类（表1Z103030-1）

建设工程定额按生产要素内容分类　表1Z103030-1

按生产要素内容分类	人工定额也称劳动定额
	材料消耗定额
	施工机械台班使用定额

2.按编制程序和用途分类（表1Z103030-2）

建设工程定额按编制程序和用途分类　表1Z103030-2

施工定额	以工序为研究对象，属于企业定额的性质； 分项最细，定额子目最多； 建设工程定额中的基础性定额
预算定额	社会性定额； 以建筑物或构筑物各个分部分项工程为对象编制的定额
概算定额	以扩大的分部分项工程为对象编制的； 是编制扩大初步设计概算确定项目投资额的依据
概算指标	以整个建筑物和构筑物为对象； 是设计单位编制设计概算或建设单位编制年度投资计划的依据
投资估算指标	以独立的单项工程或完整的工程项目为对象； 是在项目建议书和可行性研究阶段编制投资估算，计算投资需要量使用的一种指标； 是合理确定建设工程项目投资的基础

3.按编制单位和适用范围分类（表1Z103030-3）

建设工程定额按编制单位和适用范围分类　表1Z103030-3

按编制单位和适用范围分类	国家定额
	行业定额
	地区定额
	企业定额

4.按投资的费用性质分类（表1Z103030-4）

建设工程定额按投资的费用性质分类　表1Z103030-4

按投资的费用性质分类	建筑工程定额
	设备安装工程定额
	建筑安装工程费用定额：包括措施费定额和间接费定额
	工具、器具定额
	工程建设其他费用定额

【经典例题】1.在建设工程项目可行性研究阶段，计算投资需要量应依据的定额或者指标是（　　）。
A.投资估算指标
B.预算定额
C.概算定额
D.概算指标
【答案】A
【嗨·解析】在建设工程项目可行性研究阶段，计算投资需要量应依据的定额或指标是投资估算指标。

【经典例题】2.预算定额作为一项综合性定额，是由组成（　　）的消耗量综合而成的。

A.分部工程的各分项工程
B.单位工程的各分部工程
C.分项工程的各工序
D.分项工程的各检验批
【答案】C
【嗨·解析】预算定额是一项综合性定额，它是按组成分项工程内容的各工序综合而成的。

【经典例题】3.施工企业可以直接用来编制施工作业计划、签发施工任务单的定额是（　　）。
A.预算定额　　　B.概算定额
C.施工定额　　　D.工器具定额
【答案】C

【嗨·解析】施工企业可以直接用来编制施工作业计划、签发施工任务单的定额是施工定额，施工定额属于企业定额。

二、人工定额的编制

（一）人工定额的含义及工人工作时间分类

1.人工定额的含义

人工定额反映生产工人在正常施工条件下的劳动效率，表明每个工人在单位时间内为生产合格产品所必须消耗的劳动时间，或者在一定的劳动时间中所生产的合格产品数量。

2.编制人工定额的前提条件（表1Z103030-5）

编制人工定额的前提条件 表1Z103030-5

编制人工定额的前提条件	拟定正常的施工作业条件	施工作业的内容
		施工作业的方法
		施工作业地点的组织
		施工作业人员的组织
	拟定定额时间	

3.工人工作时间消耗的分类（表1Z103030-6）

工人工作时间消耗的分类 表1Z103030-6

必须消耗的时间（定额时间的基础）	有效工作时间	基本工作时间：长短和工作量大小成正比例
		辅助工作时间：不能使产品的形状大小、性质或位置发生变化
		准备与结束工作时间：如工作地点、劳动工具和劳动对象的准备时间，工作结束后的整理工作时间；与工作量大小无关，与工作内容有关
	休息时间	
	不可避免的中断时间	与施工过程、工艺特点有关的：应包括在定额时间内，但应尽量缩短此项时间消耗（与工艺特点无关的：是由于劳动组织不合理引起的，属于损失时间，不计入定额时间）
损失时间	多余工作时间	指工人进行了任务以外而又不能增加产品数量的工作；多余工作由工程技术人员的差错引起，不应计入定额时间
	偶然工作时间	偶然工作是工人在任务外进行的工作，但能获得一定产品。如抹灰不得不补上偶然遗留的墙洞等；拟定定额时要适当考虑偶然工作的影响
	停工时间	施工本身造成的停工时间：由于施工组织不善，材料供应不及时、工作面准备工作做得不好、工作地点组织不良等情况造成，在拟定定额时不应该计算
		非施工本身造成的停工时间：由于水源、电源中断引起，在拟定定额时应该给予合理的考虑
	违背劳动纪律所引起的损失时间	

【经典例题】4.编制人工定额时，属于工人工作必须消耗的时间有（　　）。

A.基本工作时间
B.辅助工作时间
C.违背劳动纪律损失时间
D.准备与结束工作时间
E.不可避免的中断时间

【答案】ABDE

【嗨·解析】必须消耗的时间由以下的部分组成：基本工作时间、辅助工作时间、准备与结束的工作时间、休息时间和不可避免的中断时间。

【经典例题】5.（2015年真题）编制人工定额时需拟定施工的正常条件，其内容包括拟定（　　）。
A.施工作业内容
B.施工作业方法
C.施工企业技术水平
D.施工作业地点组织
E.施工作业人员组织

【答案】ABDE
【嗨·解析】拟定施工的正常条件包括：施工作业内容、施工作业方法、施工作业地点组织和施工作业人员组织。

（二）人工定额的形式（表1Z103030-7）

人工定额的形式　表1Z103030-7

按表现形式	时间定额：计算时间，如工日/m³	互为倒数
	产量定额：计算产量，如m³/工日	
按定额的标定对象	单项工序定额	综合时间定额=Σ各单项（工序）时间定额
	综合定额	综合产量定额=1÷综合时间定额（工日）

【经典例题】6.已知砌筑一砖混墙体定额由砌砖、运输、调制砂浆三个单项工序定额组成，各自工序定额为：砌砖0.458/2.18；运输0.418/2.39；调制砂浆0.096/10.4。（时间定额/产量定额）则砌筑一砖混墙体的综合产量定额为（　　）m³/工日。
A.0.972　B.1.03　C.2.18　D.10.4

【答案】B
【嗨·解析】综合时间定额=0.458+0.418+0.096=0.972工日/m³

综合产量定额=1/0.972=1.03m³/工日。

（三）人工定额的制定方法（表1Z103030-8）

人工定额制定方法　表1Z103030-8

人工定额的制定方法	技术测定法	根据生产技术和施工组织条件，对施工过程中各工序采用测时法、写实记录法、工作日写实法，测出各工序的工时消耗等资料，再对所获得的资料进行科学的分析，制定出人工定额的方法
	统计分析法	适用于施工条件正常、产品稳定、工序重复量大和统计工作制度健全的施工过程
	比较类推法	适用于同类型产品规格多、工序重复、工作量小的施工过程
	经验估计法	通常作为一次性定额使用

【经典例题】7.根据生产技术和施工组织条件，对施工过程中各工序采用一定的方法测出其工时消耗等资料，再对所获得的资料进行分析，制定出人工定额的方法是（　　）。
A.统计分析法　　B.比较类推法
C.经验估计法　　D.技术测定法

【答案】D
【嗨·解析】根据生产技术和施工组织条件，对施工过程中各工序采用测时法、写实记录法、工作日写实法，测出各工序的工时消耗等资料，再对所获得的资料进行科学的分析，制定出人工定额的方法是技术测定法。

【经典例题】8.（2014年真题）对于同类型产品规格多、工序复杂、工作量小的施工过程，若已有部分产品施工的人工定额，则其他同类型产品施工人工定额制定适宜采用的方法是（　　）。
A.比较类推法　　B.技术测定法
C.统计分析法　　D.经验估计法

【答案】A
【嗨·解析】比较类推法适用于同类型产品规格多、工序重复、工作量小的施工过程。

三、材料消耗定额的编制

（一）材料消耗定额的编制方法

材料消耗定额的组成（表1Z103030-9）

材料消耗定额的组成　　表1Z103030-9

材料消耗定额	材料组成	主要材料、辅助材料、周转性材料和零星材料	
	材料净用量确定方法	理论计算法：例如砌筑墙体用砖量和砂浆量的计算	
		测定法	
		图纸计算法	
		经验法	
	材料损耗量中损耗率的测定方法	观察法	损耗率=$\frac{损耗量}{净用量}\times 100\%$ 损耗量是指材料出库后的损耗
		统计法	

【经典例题】9.测定材料消耗定额时，定额中的损耗量是指操作过程中不可避免的废料和损耗以及不可避免的（　　）。

A.保管过程中的损耗

B.施工现场内运输损耗和场外运输损耗

C.采购过程中的计量误差

D.施工现场内运输损耗

【答案】D

【嗨·解析】损耗量是指材料出库后的损耗，只有D答案是材料出库后的选项。

【经典例题】10.编制材料消耗定额时，材料净用量的确定方法有（　　）。

A.理论计算法　　B.图纸计算法

C.比较类推法　　D.测定法

E.经验法

【答案】ABDE

【嗨·解析】材料净用量的确定方法：理论计算法、图纸计算法、测定法和经验法。

（二）材料消耗定额的计算

1.砌墙用砖量的计算

砌墙用砖量=（墙厚的砖数×2）÷[墙厚×（砖长+灰缝）×（砖厚+灰缝）]

2.墙厚的砖数计算表（标准砖尺寸240mm×115mm×53mm，灰缝10mm）（表1Z103030-10）

墙厚的砖数对照表　　表1Z103030-10

墙厚尺寸（mm）	120	180	240	370
墙厚的砖数	0.5	0.75	1	1.5
计算厚度	0.115	0.178	0.24	0.365

【经典例题】11.计算1m³ 370mm厚标准砖墙的标准砖用砖量为（　　）和砂浆的总消耗量为（　　）（标准砖和砂浆的损耗率均为1%）。

A.521.7块和0.239m³

B.521.7块和0.237m³

C.527.12块和0.239m³

D.526.92块和0.237m³

【答案】C

【嗨·解析】

标准砖净用量=（1.5×2）÷（0.365×0.25×0.063）=521.9块

标准砖总消耗量=521.9×（1+1%）=527.12块

砂浆净用量=1−0.24×0.115×0.053×521.9=0.237m³

砂浆总耗量=0.237×（1+1%）=0.239m³。

（三）周转性材料消耗定额的编制

1.周转性材料消耗定额相关的四个因素见表1Z103030-11。

周转性材料消耗定额相关的四个因素　表1Z103030-11

周转性材料消耗定额有关因素	第一次制造时的材料消耗，即一次使用量
	每周转使用一次材料的损耗（第二次使用时需要补充量）
	周转使用次数
	周转材料的最终回收及其回收折价

2.定额中周转材料消耗量指标的表示，应当用一次使用量和摊销量两个指标表示（表1Z103030-12）。

一次使用量和摊销量的作用　表1Z103030-12

一次使用量	供施工企业组织施工用
摊销量	供施工企业成本核算或投标报价使用

3.木模板用量的计算公式

一次使用量=净用量×（1+操作损耗率）

$$周转使用量 = \frac{一次使用量 \times [1+(周转次数-1) \times 补损率]}{周转次数}$$

$$回收量 = \frac{一次使用量 \times (1-补损率)}{周转次数}$$

摊销量=周转使用量−回收量×回收折价率

【经典例题】12.某混凝土结构施工采用木模板，木模板一次净用量为200m²，模板现场制作安装不可避免的损耗率为3%，模板可周转使用5次，每次补损率为5%。回收折价率为50%，该模板周转使用量为（　　）m²。

A.41.20　B.49.44　C.43.20　D.51.50

【答案】B

【嗨·解析】

周转使用量={200×(1+3%)×[1+(5−1)×5%]}/5=49.44m²。

【经典例题】13.施工企业成本核算或投标报价时，周转性材料消耗量指标应根据（　　）来确定。

A.第二次使用时需要的补充量

B.摊销量

C.最终回收量

D.一次使用量

【答案】B

【嗨·解析】施工企业成本核算或投标报价时，周转性材料消耗量指标应根据摊销量来确定。

四、施工机械台班使用定额的编制

（一）施工机械台班使用定额

施工机械台班使用定额的形式（表1Z103030-13）

施工机械台班使用定额的形式　表1Z103030-13

施工机械台班使用定额	机械时间定额	包括有效工作时间、不可避免的中断时间、不可避免的无负荷工作时间
	机械产量定额	与机械时间定额互为倒数
	定额表示方法	人工时间定额 机械台班产量

例题：1.斗容量1m³正铲挖土机，挖四类土，装车，深度在2m内，小组成员两人，机械台班产量为4.76（定额单位100m³），则：

挖100m³的人工时间定额为2/4.76=0.42（工日）

挖100m³的机械时间定额为1/4.76=0.21（工日）

2.某一正铲挖土机每一台班劳动定额表中0.466/4.29（单位：100m³）表示人工时间定额/机械台班产量，求挖1000m³土需要的机械台班、人工工日和工人小组人数。

机械台班=1000/（4.29×100）=2.33（台班）

人工工日=0.466/100×1000=4.66（工日）

工人小组人数=4.66/2.33=2（人）。

【经典例题】14.某机械台班产量为4m³，

与之配合的工人小组由5人组成，则单位产品的人工时间定额为（　　）工日。

A.1.25　　C.0.80　　B.0.50　　D.1.20

【答案】A

【嗨·解析】单位产品的人工时间定额=5/4=1.25工日。

（二）机械工作时间的分类

机械工作时间分类（表1Z103030-14）

机械工作时间分类　表1Z103030-14

必须消耗时间	有效工作时间	正常负荷下
		有根据降低负荷下：如汽车运输重量轻而体积大的货物
	不可避免的无负荷工作时间：如筑路机在工作区的末端调头	
	不可避免的中断时间	与工艺过程的特点有关：如汽车装货和卸货时的停车
		与机械有关：由于工人进行准备与结束工作时，机械停止工作而引起的中断工作时间
		工人休息时间
损失时间	多余工作时间	
	机械的停工时间	施工本身造成的停工时间：如未及时供给机械燃料而引起的停工
		非施工本身造成的停工时间：如暴雨时压路机的停工
	违背劳动纪律时间	
	低负荷下工作时间：如工人装车的砂石数量不足引起的汽车在降低负荷的情况下工作	

【经典例题】15.在合理劳动组织与合理使用机械的条件下，完成单位合格产品所必需的机械工作时间包括（　　）。

A.正常负荷下的工作时间

B.不可避免的中断时间

C.有根据地降低负荷下的工作时间

D.施工过程中操作工人违反劳动纪律的停工时间

E.不可避免的无负荷工作时间

【答案】ABCE

【嗨·解析】这个题目考查的就是必须消耗的时间包括的内容，D答案是工人违背劳动纪律原因造成的损失时间，不属于必须消耗的工作时间。

【经典例题】16.施工作业过程中，筑路机在工作区末端掉头消耗的时间应计入施工机械台班使用定额，其时间消耗的性质是（　　）。

A.不可避免的停工时间

B.不可避免的中断工作时间

C.不可避免的无负荷工作时间

D.正常负荷下的工作时间

【答案】C

【嗨·解析】筑路机在工作区末端掉头消耗的时间属于不可避免的无负荷工作时间。

（三）机械台班使用定额的编制

机械台班使用定额的编制内容（表1Z103030-15）

机械台班使用定额的编制内容　表1Z103030-15

拟定机械工作的正常施工条件	工作地点的合理组织、施工机械作业方法的拟定、配合机械作业的施工小组的组织、机械工作班制度
确定机械净工作生产率	
确定机械的利用系数	
计算机械台班定额	
拟定工人小组的定额时间	

【经典例题】17.确定机械台班定额消耗量时，首先应（　　）。
A.确定正常的施工条件
B.确定机械正常生产率
C.确定机械工作时间的利用率
D.确定工人小组的定额时间
【答案】A
【嗨·解析】机械台班使用定额的编制内容中第一步就是确定正常的施工条件。

五、施工定额和企业定额的编制

（一）施工定额的作用和编制原则

1.施工定额定义

施工定额是建筑安装工人或工人小组在合理的劳动组织和正常的施工条件下，为完成单位合格产品所需消耗的人工、材料、机械的数量标准。

2.施工定额的作用和编制原则（表1Z103030-16）

施工定额的作用和编制原则　表1Z103030-16

施工定额的作用	施工定额是企业计划管理的依据
	施工定额是组织和指挥施工生产的有效工具
	施工定额是计算工人劳动报酬的依据
	施工定额有利于推广先进技术
	施工定额是编制施工预算、加强企业成本管理和经济核算的基础
施工定额的编制原则	施工定额水平必须遵循平均先进的原则
	定额的结构形式简明适用的原则
编制施工定额前的准备工作	明确编制任务和指导思想
	系统整理和研究日常积累的定额基本资料
	拟定定额编制方案：确定定额水平、定额步距、表达方式等

【经典例题】18.关于施工定额作用的说法，正确的有（　　）。
A.施工定额是企业编制施工组织设计的依据
B.施工定额是计算工人计件工资的基础
C.施工定额是编制施工预算的基础
D.施工定额是编制竣工结算的依据
E.施工定额是组织和指挥施工生产的有效工具
【答案】ABCE
【嗨·解析】施工定额是企业计划管理的依据、是组织和指挥施工生产的有效工具、是计算工人劳动报酬的依据、是编制施工预算、加强企业成本管理和经济核算的基础、有利于推广先进技术。

【经典例题】19.编制和应用施工定额之所以有利于推广先进技术是因为（　　）。
A.施工定额水平本身包含成熟先进的施工技术
B.施工定额是强制实施的
C.施工定额是工程定额体系的基础
D.施工定额是用先进的技术方法测定出来的
【答案】A
【嗨·解析】施工定额之所以有利于推广先进技术是因为其本身包含成熟先进的施工技术。

（二）企业定额的作用和编制原则（表1Z103030-17）

企业定额的作用和编制原则　表1Z103030-17

企业定额的作用	计算和确定工程施工成本的依据
	进行工程投标，编制工程投标价格的基础和依据
	编制施工组织设计的依据
企业定额的编制原则	统一的工程量计算规则
	统一划分的项目
	统一的计量单位
企业定额的编制方法	编制企业定额最关键的工作是确定人工、材料和机械台班的消耗量，以及计算分项工程单价或综合单价； 人工消耗量确定包括基本用工和其他用工； 机械台班消耗量需要确定机械净工作效率和利用系数； 人工价格一般情况下按地区劳务市场价格计算确定；有时简单按专业工种将人工粗略划分为结构、精装修、机电三大类

【经典例题】20.关于企业定额作用的说法，正确的是（　　）。

A.企业定额能反映本企业在不同项目上的最高管理水平

B.依据企业定额可以计算出施工企业拟完成投标工程的实际成本

C.企业定额不能直接反映本企业的施工技术水平

D.企业定额是编制施工组织设计的依据

【答案】D

【嗨·解析】企业定额是计算和确定工程施工成本的依据、进行工程投标，编制工程投标价格的基础和依据、编制施工组织设计的依据。

六、预算定额与单位估价表的编制

（一）预算定额的编制

1.预算定额的作用

预算定额是在施工定额的基础上进行综合扩大编制而成的。预算定额中的人工、材料和施工机械台班的消耗水平根据施工定额综合取定，定额子目的综合程度大于施工定额，从而可以简化施工图预算的编制工作。预算定额是编制施工图预算的主要依据。

2.人工消耗量指标的确定（表1Z103030-18）

1Z103000 建设工程估价

人工消耗量指标的确定　表1Z103030-18

预算定额人工消耗量	基本用工：完成分项工程的主要用工量。如：砌筑各种墙体工程的砌砖、调制砂浆以及运输砖和砂浆的用工量		
	其他用工	超运距用工：超过人工定额规定运距用工	
		辅助用工：指材料需在现场加工用工，如筛砂子、淋石灰膏等增加的用工量	
		人工幅度差	各种专业工种之间的工艺搭接及土建工程与安装工程的交叉、配合中不可避免的停歇时间
			施工机械在场内单位工程之间变换位置及在施工过程中移动临时水电线路引起的临时停水、停电所发生的不可避免的间歇时间
			施工过程中水电维修用工
			隐蔽工程验收等工程质量检查影响的操作时间
			现场内单位工程之间操作地点转移影响的操作时间
			施工过程中工种之间交叉作业造成的不可避免的剔凿、修复、清理等用工
			施工过程中不可避免的直接少量零星用工
计算	人工幅度差用工数量=∑（基本用工+超运距用工+辅助用工）×人工幅度差系数 总人工=基本用工+辅助用工+超运距用工+人工幅度差		

3.机械台班消耗量指标

预算定额机械台班消耗量按合理的施工方法取定并增加了机械幅度差（表1Z103030-19）。

机械幅度差包含内容　表1Z103030-19

机械幅度差的内容	施工机械转移工作面及配套机械互相影响损失的时间
	正常的施工情况下，机械施工中不可避免的工序间歇
	检查工程质量影响机械操作的时间
	临时水、电线路在施工中移动位置所发生的机械停歇时间
	工程结尾时，工作量不饱满所损失的时间
不另增加机械幅度差	垂直运输用的塔吊、卷扬机及砂浆、混凝土搅拌机等跟工人小组配合的机械
机械台班消耗量计算	定额台班用量=$\dfrac{定额单位}{台班产量}$×机械幅度差系数

【经典例题】21.编制预算定额人工消耗量时，人工幅度差用工是指人工定额中未包括的，而在一般正常施工情况下又不可避免的一些（　　）。

A.返工用工　　B.零星用工
C.低效率用工　D.用工浪费

【答案】B

【嗨·解析】人工幅度差用工指的是人工定额中未包括的而在一般正常施工情况不可避免的一些零星用工。

【经典例题】22.（2014年真题）编制预算定额人工消耗指标时，下列人工消耗量属于人工幅度差用工的有（　　）。

A.施工过程中水电维修用工
B.隐蔽工程验收影响的操作时间
C.现场材料水平搬运用工
D.现场材料加工用工
E.现场筛砂子增加的用工量

【答案】AB

【嗨·解析】AB属于人工幅度差用工，C属于基本用工，DE属于辅助用工。

【经典例题】23.（2014年真题）完成某预算定额项目单位工程量的基本用工为2.8工日，辅助用工为0.7工日，超运距用工为0.9工日，人工幅度差系数为10%，该预算定额的人工工日消耗量为（　　）工日。

A.4.84　B.4.75　C.4.56　D.4.68

【答案】A

【嗨·解析】（2.8+0.7+0.9）×（1+10%）=4.84。

（二）单位估价表的编制

1.单位估价表概念

根据人工工资价格、材料预算价格和施工机械台班价格，计算拟定预算定额中每一分项工程的单位预算价格。

2.单位估价表包括内容

单位估价表包括"三量"和"三价"：人工、材料、机械的消耗量和单价。形式：

（1）工料单价单位估价表；

（2）综合单价单位估价表；

（3）企业单位估价表。

【经典例题】24.编制单位估价表时，分部分项工程单价的计算中不包含（　　）。

A.人工费　　B.材料费

C.管理费　　D.机械使用费

【答案】C

【嗨·解析】单位估价表包括"三量"和"三价"：人工、材料、机械的消耗量和单价，没有管理费。

七、概算定额与概算指标的编制

（一）概算定额的编制

1.概算定额的概念

概算定额也叫做扩大结构定额。它规定了一定计量单位的扩大结构构件或扩大分项工程的人工、材料、机械台班消耗量的数量标准。

2.编制概算定额的相关要求（表1Z103030-20）

编制概算定额的相关要求　表1Z103030-20

概算定额的作用	是在初步设计阶段编制设计概算的依据
	是技术设计阶段编制修正概算的依据
	是确定建设工程项目投资额的依据
	可用于进行设计方案的技术经济比较
	是编制概算指标的基础
编制概算定额的一般要求	编制深度要适应设计深度的要求
	与基础定额、预算定额的水平基本一致：测算时，概算定额与预算定额之间必将产生并允许留有一定的幅度差
概算定额的编制方法	直接利用综合预算定额
	在预算定额的基础上再合并其他次要项目
	改变计量单位
	采用标准设计图纸的项目工程量
	计算规则进一步简化
概算定额手册的内容	文字说明部分
	定额项目表 定额项目的划分：一是按工程结构划分；二是按工程部位（分部）划分
	附录

【经典例题】25.（ ）也称扩大结构定额，它规定了完成一定计量单位的扩大结构或扩大分项工程的人工、材料、机械台班消耗量的数量标准。

A.人工定额　　　B.概算定额
C.概算指标　　　D.施工定额

【答案】B

【嗨·解析】概算定额也叫做扩大结构定额。它规定了一定计量单位的扩大结构构件或扩大分项工程的人工、材料、机械台班消耗量的数量标准。

【经典例题】26.概算定额的作用包括（ ）。

A.在初步设计阶段编制设计概算的依据
B.是技术设计阶段编制修正概算的依据
C.是确定建设工程项目投资额的依据
D.可用于进行设计方案的技术经济比较
E.是控制项目投资估算的基础

【答案】ABCD

【嗨·解析】概算定额作用：（1）是在初步设计阶段编制设计概算的依据；（2）是技术设计阶段编制修正概算的依据；（3）是确定建设工程项目投资额的依据；（4）可用于进行设计方案的技术经济比较；（5）是编制概算指标的基础。

（二）概算指标的编制

1.概算指标的概念

概算指标是概算定额的扩大与合并，它是以整个房屋或构筑物为对象，以更为扩大的计量单位来编制的，也包括劳动力、材料和机械台班定额三个基本部分，同时，还列出了各结构分部的工程量及单位工程（以体积计或以面积计）的造价。

2.概算指标的内容及作用（见表1Z103030-21）

概算指标的内容及作用　表1Z103030-21

概算指标的编制	概算指标的作用：在设计深度不够的情况下，用概算指标来编制初步设计概算
	概算指标的组成内容：文字说明，指标列表，附录

【经典例题】27.概算指标是概算定额的扩大与合并，它是以（ ）为对象编制的。

A.工序　　　　　B.构筑物
C.分部工程　　　D.分项工程

【答案】B

【嗨·解析】概算指标是概算定额的扩大与合并，它是整个房屋或构筑物为对象编制的。

章节练习题

一、单项选择题

1. 按照生产要素内容，建筑工程定额分为（　　）。
   A.人工定额、材料消耗定额、施工机械台班使用定额
   B.施工定额、预算定额、概算定额、概算指标、投资估算指标
   C.国家定额、行业定额、地区定额、企业定额
   D.建筑工程定额、设备安装工程定额、建筑安装工程费用定额、工程建设其他费用定额及工具、器具定额

2. 按照编制程序和用途，建筑工程定额分为（　　）。
   A.人工定额、材料消耗定额、施工机械台班使用定额
   B.施工定额、预算定额、概算定额、概算指标、投资概算指标
   C.国家定额、行业定额、地区定额、企业定额
   D.建筑工程定额、设备安装工程定额、建筑安装工程费用定额、工程建设其他费用定额及工具、器具定额

3. 人工定额按标定对象的不同，可分为（　　）和综合定额。
   A.时间定额　　　　B.单项工序定额
   C.产量定额　　　　D.分部工程定额

4. 下列各项时间中属于工人工作必须消耗的时间的是（　　）。
   A.工人下班前对搅拌机进行清洗的时间
   B.与施工工艺原因无关的中断时间
   C.由于材料供应不及时造成的工人窝工时间
   D.由于施工机械故障造成的工人窝工时间

5. 施工企业组织施工生产应该用哪一个周转性材料指标（　　）。
   A.一次使用量
   B.周转使用次数
   C.摊销量
   D.每周转使用一次材料的损耗

6. 根据专业人员的实际工作经验，参考有关定额资料，对施工管理组织和现场技术条件进行调查、讨论和分析制定人工定额的方法是（　　）。
   A.比较类推法　　　　B.技术测定法
   C.统计分析法　　　　D.经验估计法

二、多项选择题

1. 下列各项中，与周转性材料消耗有关的因素是（　　）。
   A.一次使用量
   B.周转使用次数
   C.摊销量
   D.每周转使用一次材料的损耗
   E.周转材料的收回

2. 施工机械时间定额，包括（　　）。
   A.有效工作时间
   B.必需消耗的工作时间
   C.不可避免的中断时间
   D.损失时间
   E.不可避免的无负荷工作时间

3. 人工幅度差用工指人工定额中未包括的，而在一般正常施工情况下又不可避免的一些零星用工，下列属于人工幅度差的内容的是（　　）。
   A.施工过程中水电维修用工
   B.隐蔽工程验收等工程质量检查影响的操作
   C.交叉作业造成的剔凿、修复
   D.为加快施工进度而进行的夜间施工用工
   E.砌筑各种墙体工程的砌砖用工

4. 关于概算定额，以下说法正确的是（　　）。
   A.概算定额是人工、材料、机械台班消耗量的数量标准

B.概算定额是在初步设计阶段确定投资额的依据
C.概算定额和预算定额的项目划分相同
D.概算定额是在概算指标的基础上综合而成的
E.概算定额水平的确定应与预算定额的水平基本一致
5.制定人工定额常用的方法有（   ）。
A.技术测定法　　　　B.统计分析法
C.比较类推法　　　　D.经验估计法
E.观察测定法

参考答案及解析

一、单项选择题

1.【答案】A
【解析】按生产要素内容分类：人工定额、材料消耗定额和施工机械台班使用定额。

2.【答案】B
【解析】按照编制程序和用途，建筑工程定额分为施工定额、预算定额、概算定额、概算指标、投资概算指标。

3.【答案】B
【解析】人工定额按标定对象的不同分为单项工序定额和综合定额。

4.【答案】A
【解析】BCD都属于损耗，A属于必须消耗的时间。

5.【答案】A
【解析】组织施工生产用A，投标报价和成本核算用C。

6.【答案】D
【解析】根据专业人员的实际工作经验，参考有关定额资料，对施工管理组织和现场技术条件进行调查、讨论和分析制定人工定额的方法是经验估计法。

二、多项选择题

1.【答案】ABDE
【解析】C不是，其余都是与周转性材料有关的因素。

2.【答案】ABCE
【解析】施工机械时间定额，是指在合理劳动组织与合理使用机械条件下，完成单位合格产品所必需的工作时间，包括有效工作时间（正常负荷下的工作时间和降低负荷下的工作时间）、不可避免的中断时间、不可避免的无负荷工作时间。

3.【答案】ABC
【解析】D、E不是，A、B、C属于人工幅度差内容。

4.【答案】ABE
【解析】概算定额也叫做扩大结构定额。它规定了完成一定计量单位的扩大结构构件或扩大分项工程的人工、材料、机械台班消耗量的数量标准。概算定额水平的确定应与基础定额、预算定额的水平基本一致。

5.【答案】ABCD
【解析】制定人工定额，常用的方法有四种：技术测定法、统计分析法、比较类推法、经验估计法。

1Z103040 建设工程项目设计概算

本节知识体系

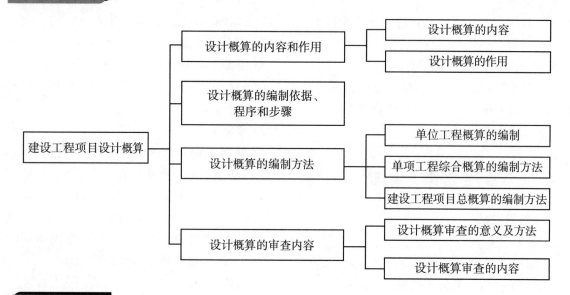

核心内容讲解

一、设计概算的内容和作用

（一）设计概算的内容

1. 设计概算的编制要求、内容及分级（表1Z103040-1）

设计概算的编制要求、内容及分级表　　表1Z103040-1

设计概算编制要求	设计概算投资一般应控制在立项批准的投资控制额以内
	如果设计概算值超过控制额，必须修改设计或重新立项审批
	设计概算批准后不得任意修改和调整；如需修改或调整时，须经原批准部门重新审批
	设计概算应按编制时项目所在地的价格水平编制，总投资应完整地反映编制时建设项目的实际投资
	设计概算由项目设计单位负责编制，并对其编制质量负责
设计概算编制内容	编制和确定建设工程项目从筹建至竣工交付使用所需全部费用的文件
设计概算的分级	单位工程概算：人料机费用、企业管理费、利润、规费和税金组成，内容对应于建筑安装工程费用
	单项工程综合概算：工程费用
	建设工程项目总概算：是确定整个建设工程项目从筹建开始到竣工验收、交付使用所需的全部费用的文件
	内容对应于总投资：包括单项工程综合概算、工程建设其他费用概算、预备费、建设期利息概算和经营性项目铺底流动资金概算等

2.单项工程综合概算的内容（表1Z103040-2）

单项工程综合概算组成表 表1Z103040-2

单项工程综合概算	建筑单位工程概算	一般土建工程概算
		给排水采暖工程概算
		通风空调工程概算
		电气照明工程概算
		弱电工程概算
		特殊构筑物工程概算
	设备安装单位工程概算	机械设备及安装工程概算
		电气设备及安装工程概算
		热力设备及安装工程概算
		工器具及生产家具购置费用概算
	工程建设其他费用概算（不编总概算时列入）	

【经典例题】1.（2014年真题）关于设计概算的说法，错误的是（　　）。
A.设计概算是确定和控制建设工程项目全部投资的文件
B.编制设计概算不需考虑建设项目施工条件对投资的影响
C.如果设计概算值超过投资控制额，必须修改设计或重新立项审批
D.设计概算由设计单位负责编制，并对其编制质量负责
【答案】B
【嗨·解析】B错误，编制设计概算时，需要考虑建设项目施工条件对投资的影响，A、C、D的说法都正确。

【经典例题】2.（2014年真题）以下不属于设备安装单位工程概算的是（　　）。
A.机械设备及安装工程概算
B.电气设备及安装工程概算
C.弱电工程概算
D.工器具及生产家具购置费用概算
【答案】C
【嗨·解析】弱电工程概算属于建筑单位工程概算，不属于安装工程概算。

（二）设计概算的作用（表1Z103040-3）

设计概算作用表 表1Z103040-3

设计概算的作用	设计概算是制定和控制建设投资的依据：对于使用政府资金的建设项目，概算一经上级批准，总概算就是总造价的最高限额，不得任意突破，如有突破需报原审批部门批准
	设计概算是编制建设计划的依据
	设计概算是进行贷款的依据
	设计概算是签订工程总承包合同的依据
	设计概算是考核设计方案的经济合理性和控制施工图预算和施工图设计的依据
	设计概算是考核和评价建设工程项目成本和投资效果的依据

【经典例题】3.既是工程拨款或贷款的最高限额，又是控制单位工程预算的主要依据的文件是经过批准的（　　）。
A.开工报告　　B.资金申请报告
C.设计概算文件　　D.项目建议书
【答案】C
【嗨·解析】设计概算是总造价的最高项额，不得任意突破，如有突破需报原审批部门批准。

二、设计概算的编制依据、程序和步骤（表1Z103040-4）

设计概算编制依据、程序和步骤一览表　　表1Z103040-4

设计概算的编制依据	国家、行业和地方有关规定
	相应工程造价管理机构发布的概算定额（或指标）
	工程勘察与设计文件
	拟定或常规的施工组织设计、施工方案
	建设项目资金筹措方案
	工程所在地编制同期的人工、材料、机械台班市场价格，以及设备供应方式及供应价格
	建设项目的技术复杂程度、新技术、新材料、新工艺以及专利使用情况等
	建设项目批准的相关文件、合同、协议等
	政府有关部门、金融机构等发布的价格指数、利率、汇率、税率以及工程建设其他费用等
	委托单位提供的其他技术经济资料等
设计概算的编制程序和步骤	收集原始资料
	确定有关数据
	各项费用计算
	单位工程概算书编制
	单项工程综合概算书的编制
	建设项目总概算的编制

【经典例题】4.编制建设工程项目设计概算时，在收集原始资料后应进行的工作有：①确定有关数据；②单位工程概算书编制；③各项费用计算；④单项工程综合概算书编制。其正确顺序是（　　）。
A.③→①→②→④
B.①→③→②→④
C.③→②→①→④
D.①→②→③→④
【答案】B
【嗨·解析】概算编制步骤依次为：（1）收集原始资料；（2）确定有关数据；（3）各项费用计算；（4）单位工程概算书编制；（5）单项工程综合概算书编制；（6）建设项目总概算的编制。

【经典例题】5.以下不属于设计概算的编制依据的是（　　）。
A.批准的可行性研究报告
B.常规的施工组织设计
C.竣工图纸
D.项目涉及的概算指标或定额
【答案】C
【嗨·解析】编制设计概算是在项目立项前期，那个时间段还没有竣工图纸，它不能成为设计概算的编制依据。

三、设计概算的编制方法

（一）单位工程概算的编制

1. 设计概算的三级概算

设计概算包括单位工程概算、单项工程综合概算和建设工程项目总概算三级。首先编制单位工程概算，然后逐级汇总编制综合概算和总概算。

2. 单位工程概算的编制方法（表1Z103040-5）

单位工程概算编制方法　表1Z103040-5

单位工程概算	建筑单位工程概算编制方法	概算定额法
		概算指标法
		类似工程预算法
	设备及安装单位工程概算编制方法	预算单价法
		扩大单价法
		设备价值百分比法
		综合吨位指标法

3. 单位建筑工程概算

（1）单位建筑工程概算编制方法、特点及适用条件（表1Z103040-6）

单位建筑工程概算编制方法、特点及适用条件　表1Z103040-6

方法	特点及适用条件
概算定额法	初步设计达到一定深度，建筑结构比较明确时使用，精确度比较高
概算指标法	初步设计深度不够，不能准确地计算工程量，但工程设计采用的技术比较成熟而又有类似工程概算指标可以利用； 计算精度要求低，编制速度快；适用于附属辅助和服务类工程项目，住宅文化项目，投资小、简单的项目
类似工程预算法	拟建工程初步设计与已完成工程或在建工程的设计相类似且没有可用的概算指标的情况；必须对建筑结构差异和价差进行调整

（2）概算定额法的编制步骤（表1Z103040-7）

概算定额法编制步骤表　表1Z103040-7

概算定额法编制概算的步骤	①按照概算定额分部分项顺序，列出各项工程的名称
	②确定各分部分项工程项目的概算定额单价（基价）
	③计算单位人、料、机费用
	④根据人、料、机费用，结合其他各项取费标准，分别计算企业管理费、利润、规费和税金
	⑤单位工程概算造价=人、料、机费用+企业管理费+利润+规费+税金

（3）概算指标法的两种编制方法（表1Z103040-8）

概算指标法的两种编制方法　表1Z103040-8

概算指标法编制概算	拟建工程结构特征与概算指标相同	以指标中所规定的工程每平方米或立方米的人、料、机费用单价，乘以拟建单位工程建筑面积或体积，得出单位工程的人、料、机费用，再计算其他费用，得到单位工程概算造价
		以概算指标中规定的每100m²建筑物面积（或1000m³体积）所耗人工工日数、主要材料数量为依据，首先计算拟建工程人工、主要材料消耗量，再计算人、料、机费用，并取费
	拟建工程结构特征与概算指标有局部差异时	结构变化修正概算指标（元/m²）=原概算指标人、料、机费用+概算指标中换入结构的工程量×换入结构的人、料、机费用单价−概算指标中换出结构的工程量×换出结构的人、料、机费用单价 人、料、机费用=修正后的概算指标×拟建工程建筑面积（或体积）
经典例题	拟建某教学楼，与概算指标略有不同，概算指标拟定工程外墙贴面瓷砖，教学楼外墙面干挂花岗石。该地区外墙面贴瓷砖的预算单价为80元/m²，花岗石的预算单价为280元/m²。教学楼工程和概算指标拟定工程每100平方米建筑面积中外墙面工程量均为80m²。概算指标土建工程工料机费单价为2000元/m²，措施费为170元/m²。则拟建教学楼土建工程工料机费单价为多少元/m²？ 解： 拟建教学楼土建工程工料机费单价=2000+(280−80)×80/100=2160（元/m²）	

4.设备安装工程概算编制方法（表1Z103040-9）

设备安装工程概算编制方法　表1Z103040-9

设备购置费概算	Σ（设备清单中的设备数量×设备原价）×（1+运杂费率）或 Σ（设备清单中的设备数量×设备预算价格）
设备安装工程概算的编制方法	预算单价法：初步设计有详细设备清单，精确度较高
	扩大单价法：初步设计的设备清单不完备，或仅有成套设备的重量，精确度降低
	概算指标法：初步设计的设备清单不完备，或安装预算单价及扩大综合单价不全，无法采用预算单价和扩大单价法，精确度最低。 概算指标法的四种指标： (1)按占设备原价的百分比（安装费率）的概算指标计算； (2)按每吨设备安装费的概算指标计算； (3)按每座、台、套、组、根或功率等计量单位的概算指标计算； (4)按设备安装工程每平方米建筑面积的安装费用概算指标计算

【经典例题】6.设计概算的"三级概算"是指（　　）。

A.建筑工程概算、安装工程概算、设备及工器具购置费概算

B.单位工程概算、单项工程综合概算、建设工程项目总概算

C.建设投资概算、建设期利息概算、铺底流动资金概算

D.主要工程项目概算、辅助和服务性工程项目概算、室内外工程项目概算

【答案】B

【嗨·解析】设计概算包括单位工程概算、单项工程综合概算和建设工程项目总概算三级。

【经典例题】7.若初步设计有详细的设备清单，则可用于编制设备安装工程概算且精确性最高的方法是（　　）。

A.预算单价法　　B.扩大单价法
C.概算指标法　　D.类似工程预算法

【答案】A

【嗨·解析】初步设计有详细设备清单，要求精确度较高的设备及安装工程概算宜选

用预算单价法。

【经典例题】 8.某工程已有详细的设计图纸，建筑结构非常明确，采用的技术很成熟，则编制该单位建筑工程概算精度最高的方法是（ ）。

A.概算定额法
B.概算指标法
C.类似工程预算法
D.修正的概算指标法

【答案】 A

【嗨·解析】 初步设计达到一定深度，建筑结构比较明确时使用，要求精确度较高的建筑工程概算宜选用概算定额法。

【经典例题】 9.（2016年真题）新建工程与某已建工程仅外墙饰面不同，已建成工程外墙为水泥砂浆抹面，单价为8.75元/m^2，每平方米建筑面积消耗量为0.852m^2；新建工程外墙为贴釉面砖，单价为49.25元/m^2，每平方建筑面积消耗为0.814m^2。若已建成工程概算指标为536元/m^2，则新建工程修正概算指标为（ ）元/m^2。

A.576.50 B.585.25 C.568.63 D.613.26

【答案】 C

【嗨·解析】 536-8.75×0.852+49.25×0.814=568.63元/m^2。

（二）单项工程综合概算的编制方法

单项工程综合概算是以其所包含的建筑工程概算表和设备及安装工程概算表为基础汇总编制的。当建设工程项目只有一个单项工程时，单项工程综合概算（实为总概算）还应包括工程建设其他费用概算（含建设期利息、预备费等）。单项工程综合概算文件一般包括编制说明和综合概算表两部分。

【经典例题】 10.某非生产性建设工程项目只有一个单项工程，则该单项工程综合概算包括建筑单位工程概算、设备及安装单位工程概算以及（ ）概算。

A.电气照明工程
B.工程建设其他费用
C.生产家具购置费用
D.给排水及采暖工程

【答案】 B

【嗨·解析】 当建设工程项目只有一个单项工程时，单项工程综合概算（实为总概算）还应包括工程建设其他费用概算（含建设期利息、预备费等）。

（三）建设工程项目总概算的编制方法（表1Z103040-10）

建设工程项目总概算编制表 表1Z103040-10

建设工程项目总概算的编制方法	总概算书的内容：封面签署页及目录；编制说明；总概算表；工程建设其他费用概算表；单项工程综合概算表；单位工程概算表；附录：补充估价表
	总概算的组成：工程费用、其他费用、预备费、应列入项目概算总投资的其他费用；建设期利息和铺底流动资金。
	步骤：汇总各个费用列入总概算表、填写工程费用项目名称汇总各项数值、计算各种费用、计算回收金额、计算总概算价值、计算技术经济指标、投资分析。
	回收金额：如原有房屋拆除所回收的材料和旧设备等的变现收入；试车收入大于支出部分的价值等。
	总概算价值=工程费用+其他费用+预备费+建设期利息+铺底流动资金-回收金额

【经典例题】 11.（2015年真题）某建设项目工程费用6800万元，其他费用1200万元，预备费500万元，建设期贷款利息370万元，铺底流动资金710万元，预计在建设中原房屋拆除变现收入100万元，试车收入大于支出金额150万元，则该项目总概算为（ ）万元。

A.9580 B.9330 C.9680 D.9430

【答案】B

【嗨·解析】6800+1200+500+370+710-100-150=9330（万元）。

四、设计概算的审查内容

（一）设计概算审查的意义及方法（表1Z103040-11）

设计概算审查意义及审查方法表　　表1Z103040-11

设计概算审查的意义		有助于促进概算编制人员严格执行国家有关概算的编制规定和费用标准，提高概算的编制质量
		有利于合理分配投资资金、加强投资计划管理
		有助于促进设计的技术先进性与经济合理性的统一
		有利于核定建设项目的投资规模
		有利于为建设项目的落实提供可靠的依据
设计概算审查的方法	对比分析法	通过建设规模、标准与立项批文对比，工程数量与设计图纸对比，综合范围、内容与编制方法、规定对比，各项取费与规定标准对比，材料、人工单价与统一信息对比，技术经济指标与同类工程对比等等；有依据对比时可以采用
	查询核实法	是对一些关键设备和设施、重要装置、引进工程图纸不全、难以核算的较大投资进行多方查询核对，逐项落实的方法；缺乏依据的时候采用
	联合会审法	采取多种形式分头审查，包括设计单位自审，主管、建设、承包单位初审，工程造价咨询公司评审，邀请同行专家预审，审批部门复审等，经层层审查把关后，由有关单位和专家进行联合会审

【经典例题】12.（2016年真题）某建设项目投资规模较大，土建部分工程量较小，从国外引进的设备，对该项概算进行审查最适合的方法是（　　）。

A.联合会审法　　　B.查询核实法
C.分组计算审查法　D.对比分析法

【答案】B

【嗨·解析】对一些关键设备和设施、重要装置、引进工程图纸不全、难以核算的较大投资进行多方查询核对，逐项落实的方法是查询核实法。

【经典例题】13.设计概算审查的方法不包括（　　）。

A.对比分析法　　　B.查询核实法
C.经验核算法　　　D.联合会审法

【答案】C

【嗨·解析】设计概算审查方法包括对比分析法、查询核实法和联合会审法。

（二）设计概算审查的内容

1.审查设计概算的编制依据（表1Z103040-12）

审查设计概算的编制依据　　表1Z103040-12

审查设计概算的编制依据	合法性审查：未经批准的不得采用，不得强调特殊理由擅自提高费用标准
	时效性审查：对颁发时间较长、已不能全部适用的应按规定的调整系数执行
	适用范围审查：对各地区间的材料预算价格差异较大，在审查时应给予高度重视

2. 单位工程设计概算构成的审查（表1Z103040-13）

单位工程设计概算构成审查内容表　表1Z103040-13

单位工程设计概算构成的审查	建设工程概算的审查	工程量审查
		采用的定额或指标的审查
		材料预算价格的审查：重点是耗用量大的主要材料
		各项费用的审查：审查各项费用所包含的具体内容是否计算或遗漏、取费标准是否符合国家有关部门或地方规定的标准
	设备及安装工程概算的审查：重点是设备清单与安装费用的计算	

3. 综合概算和总概算的审查（表1Z103040-14）

综合概算和总概算审查内容表　表1Z103040-14

综合概算和总概算的审查	审查概算的编制是否符合国家经济建设方针、政策要求，根据当地自然条件、施工条件和影响造价的各种因素，实事求是地确定项目总投资
	审查概算的投资规模、生产能力、设计标准、建设用地、建筑面积、主要设备、配套工程、设计定员等是否符合原批准可行性研究报告或立项批文的标准；如概算总投资超过批准投资估算10%以上，应进一步审查超估算的原因
	审查其他具体项目

【经典例题】14.（2015年真题）根据现行规定，在审查概算的投资规模、生产能力等是否符合原批准的可行性研究报告或者立项批文时，若发现概算总投资超过原批准投资估算的（　　）以上，需要进一步审查超估算的原因。

A.5%　　B.10%　　C.3%　　D.8%

【答案】B

【嗨·解析】如概算总投资超过批准投资估算10%以上，应进一步审查超估算的原因。

【经典例题】15.建筑工程概算审查的内容包括（　　）。

A.设计规范是否合理
B.工程量计算规则是否合理
C.工程量计算是否正确
D.费用计算是否正确
E.定额或指标的采用是否合理

【答案】BCDE

【嗨·解析】建筑工程概算审查主要包括工程量的审查、采用的定额或指标的审查、材料预算价格的审查和各项费用的审查。

章节练习题

一、单项选择题

1. 单位工程概算的费用组成包括（　　）。
   A. 人、料、机费用+企业管理费+税金+措施费
   B. 人、料、机费用+企业管理费+规费+税金
   C. 人、料、机费用+企业管理费+措施费+规费
   D. 人、料、机费用+企业管理费+利润+规费+税金

2. 建设工程项目总概算的组成包括各单项工程综合概算、工程建设其他费用概算、预备费、建设期利息概算和（　　）。
   A. 辅助工程项目综合概算
   B. 机械设备及安装单位工程概算
   C. 经营性项目铺底流动资金概算
   D. 电气设备及安装单位工程概算

3. 某工程初步设计深度不够，不能准确计算工程量，但工程设计采用的技术比较成熟，又有类似工程概算指标可以利用，则编制该工程概算适合采用的方法是（　　）。
   A. 概算定额法　　　B. 概算指标法
   C. 类似工程预算法　D. 预算单价法

4. 建设工程项目年度计划的安排、其投资需要量的确定、建设物资供应计划和建筑安装施工计划等的编制依据是主管部门批准的（　　）。
   A. 投资估算　　　　B. 施工预算
   C. 竣工决算　　　　D. 设计概算

5. 在编制建设工程设计概算时，对于拟建工程初步设计与已完工程或在建工程的设计相类似且没有可用的概算指标，但必须对建筑结构差异和价差进行调整的情况，可以采用的编制方法是（　　）。
   A. 单位工程指标法　B. 概算指标法
   C. 概算定额法　　　D. 类似工程概算法

6. 当初步设计有详细设备清单时，编制设备及安装工程概算宜采用的编制方法是（　　）。
   A. 扩大单价法　　　B. 概算指标法
   C. 预算单价法　　　D. 类似工程预算法

7. 将拟建厂房、住宅的建筑面积或体积乘以技术条件相同或基本相同的概算指标而得出人、料、机费用，然后按规定计算出企业管理费、利润、规费和税金等的方法是（　　）。
   A. 概算定额法　　　B. 预算单价法
   C. 概算指标法　　　D. 类似工程预算法

8. 编制设备安装工程概算，当初步设计的设备清单不完善，可供采用的安装预算单价及扩大综合单价不完备时，适宜采用的概算编制方法是（　　）。
   A. 概算定额法　　　B. 扩大单价法
   C. 类似工程预算法　D. 概算指标法

9. 对一些关键设备和设施、重要装置、引进工程图纸不全、难以核算的较大投资进行设计概算审查的方法是（　　）。
   A. 查询核实法　　　B. 对比分析法
   C. 联合会审法　　　D. 筛选审查法

二、多项选择题

1. 下列关于设计概算的说法，正确的是（　　）。
   A. 设计概算投资一般应控制在立项批准的投资控制额以内
   B. 设计概算批准后如需修改或调整，须经原批准部门重新审批
   C. 如果设计概算值超过控制额，可以通过修改设计的方式解决
   D. 如果设计概算值超过控制额，可以申请原批准部门重新立项审批
   E. 如果设计概算值超过控制额，可以修改投资控制额，并报送原批准部门备案

2. 关于建设工程设计概算的作用，下列说法正确的是（　　）。
   A. 设计概算是控制建设投资的依据

B.设计概算是编制建设计划的依据
C.设计概算是进行贷款的依据
D.设计概算是签订工程总承包合同的依据
E.设计概算是制定设计方案的依据

3.设备安装工程概算的编制方法有（　　）。
A.单位估价法　　　B.经验类推法
C.预算单价法　　　D.扩大单价法
E.概算指标法

4.建设项目总概算书的内容有编制说明和（　　）。
A.单位工程概算表
B.分部分项工程概算表
C.单项工程综合概算表
D.工程建设其他费用概算表
E.总概算表

参考答案及解析

一、单项选择题

1.【答案】D
【解析】单位工程概算包括单位工程的工程费用，由人、料、机费用和企业管理费、利润、规费、税金组成。

2.【答案】C
【解析】建设工程项目总概算由各单项工程综合概算、工程建设其他费用概算、预备费、建设期利息概算和经营性项目铺底流动资金概算等汇总编制而成。

3.【答案】B
【解析】当初步设计深度不够，不能准确地计算工程量，但工程设计采用的技术比较成熟而又有类似工程概算指标可以利用时，可以采用概算指标法编制工程概算。

4.【答案】D
【解析】设计概算是确定投资计划的依据。

5.【答案】D
【解析】类似工程概算法适用于拟建工程初步设计与已完工程或在建工程的设计相类似且没有可用的概算指标的情况，但必须对建筑结构差异和价差进行调整。

6.【答案】C
【解析】当初步设计详细，达到一定深度，编制设备及安装工程概算宜于采用的方法是预算单价法。

7.【答案】C
【解析】将拟建厂房、住宅的建筑面积或体积乘以技术条件相同或基本相同的概算指标而得出人、料、机费用，然后按规定计算出企业管理费、利润、规费和税金等的方法是概算指标法。

8.【答案】D
【解析】编制设备安装工程概算，当初步设计的设备清单不完善，可供采用的安装预算单价及扩大综合单价不完备时，适宜采用的概算编制方法是概算指标法。

9.【答案】A
【解析】对一些关键设备和设施、重要装置、引进工程图纸不全、难以核算的较大投资进行设计概算审查的方法属于查询核实法。

二、多项选择题

1.【答案】ABCD
【解析】设计概算投资一般应控制在立项批准的投资控制额以内；如果设计概算值超过控制额，必须修改设计或重新立项审批；设计概算批准后不得任意修改和调整；如需修改或调整时，须经原批准部门重新审批。

2.【答案】ABCD
【解析】ABCD都属于设计概算的作用，E的说法不正确。

3.【答案】CDE
【解析】设备安装工程概算的编制方法有预算单价法、扩大单价法、概算指标法。

4.【答案】ACDE
【解析】ACDE都属于建设项目总概算书的编制内容，但是不包括分部分项工程概算表。

1Z103050 建设工程项目施工图预算

本节知识体系

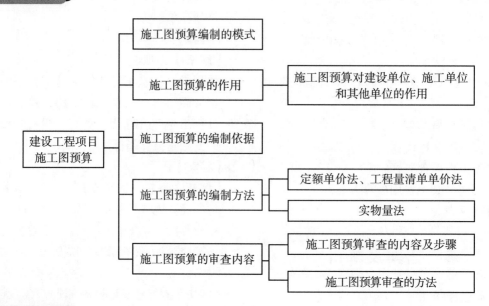

核心内容讲解

一、施工图预算编制的模式

施工图预算的两种计价模式（表1Z103050-1）

施工图预算计价模式分类表　表1Z103050-1

传统计价模式（定额计价模式）	由主管部门制定工程预算定额，并规定间接费的内容和取费标准；传统计价模式的工料机消耗量是根据"社会平均水平"综合测定；企业自主报价的空间很小；不能满足招标人对建筑产品质优价廉的要求
工程量清单计价模式	按照工程量清单规范规定的全国统一工程量计算规则，投标人根据企业自身的定额水平和市场价格进行计价的模式

【经典例题】1.在传统的定额计算模式下，政府主管部门规定的计价依据包括（　　）。

A.工程预算定额　　B.工程量计算规则

C.间接费的内容　　D.施工方案

E.间接费的取费标准

【答案】ACE

【嗨·解析】传统计价模式由主管部门制定工程预算定额，并规定间接费的内容和取费标准。

二、施工图预算的作用

施工图预算对建设单位、施工单位和其他单位的作用见表1Z103050-2。

1Z103000 建设工程估价

施工图预算对建设单位、施工单位和其他方面的作用　表1Z103050-2

施工图预算的作用	对建设单位的作用	施工图预算是施工图设计阶段确定建设工程项目造价的依据,是设计文件的组成部分
		施工图预算是建设单位在施工期间安排建设资金计划和使用建设资金的依据
		施工图预算是招投标的重要基础,既是工程量清单的编制依据,也是标底编制的依据
		施工图预算是拨付进度款及办理结算的依据
	对施工单位的作用	施工图预算是确定投标报价的依据
		施工图预算是施工单位进行施工准备的依据
		施工图预算是控制施工成本的依据
	对其他方面的作用	对于工程咨询单位而言,尽可能客观、准确地为委托方做出施工图预算,是其业务水平、素质和信誉的体现
		对于工程造价管理部门而言,施工图预算是监督检查执行定额标准、合理确定工程造价、测算造价指数及审定招标工程标底的重要依据

【经典例题】2.施工图预算对施工单位的作用有（　　）。

A.施工图预算是拨付进度款及办理结算的依据

B.施工图预算是确定投标报价的依据

C.施工图预算是控制施工成本的依据

D.标底编制的依据

E.施工图预算是建设单位在施工期间安排建设资金计划和使用建设资金的依据

【答案】BC

【嗨·解析】A、D、E都是施工图预算对建设单位的作用，B、C是对施工单位的作用，在学习的时候注意区分。

三、施工图预算的编制依据（表1Z103050-3）

施工图预算编制依据　表1Z103050-3

施工图预算编制依据	国家、行业和地方有关规定
	相应工程造价管理机构发布的预算定额
	施工图设计文件及相关标准图集和规范
	项目相关文件、合同、协议等
	工程所在地的人工、材料、设备、施工机械市场价格
	施工组织设计和施工方案
	项目的管理模式、发包模式及施工条件
	其他应提供的资料

【经典例题】3.施工图预算的编制依据包括（　　）

A.批准的设计概算

B.批准的施工图纸

C.相应预算定额或地区单位估价表

D.项目的技术复杂程度

E.地方政府发布的区域发展规划

【答案】ABCD

【嗨·解析】施工图预算编制依据一共8条，E答案区域发展计划和施工图预算没有关系。

四、施工图预算的编制方法

（一）定额单价法、工程量清单单价法

1. 施工图预算的编制方法（表1Z103050-4）

施工图预算编制方法分类　表1Z103050-4

单位工程预算的编制方法	单价法	定额单价法
		工程量清单单价法
	实物量法	

2. 定额单价法

（1）定义

定额单价法是用事先编制好的分项工程的单位估价表来编制施工图预算的方法，根据的是施工图设计文件和预算定额。

（2）定额单价法的基本步骤（表1Z103050-5）

定额单价法的基本步骤　表1Z103050-5

定额单价法的基本步骤	准备资料，熟悉施工图纸
	计算工程量：注意对计算结果的计量单位进行调整，使之与定额中相应的分部分项工程的计量单位保持一致
	套用定额单价，计算人、料、机费用
	编制工料分析表：以分部分项工程项目实物工程量和预算定额为依据
	按规定计价程序计取其他费用，并汇总造价
	复核
	编制说明、填写封面

（3）套用定额单价，计算人、料、机费用时需注意的内容（表1Z103050-6）

套用定额单价，计算人、料、机费用时需注意的内容　表1Z103050-6

套用定额单价，计算人、料、机费用的方法	分项工程的名称、规格、计量单位与定额单价或单位估价表中所列内容完全一致时：直接套用定额单价
	分项工程的主要材料品种与定额单价或单位估价表中规定材料不一致时：不可以直接套用定额单价，需要按实际使用材料价格换算定额单价
	分项工程施工工艺条件与定额单价或单位估价表不一致而造成人工、机械的数量增减时：一般调量不换价
	分项工程不能直接套用定额、不能换算和调整时：应编制补充单位估价表

3. 工程量清单单价法

（1）定义

工程量清单单价法是根据国家统一的工程量计算规则计算的工程量，采用综合单价的形式计算工程造价的方法。

（2）工程量清单单价法分类（表1Z103050-7）

工程量清单单价法分类 表1Z103050-7

工程量清单单价法分类	全费用综合单价：综合了人、料、机费用、企业管理费、规费、利润和税金等
	部分费用综合单价：综合了人、料、机费用、企业管理费、利润以及一定范围内的风险费用，未包含措施费、其他项目费、规费和税金；属于不完全费用综合单价

【经典例题】4.采用定额单价计算工程费用时，若分项工程工艺条件与定额单价不一致而造成人工、机械的数量增减时，对定额的处理方法一般是（　　）。

A.编制补充单价表
B.按实际价格换算定额单价
C.直接套用定额单价
D.调量不换价

【答案】D

【嗨·解析】若分项工程工艺条件与定额单价不一致时，调量不调价。

【经典例题】5.全费用综合单价综合的内容包括（　　）。

A.人料机费　　　B.管理费
C.其他项目费　　D.预备费
E.税金

【答案】ABE

【嗨·解析】全费用综合单价综合了人、料、机费用、企业管理费、规费、利润和税金等。

（二）实物量法

1.实物量法的编制施工图预算编制步骤（表1Z103050-8）

实物量法的编制施工图预算的步骤 表1Z103050-8

实物量法编制施工图预算的步骤	（1）准备材料、熟悉施工图纸
	（2）计算工程量
	（3）套用消耗定额，计算人料机消耗量
	（4）计算并汇总人工费、材料费、机械使用费 单位工程人、料、机费用=∑（工程量×材料预算定额用量×当时当地材料预算价格）+∑（工程量×人工预算定额用量×当时当地人工工资单价）+∑（工程量×施工机械预算定额台班用量×当时当地机械台班单价）
	（5）计算其他各项费用，汇总造价：费率根据当时当地建筑市场供求情况予以确定
	（6）复核
	（7）编制说明、填写封面

例题：编制某工程施工图预算，套用预算定额后得到的人工、甲材料、乙材料、机械台班的消耗量分别为15工日、12m³、0.5m³、2台班，预算单价与市场单价如下表所示。则用实物量法计算的该工程的人料机费用为（　　）元。

	综合人工（元/工日）	材料		机械台班（元/台班）
		甲（元/m³）	乙（元/m³）	
预算单价	70	270	40	20
市场单价	100	300	50	30

解：人料机费用=15×100+12×300+0.5×50+2×30=5185元。

2.实物量法与预算单价法的联系与区别

（1）实物量法编制施工图预算的步骤与定额单价法基本相似，但在具体计算人工费、材料费和机械使用费及汇总三种费用之和方面有一定的区别。

（2）实物量法编制施工图预算所用人工、材料和机械台班的单价都是当时当地的实际价格，编制出的预算可较准确地反映实际水平，误差较小，适用于市场经济条件波动较大的情况。

（3）实物量法编制预算与定额单价法编制预算的方法不同在于人工、材料、机械使用费计算方法不一样，套用的定额是一样的，都是预算定额。

【经典例题】6.实物量法和定额单价法在编制施工图预算的主要区别在于（　　）不同。

A.依据的定额
B.工程量的计算规则
C.人料机费用的计算过程
D.确定利润的方法

【答案】C

【嗨·解析】实物量法编制施工图预算的步骤与定额单价法基本相似，但在具体计算人工费、材料费和机械使用费及汇总三种费用之和方面有一定的区别。

【经典例题】7.实物量法编制施工图预算时，计算并复核工程量后紧接着进行的工作是（　　）。

A.套定额单价，计算人料机费用
B.套消耗定额，计算人料机消耗量
C.汇总人料机费用
D.计算管理费等其他各项费用

【答案】B

【嗨·解析】实物量法编制施工图预算的步骤：（1）准备资料，熟悉图纸；（2）计算工程量；（3）套用消耗定额，计算人料机消耗量；（4）计算并汇总人工费，材料费、机械使用费；（5）复核；（6）编制说明、填写封面。

【经典例题】8.（2015年真题）实物量法编制施工图预算所用的材料单价应采用（　　）。

A.网上咨询厂家的报价
B.编制预算定额时采用的单价
C.当时当地的实际价格
D.预算定额中采用的单价加上运杂费

【答案】C

【嗨·解析】实物量法编制施工图预算所用人工、材料和机械台班的单价都是当时当地地实际价格，编出的预算可较准确地反映实际水平，误差较小，适用于市场经济条件波动较大的情况。

五、施工图预算的审查内容

（一）施工图预算审查的内容及步骤

1.施工图预算的审查重点

工程量计算是否准确、定额套用和各项取费标准是否符合现行规定、单价计算是否合理等。

2.施工图预算审查的主要内容及步骤（表1Z103050-9）

施工图预算审查的主要内容及步骤　表1Z103050-9

施工图预算审查的主要内容	审查施工图预算的编制是否符合现行国家、行业、地方政府有关法律、法规和规定要求
	审查工程量计算的准确性、工程量计算规则与计价规范规则或定额规则的一致性
	审查在施工图预算的编制过程中，各种计价依据使用是否恰当，各项费率计取是否正确；审查依据主要有施工图设计资料、有关定额、施工组织设计、有关造价文件规定和技术规范、规程等
	审查各种要素市场价格选用是否合理
	审查施工图预算是否超过设计概算以及进行偏差分析
施工图预算审查的步骤	审查前准备工作： 熟悉施工图纸； 根据预算编制说明，了解预算包括的工程范围； 弄清所用单位估价表的适用范围，搜集并熟悉相应的单价、定额单价
	选择审查方法、审查相应内容
	整理审查资料并调整定案

（二）施工图预算审查的方法（表1Z103050-10）

施工图预算审查方法分类　表1Z103050-10

施工图预算审查的方法	全面审查法（逐项审查法）	优点是全面、细致、审查质量高；缺点是工作量大，时间较长；适用于一些工程量较小、工艺比较简单的工程
	标准预算审查法	优点是时间短、效果好、易定案；缺点是适用范围小：适用于利用标准图纸或通用图纸施工的工程
	分组计算审查法	把预算中有关项目按类别划分为若干组，利用同组中分项工程间相同或相近的计算基数关系，审查一个分项工程数据，由此判断同组中其他几个分项工程的准确程度； 特点是：审查速度快，工作量小
	对比审查法	工程条件相同时，用已完成工程的预算或未完但已经过审查修正的工程预算对比审查拟建同类工程预算的一种方法。适用条件： （1）拟建工程与已完或在建工程采用同一施工图，但基础部分和现场施工条件不同，则相同部分可采用对比审查法； （2）工程设计相同，但建筑面积不同，两工程的建筑面积之比与两个工程各分部分项工程量之比大体一致； （3）两工程面积相同，但设计图纸不完全相同，相同部分进行工程量对比审查，不能对比的分部分项工程可按图纸计算
	筛选审查法	对分部分项工程加以汇集、优选，找出其单位建筑面积工程量、单价、用工的基本数值，归纳为工程量、价格、用工三个单方基本指标；以这些指标作为标准进行审查。 优点是：简单易懂便于掌握，审查速度快，便于发现问题； 缺点是：问题出现原因需要继续审查； 适用于：住宅工程或不具备全面审查条件的工程
	重点审查法	抓住施工预算中的重点进行审核的方法； 审查的重点一般是工程量大或者造价较高的各种工程、补充定额、计取的各项费用、计费基础、取费标准等； 优点是突出重点、审查时间短、效果好
	其他方法	分解对比审查法

【经典例题】9.具有审查全面、细致、审查质量高、效果好等优点，但只适用于工程量较小，工艺也较简单的工程预算审查的方法是（   ）。

　　A.对比审查法　　　B.分组计算审查法
　　C.逐项审查法　　　D.标准预算审查法

【答案】C

【嗨·解析】具有审查全面、细致、审查质量高、效果好等优点，但只适宜于工程量较小，工艺也较简单的工程预算审查的方法是全面审查法，也叫逐项审查法。

【经典例题】10.施工图预算审查时，将分部分项工程的单位建筑面积指标总结归纳为工程量、价格、用工三个单方基本指标，然后利用这些基本指标对拟建项目分部分项工程预算进行审查的方法称为（   ）。

　　A.筛选审查法　　　B.对比审查法
　　C.分组计算审查法　D.逐项审查法

【答案】A

【嗨·解析】施工图预算审查时，将分部分项工程的单位建筑面积指标总结归纳为工程量、价格、用工三个单方基本指标，然后利用这些基本指标对拟建项目分部分项工程预算进行审查的方法是筛选审查法。

【经典例题】11.当建设工程条件相同时，用同类已完工程的预算或未完但已经过审查修正的工程预算审查拟建工程预算的方法是（   ）。

　　A.标准预算审查法
　　B.对比审查法
　　C.筛选审查法
　　D.全面审查法

【答案】B

【嗨·解析】当建设工程条件相同时，用同类已完工程的预算或未完但已经过审查修正的工程预算审查拟建工程预算的方法是对比审查法。

章节练习题

一、单项选择题

1. 传统计价模式的工、料、机消耗量是综合测定的,综合测定的依据是(   )。
   A.投资人自身水平   B.社会先进水平
   C.社会平均水平   D.行业平均水平

2. 按照工程量清单规范规定的全国统一工程量计算规则,由招标人提供工程量清单和有关技术说明,投标人根据企业自身的定额水平和市场价格进行计价的模式是(   )。
   A.传统计价模式
   B.工程量清单计价模式
   C.现实计价模式
   D.施工图预算计价模式

3. 对于建设单位来说,标底编制的基础是(   )。
   A.设计概算   B.工程量清单
   C.施工图预算   D.预算定额

4. 施工单位在施工前组织材料、机具、设备及劳动力供应,以及编制进度计划、统计完成工作量、进行经济核算的主要参考依据是(   )。
   A.统一计价规范   B.施工图预算
   C.施工图设计规范   D.工程量清单

5. 采用定额单价法计算工程费用时,若分项工程主要材料品种与定额单价不一致时,对定额的处理方法一般是(   )。
   A.编制补充单价表
   B.直接套用定额单价
   C.调量不换价
   D.按实际价格换算定额单价

6. 用实物量法编制施工图预算,对于企业管理费、利润的确定依据是当地建筑市场(   )。
   A.供求情况   B.实际价格
   C.物价指数   D.经济条件

7. 采用定额单价法和实物法时,都需要做的一项工作是(   )。
   A.编制工料分析表   B.计算工程量
   C.套用预算单价   D.套用消耗定额

8. 对采用通用图纸的多个工程施工图预算进行审查时,为节省时间,宜采用的审查方法是(   )。
   A.全面审查法   B.筛选审查法
   C.对比审查法   D.标准预算审查法

9. 审查精度高、效果好,但工作量大、时间较长的施工图预算审查方法是(   )。
   A.重点审查法   B.对比审查法
   C.筛选审查法   D.逐项审查法

二、多项选择题

1. 关于施工图预算的作用的说法,正确的有(   )。
   A.施工图预算是施工单位确定投标报价的依据
   B.施工图预算是施工单位进行施工准备的依据
   C.施工图预算是报审项目投资额的依据
   D.施工图预算是竣工结算的依据
   E.施工图预算是控制施工成本的依据

2. 建筑安装工程施工图预算编制依据(   )。
   A.中标通知书
   B.现场签证
   C.工程地质勘察资料
   D.建设项目施工组织设计
   E.批准的设计概算

3. 采用定额单价法编制单位工程预算,将分项工程直接工程费汇总为单位工程人、料、机费用后,生成单位工程的施工图预算还需再加上(   )。
   A.企业管理费   B.利润

C.规费　　　　　　　D.税金
E.措施费

4.实物量法和定额单价法在编制施工图预算时的主要区别是（　　）。
A.依据的定额
B.工程量的计算规则
C.直接工程费计算过程
D.确定利润的方法
E.采用的单价

参考答案及解析

一、单项选择题

1.【答案】C
【解析】传统计价模式的工、料、机消耗量是根据"社会平均水平"综合测定。

2.【答案】B
【解析】工程量清单计价模式是指按照工程量清单规范规定的全国统一工程量计算规则，由招标人提供工程量清单和有关技术说明，投标人根据企业自身的定额水平和市场价格进行计价的模式。

3.【答案】C
【解析】施工图预算是招投标的重要基础，既是工程量清单的编制依据，也是标底编制的依据。

4.【答案】B
【解析】施工图预算是施工单位进行施工准备的依据，是施工单位在施工前组织材料、机具、设备及劳动力供应的重要参考，是施工单位编制进度计划、统计完成工作量、进行经济核算的参考依据。

5.【答案】D
【解析】分项工程主要材料品种与额定单价或单价估价表不一致，不可直接套用定额单价，需要按实际使用材料价格换算定额单价。

6.【答案】A
【解析】用实物量法编制施工图预算，主要是先用计算出的各分项工程的实物工程量，分别套取预算定额中工、料、机消耗指标，并按类相加，求出单位工程所需的各种人工、材料、施工机械台班的总消耗量，然后分别乘以当时当地各种人工、材料、机械台班的单价，求得人工费、材料费和施工机械使用费，再汇总求和。对于企业管理费、利润等费用的计算则根据当时当地建筑市场供求情况予以具体确定。

7.【答案】B
【解析】采用定额单价法和实物法时，都需要计算工程量。

8.【答案】D
【解析】标准预算审查法是对利用标准图纸或通用图纸施工的工程，先集中力量编制标准预算，以此为准来审查工程预算的一种方法。由于用的是通用图纸，所以可以集中精力编制标准预算，以此为准来进行工程预算的审查，优点是时间短、效果好，易定案，缺点是适用范围小。

9.【答案】D
【解析】全面审查法又称逐项审查法，即按定额顺序或施工顺序，对各项工程细目逐项全面详细审查的一种方法。其优点是全面、细致、审查质量高、效果好。缺点是工作量大，时间较长。这种方法适合于一些工程量较小、工艺比较简单的工程。

二、多项选择题

1.【答案】ABE
【解析】施工图预算对建设单位的作用包括：（1）施工图预算是施工图设计阶段确定建设工程项目造价的依据，是设计文件的组成部分；（2）施工图预算是建设单位在施工期间安排建设资金计划和使用建设资金的依据；（3）施工图预算是招投标的重要基础,既是工程量清单的编制依据,也是标底编制的依据;(4)施工图预算是拨付进度款及办理结算的依据。

2.【答案】CDE

【解析】A、B不属于建筑安装工程施工图预算编制依据。

3.【答案】ABCD

【解析】定额单价法是用事先编制好的分项工程的单位估价表来编制施工图预算的方法。根据施工图设计文件和预算定额,按分部分项工程顺序先计算出分项工程量,然后乘以对应的定额单价,求出分项工程人、料、机费用;将分项工程人、料、机费用汇总为单位工程人、料、机费用;汇总后另加企业管理费、利润、规费和税金生成单位工程的施工图预算。

4.【答案】CE

【解析】A、B、D没有什么本质区别,比较两种方法的计算步骤即可。

1Z103060 工程量清单编制

本节知识体系

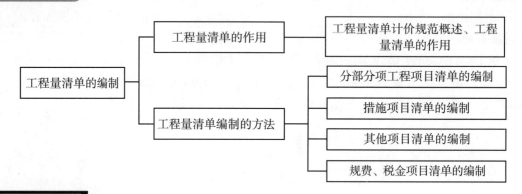

核心内容讲解

一、工程量清单的作用

工程量清单计价规范概述、工程量清单的作用

1.工程量清单计价规范概述

工程量清单是指建设工程的分部分项工程项目、措施项目、其他项目、规费项目和税金项目的名称和相应数量等的明细清单。

《建设工程工程量清单计价规范》GB 50500—2013，使用国有资金投资的建设工程发承包，必须采用工程量清单计价。

2.工程量清单的作用（表1Z103060-1）

工程量清单作用　表1Z103060-1

工程量清单的作用	工程量清单为投标人的投标竞争提供了一个平等和共同的基础
	工程量清单是建设工程计价的依据：招标人根据工程量清单编制招标工程的招标控制价；投标人根据工程量清单，依据企业定额计算投标价格
	工程量清单是工程付款和结算的依据
	工程量清单是调整工程价款、处理工程索赔的依据

【经典例题】1.工程量清单的组成不包括（　　）。

A.分部分项工程量清单

B.其他项目清单

C.措施项目清单

D.施工图预算清单

【答案】D

【嗨·解析】工程量清单由分部分项工程项目、措施项目、其他项目、规费项目和税金项目组成。

【经典例题】2.根据《建设工程工程量清单计价规范》，下列工程项目中必须采用工程量清单计价的是（　　）。

A.社会投资的5万m^2以上的住宅小区工程

B.地方政府投资的城市绿化工程

C.非国有单位向银行借款投资建设的办公楼工程

D.某国外企业出资援建的学校教学楼工程

【答案】B

【嗨·解析】《建设工程工程量清单计价规范》（GB 50500—2013），使用国有资金投资的建设工程发承包，必须采用工程量清单计价。只有B答案是国有资金投资的工程。

二、工程量清单编制的方法

（一）分部分项工程项目清单的编制

1. 工程量清单概述

（1）采用工程量清单方式招标，工程量清单必须作为招标文件的组成部分；

（2）工程量清单由招标人提供，并对其准确性和完整性负责；

（3）一经中标签订合同，工程量清单即为合同的组成部分；

（4）工程量清单应由具有编制能力的招标人或受其委托具有相应资质的工程造价咨询人进行编制。

（5）工程量清单的组成和编制依据见表1Z103060-2。

工程量清单的组成和编制依据　　表1Z103060-2

工程量清单的组成	分部分项工程量清单
	措施项目清单
	其他项目清单
	规费项目清单
	税金项目清单
工程量清单的编制依据	《建设工程工程量清单计价规范》GB 50500—2013和相关工程的国家计量规范
	国家或省级、行业建设主管部门颁发的计价定额和办法
	建设工程设计文件及相关材料
	与建设工程项目有关的标准、规范、技术资料
	拟定的招标文件
	施工现场情况、地勘水文资料、工程特点及常规施工方案
	其他相关资料

2. 分部分项工程量清单的编制

（1）分部分项工程量清单应包括项目编码、项目名称、项目特征、计量单位和工程量五个部分。应按建设工程工程量计量规范的规定，确定项目编码、项目名称、项目特征、计量单位，并按不同专业工程量计量规范给出的工程量计算规则进行工程量的计算。

（2）项目编码的设置

分部分项工程量清单项目编码以五级编码设置，采用十二位阿拉伯数字表示。一至九位应按《计量规范》的规定设置，十至十二位应根据拟建工程的工程量清单项目名称和项目特征设置，同一招标工程的项目编码不得有重码。例如：010101003 XXX，见表1Z103060-3。

五级十二位编码说明　　表1Z103060-3

01	第一级为工程分类顺序编码
01	第二级为附录分类顺序码
01	第三级为分部工程顺序码
003	第四级为分项工程顺序码
XXX	第五级为工程量清单项目顺序码：由清单编制人编制，从001顺序往下编制，不能重复

（3）项目名称的确定

分部分项目清单的项目名称应根据《计量规范》的项目名称结合拟建工程的实际确定。

《计价规范》附录表中的"项目名称"为分项工程项目名称，一般以工程实体来命名。

（4）项目特征（表1Z103060-4）

项目特征是指构成分部分项工程量清单项目、措施项目自身价值的本质特征。

项目特征描述的意义及内容　表1Z103060-4

项目特征描述的意义	区分清单项目的依据	
	确定综合单价的前提	
	履行合同义务的基础	
项目特征主要涉及	自身特征：指材质、型号、规格、品牌	对清单项目特征不同的项目应分别列项
	工艺特征：如锚杆支护项目：预应力	
	对施工方法产生影响的特征：如锚杆支护项目：地层情况	

（5）计量单位的选择（表1Z103060-5）

计量单位分类　表1Z103060-5

以重量计算	吨或千克（t或kg）：以吨计量应保留小数点三位，以千克计量单位应保留小数点两位
以体积计算	立方米（m^3）：保留小数点两位
以面积计算	平方米（m^2）：保留小数点两位
以长度计算	米（m）：保留小数点两位
以自然计量单位计算	个、套、块、组、台……：取整数
没有具体数量	宗、项……：取整数
当计量单位有两个或两个以上时，应根据所编工程量清单项目的特征要求，选择最适宜表述该项目特征并方便计量的单位	

（6）工程量计算

所有清单项目的工程量都以实体工程量为准，并以完成后的净值来计算；在计算综合单价时应考虑施工中的各种损耗和需要增加的工程量，或在措施费清单中列入相应的措施费用。

（7）补充项目

编制工程量清单时如果出现《计价规范》附录中未包括的项目，编制人可进行补充，并报省级或行业工程造价管理机构备案。补充项目编码从XXB001起，同一个工程的项目不得重码。

【经典例题】3.工程量清单计价模式下，分部分项工程量的确定方法是（　　）。

A.按施工图图示尺寸加允许误差计算工程量

B.按施工方案计算工程总量

C.按施工方案加允许误差计算工程量

D.按施工图图示尺寸计算工程净量

【答案】D

【嗨·解析】所有清单项目的工程量以实体工程量为准，并以完成后的净值来计算，一般情况以施工图纸为准计算工程量。

【经典例题】4.工程量清单作为招标文件的组成部分，其完整性和准确性应由（　　）负责。

A.监理人　　　　B.招标人

C.招投标管理部门　　D.投标人

【答案】B

【嗨·解析】工程量清单作为招标文件的

组成部分,其完整性和准确性应由招标人负责。

【经典例题】5.根据《建设工程量清单计价规范》编制的工程量清单中,某分部分项工程的项目编码010302004005,则"01"的含义是( )。

A.分项工程顺序码　B.分部工程顺序码
C.专业工程顺序码　D.工程分类顺序码

【答案】D

【嗨·解析】01是工程分类顺序码,03是附录工程顺序码,02是分部工程顺序码,004是分项工程顺序码,005是清单项目顺序码。

【经典例题】6.(2015年真题)招标人编制工程量清单时,对各专业工程现行计量规范中未包括的项目应作补充,则关于该补充项目及其编码的说法,正确的是( )。

A.该项目编码应由对应《计量规范》的代码和三位阿拉伯数字组成
B.清单编制人应将补充项目报省级或行业工程造价管理机构备案
C.清单编制人在最后一个清单项目后面自行补充该项目,不需编码
D.该项目按《计量规范》中相近的清单项目编码

【答案】B

【嗨·解析】补充项目编码是从XXB001起,所以A、C和D都不对。编制工程量清单时,如果出现《计价规范》附录中未包括的项目,编制人可进行补充,并报省级或行业工程造价管理机构备案,故B正确。

(二)措施项目清单的编制

1.措施项目清单的内容

措施项目清单是指为完成工程项目施工,发生于该工程施工准备和施工过程中的技术、生活、安全、环境保护等方面的非工程实体项目清单。

规范中将措施项目分为能计量和不能计量的两类。措施项目中可以计算工程量的项目清单(即单价措施项目),编制措施项目清单时应列出项目编码、项目名称、项目特征、计量单位,并按现行计量规范规定,采用对应的工程量计算规则计算其工程量;对不能计量的措施项目(即总价措施项目),措施项目清单中仅列出了项目编码、项目名称,但未列出项目特征、计量单位的项目,编制措施项目清单时,应按现行计量规范附录(措施项目)的规定执行。

2.措施项目清单的设置要求(表1Z103060-6)

措施项目清单设置要求　表1Z103060-6

措施项目清单的设置要求	参考拟建工程的常规施工组织设计,以确定环境保护、文明安全施工、临时设施、材料的二次搬运等项目
	参考拟建工程的常规施工技术方案,以确定大型机械设备进出场及安拆、混凝土模板及支架、脚手架、施工排水、施工降水、垂直运输机械、组装平台等项目
	参阅相关的施工规范与工程验收规范,以确定施工方案中没有表述的但为实现施工规范与工程验收规范要求而必须发生的技术措施
	确定设计文件中不足以写进施工方案,但要通过一定的技术措施才能实现的内容
	确定招标文件中提出的某些需要通过一定的技术措施才能实现的要求

【经典例题】7.根据《建设工程工程量清单计价规范》GB 50500—2013,投标企业可以根据拟建工程的具体施工方案进行列项的清单是( )。

A.分部分项工程量清单
B.措施项目清单

C.其他项目清单
D.规费项目清单

【答案】B

【嗨·解析】措施项目清单是指为完成工程项目施工,发生于该工程施工准备和施工过程中的技术、生活、安全、环境保护等方面的非工程实体项目清单。每个投标企业可以根据拟建工程的具体施工方案列项。

【经典例题】8.根据《建设工程工程量计价规定》GB 50500—2013,编制措施项目清单时,措施项目设置的依据有(　　)。

A.拟建工程的常规施工组织设计
B.投标企业的资质等级与规模
C.拟建工程的常规施工技术方案
D.招标文件中需要通过一定技术措施才能实现的要求
E.实施中因变更可能产生的零星工作

【答案】ACD

【嗨·解析】措施项目设置主要考虑跟项目技术相关的内容,比如常规施工组织设计、常规施工技术方案和其他的为完成工程所要采取的技术条件,与企业本身的资质规模或者工程变更无关。

（三）其他项目清单的编制

1.其他项目清单的概念

其他项目清单是指分部分项工程量清单、措施项目清单所包含的内容以外,因招标人的特殊要求而发生的与拟建工程有关的其他费用项目和相应数量的清单。

2.其他项目清单的编制内容（表1Z103060-7）

其他项目清单编制内容　表1Z103060-7

其他项目清单的编制内容	暂列金额:用于施工合同签订时尚未确定或者不可预见的所需材料、设备、服务的采购,施工中可能发生的工程变更、合同约定调整因素出现时的工程价款调整以及发生的索赔、现场签证确认增加等的费用
	暂估价:招标人在工程量清单中提供的用于支付必然发生但暂时不能确定价格的材料价款、工程设备价款以及专业工程金额（包括材料暂估单价、工程设备暂估价、专业工程暂估价）
	计日工:计日工是为了解决现场发生的零星工作的计价而设立的,零星工作是指清单中没有的额外工作。编制工程量清单时,计日工表中的人工应按工种,材料和机械应按规格、型号详细列项。其中人工、材料、机械数量,应由招标人根据工程的复杂程度,工程设计质量的优劣及设计深度等因素,按照经验来估算一个比较贴近实际的数量,并作为暂定量写到计日工表中
	总承包服务费:总承包服务费是为了解决招标人在法律、法规允许的条件下进行专业工程发包以及自行采购供应材料、设备时,要求总承包人对发包的专业工程提供协调和配合服务而产生的费用

【经典例题】9.（2016年真题）根据《建设工程工程量清单计价规范》GB 50500—2013,不能列入其他项目清单的是(　　)。

A.专业工程暂估价
B.总承包人自行分包管理费
C.计日工
D.总承包服务费

【答案】B

【嗨·解析】其他项目清单包括:暂列金额、暂估价、计日工、总承包服务费。

（四）规费、税金项目清单的编制

规费清单和税金清单的内容如表1Z103060-8所示。

规费项目清单和税金项目清单组成　表1Z103060-8

规费项目清单	规费是指根据省级政府或省级有关权力部门规定必须缴纳的，应计入建筑安装工程造价的费用
	工程排污费
	社会保险费：包括养老保险费、失业保险费、医疗保险费、工伤保险费、生育保险费
	住房公积金
税金项目清单	增值税
	（城市维护建设税）
	（教育费附加）
	（地方教育费附加）

【经典例题】10.根据《建设工程工程量清单计价规范》GB 50500—2013，应列入规费清单的费用是（　　）。

A.上级单位管理费

B.住房公积金

C.大型机械进出场及安拆费

D.危险作业意外伤害保险费

【答案】B

【嗨·解析】规费清单包括社会保险费、工程排污费和住房公积金。

章节练习题

一、单项选择题

1. 下列关于工程量清单的作用表述不正确的是（ ）。
   A. 工程量清单是调整工程价款、处理工程索赔的依据
   B. 工程量清单是制定《计价规范》的依据
   C. 工程量清单是工程付款和结算的依据
   D. 工程量清单为投标人的投标竞争提供了一个平等和共同的基础

2. 采用工程量清单招标时，提供招标工程量清单并对其完整性和准确性负责的单位是（ ）。
   A. 发布招标文件的招标人
   B. 发放招标文件的招标代理人
   C. 编制清单的工程造价咨询人
   D. 招标人的上级管理单位

3. 按照《建设工程工程量清单计价规范》GB 50500—2013规定，措施项目清单的列项应根据拟建工程的（ ）。
   A. 管理水平
   B. 施工特点
   C. 装备水平
   D. 实际情况

4. 编制措施项目清单时，大型机械设备进出场及安拆、混凝土模板及支架、脚手架、施工排水降水、垂直运输机械、组装平台等项目的设置主要参考（ ）。
   A. 拟建工程的常规施工技术方案
   B. 相关的工程验收规范
   C. 拟建工程的设计文件
   D. 相关的施工规范

5. 其他项目清单是指分部分项工程量清单、措施项目清单所包含的内容以外，因招标人的特殊要求而发生的与拟建工程有关的其他费用项目和相应数量的清单，一般不包括（ ）。
   A. 总承包服务费
   B. 规费
   C. 计日工
   D. 暂列金额和暂估价

6. 某分部分项工程的清单编码为010302004014，则该分部分项工程的工程量清单项目顺序码为（ ）。
   A.01 B.014 C.03 D.004

7. 根据《建设工程工程计价规范》GB 505000—2013，编制工程量清单时，计日工表中的人工应按（ ）列项。
   A. 工种
   B. 职称
   C. 职务
   D. 技术等级

二、多项选择题

1. 分部分项工程量清单应按建设工程工程量计量规范的规定，确定（ ）。
   A. 项目特征
   B. 项目编码
   C. 计量单位
   D. 项目名称
   E. 计算方法

2. 在设置措施项目清单项目时，参考拟建工程的常规施工组织设计可以确定下列项目中的（ ）。
   A. 材料二次搬运
   B. 大型机械设备进出场及安拆
   C. 文明安全施工
   D. 临时设施
   E. 环境保护

参考答案及解析

一、单项选择题

1. 【答案】B
   【解析】A、C、D正确，工程量清单不是制定《计价规范》的依据。

2. 【答案】A
   【解析】招标工程量清单必须作为招标文件的组成部分，由招标人提供，并对其准

1Z103000 建设工程估价

确性和完整性负责。

3.【答案】D

【解析】由于工程建设施工特点和承包人组织施工生产的施工装备水平、施工方案及其管理水平的差异，同一工程、不同承包人组织施工采用的施工措施有时并不完全一致，因此，《建设工程工程量清单计价规范》（GB 50500—2013）规定，措施项目清单应根据拟建工程的实际情况列项。

4.【答案】A

【解析】参考拟建工程的常规施工技术方案，以确定大型机械设备进出场及安拆、混凝土模板及支架、脚手架、施工排水降水、垂直运输机械、组装平台等项目。

5.【答案】B

【解析】其他项目清单应根据拟建工程的具体情况，参照《建设工程工程量清单计价规范》GB 50500—2013提供的下列4项内容列项：（1）暂列金额；（2）暂估价：包括材料暂估单价、工程设备暂估价、专业工程暂估价；（3）计日工；（4）总承包服务费。

6.【答案】B

【解析】最后三位为清单项目顺序码。

7.【答案】A

【解析】计日工表中的人工按工种列项的。

二、多项选择题

1.【答案】ABCD

【解析】分部分项工程量清单应包括项目编码、项目名称、项目特征、计量单位和工程量五个部分。

2.【答案】ACDE

【解析】在设置措施项目清单项目时，参考拟建工程的常规施工组织设计，以确定环境保护、文明安全施工、临时设施、材料的二次搬运等项目。

1Z103070 工程量清单计价

本节知识体系

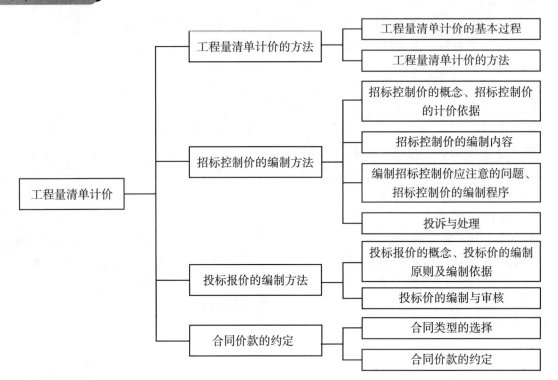

核心内容讲解

一、工程量清单计价的方法

（一）工程清单计价的基本过程

1.工程量清单计价的基本过程

可以分为工程量清单编制阶段和工程量清单应用阶段。

2.工程量清单计价应用过程（图1Z103070-1）

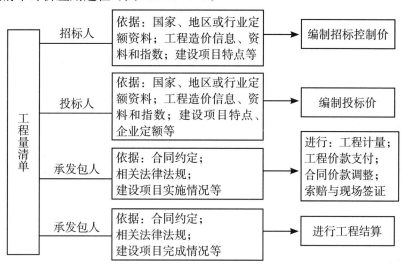

图1Z103070-1 工程量清单计价应用过程

【经典例题】1.招标人编制招标控制价的依据不包括（ ）

A.国家、地区或行业的定额资料

B.工程造价信息、资料和指数

C.建设项目特点

D.企业定额

【答案】D

【嗨·解析】招标人的依据主要有国家、地区或行业的定额资料，工程造价信息、资料和指数，建设项目特点等，企业定额是投标人编制投标价的依据，注意区分。

（二）工程量清单计价的方法

工程造价的计算

（1）工程量清单计价的三种形式

①工料单价法：工料单价=人工费+材料费+施工机具使用费。

②综合单价法：综合单价=人工费+材料费+施工机具使用费+管理费+利润。

③全费用综合单价法：全费用综合单价=人工费+材料费+施工机具使用费+管理费+利润+规费。

（2）《建设工程工程量清单计价规范》规定的工程造价组成及计算

分部分项工程费=$\sum$分部分项工程量×分部分项工程综合单价

措施项目费=$\sum$（措施项目工程量×措施项目综合单价）+$\sum$单项措施费

其他项目费=暂列金额+暂估价+计日工+总承包服务费+其他

单位工程造价=分部分项工程费+措施项目费+其他项目费+规费+税金

单项工程造价=$\sum$单位工程造价

建设项目总造价=$\sum$单项工程造价

（3）分部分项工程费计算

分部分项工程量的确定和综合单价的编制见表1Z103070-1。

分部分项工程量的确定和综合单价的编制　表1Z103070-1

分部分项工程量的确定	招标文件中的工程量清单表明的工程量是按施工图图示尺寸和清单工程量计算规则计算得到的工程净量； 招标方和投标方进行工程竣工结算时的工程量应按发、承包双方在合同中约定应予计算且实际完成的工程量确定，以实体工程量为准	
综合单价的编制步骤	1.结合清单项目的特征描述，确定组合定额子目	规费和税金等不可竞争的费用不包括在项目单价中
	2.计算定额子目工程量：清单工程量不能直接用于计价	
	3.测算人、料、机消耗量：编制招标控制价参照政府颁发的消耗量定额；编制投标报价时采用反映企业水平的企业定额	
	4.确定人、料、机单价：人、材、机单价根据市场资源的供求状况进行确定，采用市场价格作参考，考虑一定的调价系数	
	5.计算清单项目的人、料、机总费用	
	6.计算清单项目的管理费：人、料、机总费用×管理费率， 计算清单项目的利润：（人、料、机总费用+管理费）×利润率	
	7.清单项目的综合单价： （人、料、机总费用+管理费+利润）/清单工程量 如果采用全费用综合单价计价，则还需计算清单项目的规费和税金	

（4）措施项目费的计算

①措施项目费是指非工程实体项目所支出的费用，其中安全文明施工费不得作为竞争性费用。

②措施项目费的计算方法（表1Z103070-2）

措施项目费的三种计价方法　表1Z103070-2

综合单价法	适用于可以计算工程量的措施项目，主要是指一些与工程实体有紧密联系的项目，如混凝土模板、脚手架、垂直运输等项目； 与分部分项工程不同：不要求每个措施项目的综合单价必须包含人工费、材料费、机械费、管理费和利润中的每一项
参数法计价	适用于施工过程中必须发生但在投标时很难具体预测又无法单独列出项目内容的措施项目，如夜间施工、二次搬运、冬雨季施工安全文明施工，已完工程及设备保护等项目
分包法计价	在分包价格的基础上增加投标人的管理费及风险费进行计价的方法，这种方法适合可以分包的独立项目，如室内空气污染测试等项目

（5）其他项目费的计算（表1Z103070-3）

其他项目费内容要求　表1Z103070-3

暂列金额和暂估价	1.由招标人按估算金额确定； 2.暂估材料、工程设备和专业工程属于必须依法招标的：由承包人和招标人共同通过招标确定材料单价与专业工程费报价； 3.暂估材料、工程设备不属于依法必须招标的：发包与承包双方协商确认单价后计价； 4.暂估专业工程不属于依法必须招标的：发包人、总承包人、分包人按有关计价依据进行计价
计日工和总承包服务费	由承包人根据招标人提出的要求，按估算费用确定

（6）规费与税金

按照国家或省级、行业建设主管部门的规定计算，不得作为竞争性费用。

（7）风险费用

必须在招标文件、合同中明确计价中的风险内容及其范围，不得采用无限风险、所有风险或类似语句规定计价中的风险内容及范围。

例题：已知某工程工程量清单挖土方工程量为100 m³，定额子目工程量为150 m³；挖土方定额人工费7元/m³，材料费1元/m³；机械使用费2元/m³；管理费费率为10%，利润率为5%。试计算工程量清单项目综合单价。

解：综合单价为

（7+1+2）×（1+10%）×（1+5%）×150/100= 17.33元/m³。

【经典例题】2.某采用工程量清单计价的招标工程，工程量清单中挖土方的工程量为2600 m³，投标人甲根据其施工方案估算挖土方工程量为4400 m³，人、料、机费用为76000元，管理费为18000元，利润为8000元，不考虑其他因素，则投标人甲填报的综合单价应为（　　）元/m³。

A.36.15　B.29.23　C.39.23　D.23.18

【答案】C

【嗨·解析】（76000+18000+8000）/2600=39.23元/m³。

【经典例题】3.《建设工程工程量清单计价规范》中的综合单价，是指完成工程量清单中一个规定计量单位项目所需的（　　），并考虑风险因素产生的费用。

A.人、料、机费用、管理费、利润
B.人、料、机费用、利润、税金
C.人、料、机费用、措施费、利润、税金
D.直接费、间接费、利润

【答案】A

【嗨·解析】综合单价=人料机费+管理费+利润+一定范围的风险费。

【经典例题】4.采用工程量清单计价的工程在竣工结算时，暂估价中材料单价应按（　　）。

A.承包方自行购买该材料的单价计入综合单价确定
B.发、承包双方最终确认价在综合单价中调整
C.招标文件中的暂估价确定
D.市场价格信息在综合单价中调整

【答案】B

【嗨·解析】采用工程量清单计价的工程在竣工结算时，暂估价中材料单价应按发、承包双方最终确认价在综合单价中调整。

【经典例题】5.根据《建设工程工程量清单计价规范》，采用工程量清单招标的工程，投标人在投标报价时不得作为竞争性费用的是（　　）。

A.夜间施工费　　B.施工排水降水费
C.安全文明施工费　D.二次搬运费

【答案】C

【嗨·解析】不可竞争性费用包括规费，税金和安全文明施工费。

【经典例题】6.根据现行《建筑安装工程费用项目组成》，下列费用中，应计入分部分项工程费的是（　　）。

A.安全文明施工费
B.二次搬运费
C.施工机械使用费
D.大型机械设备进出场及安拆费

【答案】C

【嗨·解析】A、B、D是措施费，C属于人、料、机费用，应该进入分部分项工程费。

【经典例题】7.根据《建设工程工程量清单计价规范》GB 50500—2013，工程量清单计价计算公式正确的有（　　）。

A.措施项目费=∑措施项目工程量×措施

项目综合单价

B.分部分项工程费=∑分部分项工程量×分部分项工程综合单价

C.单位工程造价=∑单项工程造价

D.单位工程造价=∑分部分项工程费

【答案】B

【嗨·解析】A错误,措施项目费=∑措施项目工程量×措施项目综合单价+∑单项措施费;C错误,单项工程造价=∑单位工程造价;D错误,单位工程造价=分部分项工程费+措施项目费+其他项目费+规费+税金。

【经典例题】8.(2015年真题)以下适宜用参数法计价的措施项目费有(　　)。

A. 二次搬运费
B. 混凝土模板费
C. 安全文明施工费
D. 已完工程及设备保护费
E. 垂直运输费

【答案】ACD

【嗨·解析】参数法适用于施工过程中必须发生但在投标时很难具体预测又无法单独列出项目内容的措施项目,如夜间施工、二次搬运、冬雨期施工、安全文明施工和已完工程及设备保护等项目费用。

【经典例题】9.(2016年真题)根据《建设工程工程量清单计价规范》GB 50500—2013,施工企业综合单价的计算有以下工作:①确定组合定额子目并计算各子目工程量;②确定人、料、机单价;③测算人、料、机的数量;④计算清单项目的综合单价;⑤计算清单项目的管理费和利润;⑥计算清单项目的人、料、机总费用。正确的步骤是(　　)。

A.②-③-①-⑤-⑥-④
B.③-①-②-⑥-⑤-④
C.①-③-②-④-⑥-⑤
D.①-③-②-⑥-⑤-④

【答案】D

【嗨·解析】确定综合单价的步骤:(1)确定组合定额子目并计算各子目工程量;(2)测算人、料、机的数量;(3)确定人、料、机单价;(4)计算清单项目的人、料、机总费用;(5)计算清单项目的管理费和利润;(6)计算清单项目的综合单价。

二、招标控制价的编制方法

(一)招标控制价的概念、招标控制价的计价依据

1.招标控制价的概念

招标控制价是招标人根据国家以及当地有关规定的计价依据和计价办法、招标文件、市场行情,并按工程项目设计施工图纸等具体条件编制的,对招标工程项目限定的最高控制价。

2.招标控制价的编制规定及计价依据(表1Z103070-4)

招标控制价的编制规定及计价依据 表1Z103070-4

招标控制价的编制规定	国有资金投资的工程建设项目实行工程量清单招标，并应编制招标控制价；招标人应编制招标控制价作为招标人能够接受的最高交易价格
	国有资金投资的工程项目原则上不能超过批准的投资概算，招标控制价超过批准的概算时，招标人应将其报原概算审批部门审核
	投标人的报价高于招标控制价的，投标予以拒绝
	招标控制价应由具有编制能力的招标人或受其委托的有资质的造价咨询人编制；造价咨询人不能同时对同一工程的招标控制价与投标报价进行编制
	招标控制价不同于标底，无需保密；报当地造价管理机构备查； 在招标文件中应如实公布招标控制价各组成部分的详细内容； 不得下调或上浮招标控制价
招标控制价计价依据	《建设工程工程量清单计价规范》GB 50500—2013
	国家或省级、行业建设主管部门颁发的定额与计价办法
	建设工程设计文件及相关资料
	拟定的招标文件及招标工程量清单
	与建设项目相关的标准、规范、技术资料
	施工现场情况、工程特点及常规施工方案
	工程造价信息，当工程造价信息没有发布时，参照市场价
	其他的相关资料

【经典例题】10.建设工程项目招标控制价的编制主体是（　　）。
A.项目监理机构
B.项目建设主管部门
C.招标人或受其委托的工程造价咨询人
D.工程所在地政府造价管理机构

【答案】C

【嗨·解析】建设工程项目招标控制价的编制主体是招标人或受其委托的工程造价咨询人。

（二）招标控制价的编制内容（表1Z103070-5）

招标控制价的编制内容 表1Z103070-5

分部分项工程费	采用综合单价法编制； 综合单价应根据招标文件工程量清单的特征描述等进行编制
措施项目费	可计算工程量的采用综合单价计价；其余的以"项"为单位的方式计价； 安全文明施工费应当按照国家或地方规定标准计价
其他项目费	暂列金额：应按招标工程量清单中列出的金额填写
	暂估价：材料设备单价计入综合单价；专业工程按招标工程量清单列出的金额填写
	计日工：人工、机械单价按照造价管理机构公布的单价计算；材料按造价信息中的单价计算；未发布单价的，按调查的市场价格计算
	总承包服务费：招标人要求对分包的专业工程进行施工现场协调和统一管理、对竣工资料进行统一汇总整理等服务时，按分包的专业工程估算造价的1.5%计算
	招标人要求对分包的专业工程进行总承包管理和协调，同时要求提供配合服务时，根据招标文件按分包的专业工程估算造价的3%~5%计算
	招标人供应材料、设备的，按照招标人供应材料、设备价值的1%计算
规费和税金	按照规定计算，不得作为竞争性费用

【经典例题】11.（2015年真题）根据《建设工程工程量清单计价规范》GB 50500—2013，建设工程投标报价中，不得作为竞争性费用的是（　　）

A.总承包服务费
B.夜间施工增加费
C.分部分项工程费
D.规费

【答案】D

【嗨·解析】规费和税金是不可竞争性费用。

（三）编制招标控制价应注意的问题、招标控制价的编制程序（表1Z103070-6）

编制招标控制价注意事项及招标控制价的编制程序　表1Z103070-6

编制注意事项	招标控制价编制表格格式执行《建设工程工程量清单计价规范》的有关规定
	材料价格通过工程造价信息确定；市场价格须通过调查分析确定，并且有可靠信息来源；对采用的与造价信息不一致的价格予以说明
	施工机械的选型以经济实用、先进高效为原则
	不可竞争的措施项目和规费、税金等费用的计算属于强制性条款
	对竞争性措施费用，首先编制施工组织设计或施工方案，依据施工方案确定措施项目与费用
编制	了解编制要求与范围
	熟悉工程图纸及有关设计文件
	熟悉与建设工程项目有关的标准、规范、技术资料
	熟悉拟订的招标文件及其补充通知、答疑纪要等
	了解施工现场情况、工程特点
	熟悉工程量清单
	掌握工程量清单涉及计价要素的信息价格和市场价格，依据招标文件确定其价格
	进行分部分项工程量清单计价
	论证并拟定常规的施工组织设计或施工方案
	进行措施项目工程量清单计价
	进行其他项目、规费项目、税金项目清单计价
	工程造价汇总、分析、审核
	成果文件签认、盖章
	提交成果文件

【经典例题】12.对于可竞争性的措施项目费计价，首要工作是（　　）

A.编制施工组织设计或施工方案
B.确定综合单价
C.市场询价
D.确定工程量

【答案】A

【嗨·解析】对竞争性措施费用计价，首先编制施工组织设计或施工方案，依据施工方案确定措施项目与费用。

（四）投诉与处理

1.投标人经复核认为招标人公布的招标控制价未按照《建设工程工程量清单计价规范》的规定进行编制的，应在招标控制价公布后5天内向招投标监督机构和工程造价管理机构投诉。

2.工程造价管理机构在接到投诉书后应在2个工作日内进行审查，对有下列情况之一的，不予受理：

（1）投诉人不是所投诉招标工程招标文件的收受人；

（2）投诉书提交的时间不符合上述第1条规定的；

（3）投诉书的格式及内容不符合以下规定：

1）单位盖章和法定代表人或其委托人签名或盖章的书面投诉书；

2）投诉人与被投诉人的名称、地址及有效联系方式；

3）投诉的招标工程名称、具体事项及理由；

4）投诉依据及有关证明材料；

5）相关的请求及主张。

（4）投诉事项已进入行政复议或行政诉讼程序的。

3.工程造价管理机构应当在受理投诉的10天内完成复查，并作出书面结论通知投诉人、被投诉人及负责该工程招投标监督的招投标管理机构。

4.当招标控制价复查结论与原公布的招标控制价误差>±3%的，应当责成招标人改正。

5.招标人根据招标控制价复查结论需要重新公布招标控制价的，其最终公布的时间至招标文件要求提交投标文件截止时间不足15天的，应相应延长提交投标文件的截止时间。

【经典例题】13.根据《建设工程工程量清单计价规范》，关于全额政府投资项目的招标控制价的说法，正确的有（　　）。

A.招标控制价是对招标工程限定的最高限价

B.招标控制价可以在公布后上调或下浮

C.招标控制价超过批准的概算时，招标人应将其报原概算审批部门审核

D.招标人的投标报价高于招标控制价的，其投标应予以拒绝

E.招标控制价的作用与标底完全相同

【答案】ACD

【嗨·解析】招标控制价在公布后不可上调或下浮，其作用与标底不同，所以B、E的说法都不正确。

【经典例题】14.（2014年真题）投标人经复核，认为招标人公布的招标控制价未按照《建设工程工程量清单计价规范》GB 50500—2013的规定进行编制的，应在招标控制价公布后（　　）天内向招投标监督机构和工程造价管理机构投诉。

A.10　　B.7　　C.5　　D.3

【答案】C

【嗨·解析】投标人有异议，应在招标控制价公布后5天内向招投标监督机构和工程造价管理机构投诉。

【经典例题】15.根据《建设工程工程量清单计价规范》GB 50500—2013，当工程造价管理机构受理投诉并组织复查后，发现招标人公布的招标控制价误差超过（　　）%以上时，应责成招标人改正。

A.±2　　B.±3　　C.±4　　D.±5

【答案】B

【嗨·解析】招标控制价误差超过±3%以上时，应责成招标人改正。

三、投标报价的编制方法

（一）投标报价的概念、投标价的编制原则及编制依据

1.投标报价的概念

（1）投标报价由投标人或其受委托具有相应资质的工程造价咨询人按照有关计价规定以及施工现场情况、企业自身技术水平等计算，是由投标人自主确定的工程造价。

（2）投标价是投标人希望达成工程承包交易的期望价格，但不能高于招标控制价。

（3）投标价的编制应预先确定施工方案和施工进度，投标报价的计算还必须与采用的合同形式一致。

2.投标报价的编制原则及依据（表1Z103070-7）

投标报价的编制原则及依据　表1Z103070-7

投标报价的编制原则	投标价由投标人或及其委托的有相应资质的造价咨询人编制，并由投标人自主确定
	投标报价不得低于企业个别成本； 评标委员会发现报价明显偏低，且投标人不能合理说明的，会以低于成本报价竞标为由作为废标
	投标人应按招标人提供的工程量清单填报投标价格； 项目的编码、名称、特征、计量单位、工程量必须与招标人提供的一致
	投标报价要以招标文件中设定的承发包双方责任划分
	应该以施工方案、技术措施等作为投标报价计算的基本条件
	报价计算方法要科学严谨、简明适用
投标报价的编制依据	《建设工程工程量清单计价规范》GB 50500—2013
	国家或省级行业建设主管部门颁布的计价办法
	企业定额，国家或省级、行业建设主管部门颁发的计价定额和计价办法
	招标文件、工程量清单及其补充通知、答疑纪要
	建设工程设计文件及相关资料
	施工现场情况、工程项目特点及拟定投标文件的施工组织设计或施工方案
	与建设有关的标准、规范等技术资料
	市场价格信息或工程造价管理机构发布的工程造价信息
	其他相关资料

【经典例题】16.（2015年真题）关于工程量清单计价下施工企业投标报价原则的说法，正确的有（　　）。

A.投标报价由投标人自主确定

B.投标报价不得低于工程成本

C.投标人应该以施工方案、技术措施等作为投标报价计算的基本条件

D.确定投标报价时不需要考虑发承包模式

E.投标报价要以招标文件中设定的发承包双方责任划分作为基础

【答案】ABCE

【嗨·解析】确定投标报价需要考虑发承包模式，所以D答案说法不正确，其余答案说法都符合投标报价原则。

（二）投标价的编制与审核

1.投标报价的编制过程

复核清单工程量，分别编制分部分项工程量清单计价表、措施项目清单计价表、其他项目清单计价表、规费、税金清单计价表，汇总得到单位工程报价，再汇总得到单项工程报价，最后得工程项目投标总价。

2. 投标报价编制注意事项（表1Z103070-8）

投标报价编制注意事项　表1Z103070-8

单价项目	工程量清单项目的特征描述： 若招标文件中分项工程清单特征描述与图纸不符：投标人应以分部分项工程量清单的项目特征描述为准，确定投标报价的综合单价； 若施工图纸或设计变更与工程量清单项目特征描述不一致时：发、承包双方应按实际施工的项目特征依据合同约定重新确定综合单价
	资源可获取价格：直接影响投标价格的高低
	企业管理费：由投标人根据本企业近年的企业管理费核算数据自行测定； 利润率：根据企业当前经营策略自主确定
	风险费用：以风险费率的形式进行计算； 风险内容及其范围在招标文件规定的范围内，综合单价不得变动和调整
	招标文件提供暂估单价的材料、工程设备：按暂估单价计入综合单价
总价项目	投标人应根据自身编制的投标施工组织设计或施工方案确定措施项目； 投标人根据投标施工组织设计或施工方案调整和确定的措施项目应通过评标委员会的评审
其他项目费	暂列金额：按其他项目清单列出的填写，不得改动
	暂估价：不得改动 材料暂估价计入工程费用综合单价
	计日工：自主确定各项综合单价并计算费用
	总承包服务费：自主确定
规费税金	按国家行业建设主管部门规定计算，不可竞争
投标总价	与组成工程量清单的各项费用合计金额相一致； 进行工程项目工程量清单招标的投标报价时不能进行投标总价优惠让利；投标人的优惠、让利应反映在相应清单的综合单价中

【经典例题】17.根据《建设工程工程量清单计价规范》GB 50500—2013，分部分项工程量清单中，确定综合单价的依据是（　　）。
A.计量单位　　　　B.项目编码
C.项目名称　　　　D.项目特征
【答案】D
【嗨·解析】发承包双方都应该依据项目特征确定综合单价。

【经典例题】18.根据《建设工程工程量清单计价规范》，投标时可由投标企业根据其施工组织设计自主的报价是（　　）。
A.安全文明施工
B.大型机械设备进出场及安拆费
C.规费
D.税金
【答案】B

【嗨·解析】规费、税金及措施费中的安全文明施工费为不可竞争费用，不可自主报价，所以A、C、D错误。而其余措施项目费为可竞争费用，投标人应根据自身编制的投标施工组织设计或施工方案确定，也就是说可由投标人自主确定，大型机械设备进出场及安拆费属于可竞争措施费，所以答案A选项正确。

【经典例题】19.在招投标过程中，若招标文件某分部分项工程量清单项目特征描述与设计图纸不符，投标人报价时应按（　　）确定综合单价。
A.设计图纸　　　　B.预算定额
C.企业定额　　　　D.工程量清单
【答案】D
【嗨·解析】若招标文件中分项工程清单

特征描述与图纸不符：投标人应以分部分项工程量清单的项目特征描述为准，确定投标报价的综合单价。

【经典例题】20.（2014年真题）根据《建设工程工程量清单计价规范》GB 50500—2013，关于投标报价的说法，错误的是（　　）。

A.暂列金额应按照招标工程量清单中列出的金额填写，不得变动

B.专业工程暂估价必须按照招标工程量清单中列出的金额填写

C.计日工应按照招标文件中的数量和单价计算总费用

D.总承包服务费应按照招标人的要求和现场管理需要自主确定

【答案】C

【嗨·解析】计日工是自主确定各项综合单价并计算费用的。

四、合同价款的约定

（一）合同类型的选择

合同分类及合同约束力见表1Z103070-9。

合同分类表　表1Z103070-9

合同计价方式分类	总价合同	固定总价合同、可调总价合同
	固定总价合同适用于建设规模小、技术难度较低、施工工期较短的工程	
	单价合同	固定单价合同、可调单价合同
	成本加酬金合同：紧急抢险救灾以及施工技术特别复杂的工程	
影响合同计价方式选择的因素	设计图纸深度、工期长短、工程规模、复杂程度	
在工程量清单计价模式下，应采取单价合同。实践中常见的单价合同和总价合同两种主要合同形式，均可以采用工程量清单计价		
工程量清单的合同约束力	单价合同	工程量清单中的工程量一般不具备合同约束力（量可调）
	总价合同	工程量清单中的工程量具备合同约束力（量不可调）

【经典例题】21.根据《建设工程工程量清单计价规范》GB 50500—2013，实行工程量清单计价的工程，应采用的合同类型是（　　）。

A.单价合同

B.总价合同

C.固定总价合同

D.成本加酬金合同

【答案】A

【嗨·解析】工程量清单计价的工程应采用单价合同。

【经典例题】22.（2015年真题）对建设规模小、技术难度较低、施工工期较短，施工图设计已经审查批准的工程从有利于业主方控制投资的角度，适宜采用的合同类型是（　　）。

A.固定单价合同

B.固定总价合同

C.成本加酬金合同

D.可调单价合同

【答案】B

【嗨·解析】总价合同适用条件：建设规模小、技术难度较低、施工工期较短的工程。

（二）合同价款的约定

1.合同价款的约定时间

实行招标的工程合同价款应在中标通知书发出之日30天内，根据中标人的投标文件在书面合同中约定。合同不得违背招投标文件中关于工期造价等方面的实质性内容。招、投标文件不一致的地方以中标人的投标文件为准。

2.合同条款约定的与价款有关的事项（表1Z103070-10）

合同条款约定的与价款有关的事项　表1Z103070-10

预付工程款	预付款数额、支付时间、抵扣方式、违约责任
安全文明施工费	支付计划、使用要求等
工程计量与工程进度款	计量时间和方式、支付时间、支付数额、违约责任
工程价款的调整	调整因素、调整方法、调整程序、支付时间
索赔与现场签证	程序、金额确定与支付时间
	索赔提出时间：如知道事件发生后的28天内
	索赔款支付时间：原则上与工程进度款同期支付
承担计价风险	内容、范围及超出约定内容、范围的调整方法
竣工价款结算	编制与核对、支付及时间
质量保证金	数额、预留方式及时间
违约责任及发生价款争议	解决方法及时间；解决价款争议方法：协商、调解、仲裁或诉讼
其他事项	与履行合同、支付价款有关的事项

【经典例题】23.（2015年真题）《根据建设工程价款结算暂行办法》(财建[2004]369号)发承包双方在施工合同中约定的合同价款事项有（　　）。

A.投标保证金的数额，支付方式及时间

B.工程价款的调整因素、方法、程序、支付方式及时间

C.承包计价风险的内容、范围以及超出约定内容、范围的调整方法

D.工程竣工价款结算编制与核对、支付方式及时间

E.违约责任以及发生合同价款争议的解决方法及时间

【答案】BCDE

【嗨·解析】和工程施工过程相关的内容都可以在合同中约定，A答案中的投标保证金是和招投标相关，而不是和工程施工过程相关。

章节练习题

一、单项选择题

1. 按工程量清单计价，单位工程造价的组成包括（　　）。
   A. 分部分项工程费+措施项目费+其他项目费
   B. 分部分项工程费+措施项目费+其他项目费+规费+税金
   C. 分部分项工程费+措施项目费+其他项目费+企业管理费+利润
   D. 分部分项工程费+措施项目费+总承包服务费+营业税

2. 关于工程量清单工程量，下列说法错误的是（　　）
   A. 编制人按施工图图示尺寸和工程量清单计算规则计算得到的工程净量
   B. 竣工结算工程量按发承包双方在合同中约定应予计量且实际完成的工程量确定
   C. 投标人可以对工程量进行改动
   D. 所有投标人的工程量都是以发包人提供的工程量清单为准

3. 关于投标报价，下列说法错误的是（　　）。
   A. 在编制投标报价之前，需要先对清单工程量进行复核
   B. 综合单价中应包括招标文件中划分的应由投标人承担的风险范围及其费用
   C. 投标人在进行投标报价时，为了中标，可以进行投标总价优惠
   D. 投标人对投标报价的任何优惠（或降价、让利）均应反映在综合单价中

4. 编制招标控制价时，关于计日工的说法错误的是（　　）。
   A. 人工单价和施工机械台班单价应按省级、行业建设主管部门公布的单价计算
   B. 人工单价和施工机械台班单价应按授权的工程造价管理机构公布的单价计算
   C. 材料应按工程造价管理机构发布的工程造价信息中的材料单价计算
   D. 工程造价信息未发布材料单价的材料，其价格应按估算的单价计算

5. 关于合同类型的选择，下列说法错误的是（　　）。
   A. 选择何种合同计价形式，主要依据设计图纸深度、工期长短、工程规模和复杂程度
   B. 实行工程量清单计价的工程，应采用单价合同
   C. 建设规模较大，技术难度高，工期较长的建设工程可以采用总价合同
   D. 紧急抢险、救灾以及施工技术特别复杂的建设工程可以采用成本加酬金合同

6. 在实行招标的工程合同价款应在中标通知书发出之日起的一定时间内，由发承包双方依据招标文件和中标人的投标文件在书面合同中约定。该时间范围是（　　）。
   A. 15天　　B. 20天　　C. 25天　　D. 30天

7. 国家计量规范规定不宜计量的措施项目费的通用计算方法是（　　）。
   A. ∑（措施项目工程量×综合单价）
   B. ∑（计算基数×相应费率）
   C. ∑（直接工程费×相应费率）
   D. ∑（措施项目项数×综合单价）

8. 根据《建设工程工程量清单计价规范》GB50500—2013，采用工程量清单招标的工程，投标人在投标报价时不得作为竞争性费用的是（　　）。
   A. 工程定位复测费
   B. 冬雨期施工增加费
   C. 总承包服务费
   D. 安全文明施工费

二、多项选择题

1. 措施项目费的计算方法一般包括（　　）。

A.综合单价法　　B.实物量计价法
C.参数法计价　　D.测定计量法
E.分包计价法

2.关于招标控制价，下列说法正确的是（　）。

A.国有资金投资的建设工程招标，招标人必须编制招标控制价

B.投标人的投标报价高于招标控制价的，其投标应予以拒绝

C.招标控制价应在招标文件中公布，但可以上调或下浮

D.招标控制价应由具有编制能力的招标人或受其委托具有相应资质的工程造价咨询人编制和复核

E.招标控制价超过批准的概算时，招标人应将其报原概算审批部门审核

3.投标价的编制中，关于其他项目费的说法正确的是（　）。

A.暂列金额应按照招标工程量清单中列出的金额填写，不得变动

B.暂估价可以根据投标人拥有的施工设备、技术水平适当变动和更改

C.暂估价中的材料、工程设备必须按照暂估单价计入综合单价

D.计日工应按照招标工程量清单列出的项目和估算的数量，自主确定各项综合单价并计算费用

E.总承包服务费应根据招标工程量列出的专业工程暂估价内容和供应材料、设备情况，按照招标人提出协调、配合与服务要求和施工现场管理需要自主确定

4.根据《建设工程工程量清单计价规范》，以下关于招标控制价的说法，正确的有（　）。

A.招标控制价与标底在开标前应保密

B.最终招标应选择与招标控制价最接近的投标报价

C.咨询机构编制同一工程的招标控制价与投标报价时，应注意投标价不应高于招标控制价

D.招标控制价公布后，投标人认为其未按规定编制时，可以投诉

E.招标控制价超过经批准的概算时，需要重新报审概算

5.根据《建设工程工程量清单计价规范》，关于投标人投标报价编制的说法，正确的有（　）。

A.投标报价应以投标人的企业定额为依据编制

B.投标中若发现清单中的项目特征与设计图纸不符，应以项目特征为准

C.招标文件中要求投标人承担的风险费用，投标人应在综合单价中予以考虑

D.投标报价应根据投标人的投标战略确定，必要的时候可以低于成本

E.投标人可以根据项目的复杂程度调整招标人清单中的暂列金额大小

参考答案及解析

一、单项选择题

1.【答案】B

【解析】单位工程造价＝分部分项工程费+措施项目费+其他项目费+规费+税金。

2.【答案】C

【解析】C错，投标人以工程量清单为准，不得改动。

3.【答案】C

【解析】C错，不可以进行投标总价优惠。

4.【答案】D

【解析】不是按估算单价计算，是市场实际价格。

5.【答案】C

【解析】建设规模较小，技术难度较低，

工期较短，且施工图设计已审查批准的建设工程可以采用总价合同，故C错。

6.【答案】D
【解析】实行招标的工程合同价款应在中标通知书发出之日起30天内，由发承包双方依据招标文件和中标人的投标文件在书面合同中约定。

7.【答案】B
【解析】对于总价措施项目费，其计算公式为∑（计算基数×相应费率）。

8.【答案】D
【解析】四个选项只有安全文明施工费是不可竞争性费用。

二、多项选择题
1.【答案】ACE
【解析】措施项目费的计算方法一般有以下几种：（1）综合单价法；（2）参数法计价；（3）分包法计价。

2.【答案】ABDE
【解析】招标控制价不可上浮或下调，其他选项都正确。

3.【答案】ACDE
【解析】B错，暂估价不可改动，按清单填写，其他选项都正确。

4.【答案】DE
【解析】招标控制价与标底不同，无需保密，所以A选项错误；最终应根据招标规则选择得分最高的投标单位，所以B选项错误；咨询机构不能同时编制同一工程的招标控制价与投标报价，所以C选项错误。D、E说法正确。

5.【答案】ABC
【解析】ABC说法正确，D选项投标报价不能低于成本，E选项暂列金额，投标人不能调整。

1Z103000 建设工程估价

1Z103080 计量与支付

本节知识体系

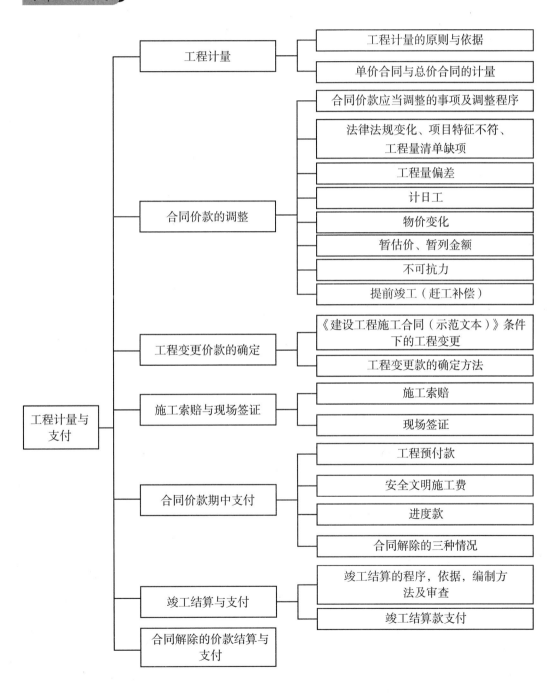

核心内容讲解

一、工程计量

（一）工程计量的原则与依据（表1Z103080-1）

工程计量的原则和依据　表1Z103080-1

工程计量的原则	按合同文件中约定的方法进行计量	
	按承包人在履行合同义务过程中实际完成的工程量计算	
	对于不符合合同文件要求的工程，承包人超出施工图纸范围或因承包人原因造成返工的工程量，不予计量	
	若发现工程量清单中出现漏项、工程量计算偏差，以及工程变更引起工程量的增减变化，应据实调整，正确计量	
工程计量的依据	质量合格证书	
	《计量规范》和技术规范	规定了清单中每一项工程的计量方法；还规定了按规定的计量方法确定的单价所包括的工作内容和范围
	设计图纸	计量的几何尺寸要以设计图纸为依据

《建设工程工程量清单计价规范》规定成本加酬金合同应按单价合同的规定计量。

【经典例题】1.（2015年真题）某灌注桩计量支付条款约定工程量以米计算，若设计长度为20m的灌注桩，承包人做了21m，则发包人应该按（　　）m支付价款。

　　A.19　　B.20　　C.21　　D.22

【答案】B

【嗨·解析】工程计量的原则为按承包人在履行合同义务过程中实际完成的工程量计算，对于不符合合同文件要求的工程，承包人超出施工图纸范围或因承包人原因造成返工的工程量，不予计量；承包人施工21m，超出的1m不符合合同文件要求，不予计量。

【经典例题】2.施工过程中，可以作为工程量计量依据的资料有（　　）。

　　A.质量合格证书　　B.计量规范
　　C.技术规范　　D.招标工程量清单
　　E.设计图纸

【答案】ABCE

【嗨·解析】工程量计量依据包括质量合格证书、计量规范、技术规范和设计图纸。

【经典例题】3.《计量规范》和技术规范作为工程计量不可缺少的依据之一，是因为它不仅规定了清单中每项工程的计量方法，同时还规定了每项单价所包括的（　　）。

　　A.工作内容　　B.工作范围
　　C.工程内容和范围　　D.工程内容及方案

【答案】C

【嗨·解析】《计量规范》和技术规范规定了清单中每一项工程的计量方法，还规定了按规定的计量方法确定的单价所包括的工作内容和范围。

（二）单价合同与总价合同的计量

1.单价合同的计量

（1）计量程序

按照《建设工程工程量清单计价规范》的规定，单价合同工程计量的一般程序如下：

①承包人应当按照合同约定的计量周期和时间向发包人提交当期已完工程量报告。发包人应在收到报告后7天内核实，并将核实计量结果通知承包人。

②发包人认为需要进行现场计量核实时，

应在计量前24小时通知承包人，承包人应为计量提供便利条件并派人参加。

③当承包人认为发包人核实后的计量结果有误时，应在收到计量结果通知后的7天内向发包人提出书面意见，并附上其认为正确的计量结果和详细的计算资料。发包人收到书面意见后，应在7天内对承包人的计量结果进行复核后通知承包人。

④发承包双方核实工程量无误，将历次计量报表汇总，计算最终工程量并签字确认。

（2）工程计量的项目与方法（表1Z103080-2）

监理工程师一般只对以下三方面的工程项目进行计量：

①工程量清单中的全部项目；
②合同文件中规定的项目；
③工程变更项目。

工程计量方法　表1Z103080-2

工程计量方法	均摊法：按合同工期平均计量	为监理工程师提供宿舍，保养测量设备，保养气象记录设备，维护工地清洁和整洁等每月都要发生的项目
	凭据法：按照承包人提供的凭据进行计量支付	建筑工程险保险费、第三方责任险保险费、履约保证金等项目
	估价法：根据监理工程师估算的已完成的工程价值支付	监理工程师提供办公设施和生活设施，为监理工程师提供用车，为监理工程师提供测量设备、天气记录设备、通信设备等项目
	断面法	用于取土坑或填筑路堤土方的计量
	图纸法	工程量清单中，许多项目都采取按照设计图纸所示的尺寸进行计量
	分解计量法	解决一些包干项目或较大的工程项目的支付时间过长，影响承包商的资金流动等问题

例题：某设备工程，承包商投标价格2000万元，工程师估价总价2500万元。某月承包商进场部分设备，提供发票金额500万元，工程师估价到场设备400万元。则按估价法计算的计量支付金额为多少？

解：计量支付金额为：2000×400/2500=320万元。

2.总价合同的计量

（1）总价合同，除按照工程变更规定的工程量增减外，总价合同各项目的工程量应为承包人用于结算的最终工程量。此外，总价合同约定的项目计量应以合同工程经审批准的施工图纸为依据，发承包双方在合同中约定工程计量的形象进度或事件节点进行计量。

（2）《建设工程工程量清单计价规范》规定成本加酬金合同应按单价合同的规定计量。

【经典例题】4.（2016年真题）根据《建设工程工程量清单计价规范》GB 50500—2013，关于施工中工程计量的说法，正确的是（　　）。

A.发包人应在收到承包人已完工程量报告后14天内核实工程量

B.单价合同的工程量必须以承包人完成合同工程应予计量的工程量确定

C.总价合同结算时的工程量必须按实际工程量计算

D.对质量不合格的工程，承包人承诺返工的工程量给予计量

【答案】B

【嗨·解析】发包人应在收到报告后7天内核实工程量，A错；总价合同，除按照工程变更规定的工程量增减外，总价合同各项目的工程量应为承包人用于结算的最终工程量，

而不是实际工程量，C错；质量不合格的工程，工程量不予计量，返工符合要求后方可计量，D错。

【经典例题】5.为监理工程师提供食宿，一般采用（　　）进行计量。
A.凭据法　　　B.分解计量法
C.均摊法　　　D.估价法
【答案】C
【嗨·解析】均摊法：按合同工期平均计量。为监理工程师提供食宿，一般采用此方法。

二、合同价款调整

（一）合同价款应当调整的事项及调整程序

合同价款应当调整的事项

法律法规变化；工程变更；项目特征不符；工程量清单缺项；工程量偏差；计日工；物价变化；暂估价；不可抗力；提前竣工（赶工补偿）；误期赔偿；索赔；现场签证；暂列金额；发承包双方约定的其他调整事项。

2.合同价款的调整程序（表1Z103080-3）

合同价款的调整程序　　表1Z103080-3

项目	内容
出现合同价款调增事项（除工程量偏差、计日工、现场签证、索赔）	此事项后的14天内，承包人应向发包人提交合同价款调增报告并附上相关资料（超出时限，视为放弃）
工程量偏差	按《建筑工程工程量清单计价规范》要求
计日工	承包人在工程结束后24h内向发包人提交有计日工记录汇总的现场签证报告一式三份，发包人收到后2天内予以确认
现场签证	承包人在7天内向发包人提出签证，发包人收到后48h内确认
索赔	承包人在知道索赔事件或应当知道索赔事件28天内向发包人提交索赔意向通知书
出现合同价款调减事项（除工程量偏差、施工索赔）	此事项后的14天内，发包人应向承包人提交合同价款调减报告并附相关资料（超出时限，视为放弃）
出现调增调减事项后续	发（承）包人应在收到承（发）包人合同价款调增（减）报告及相关资料之日起14天内对其核实，予以确认的应书面通知承（发）包人。发（承）包人提出协商意见的，承（发）包人应在收到协商意见后的14天内对其核实，予以确认的应书面通知发（承）包人

（二）法律法规变化、项目特征不符、工程量清单缺项

1.法律法规变化

基准日后（招标工程以投标截止日前28天，非招标工程以合同签订前28天为基准日）因法律法规等政策变化引起工程造价变化，应根据变化调整合同价款。

2.项目特征不符

而当项目特征变化后，发承包双方应按实际施工的项目特征重新确定综合单价。

3.工程量清单缺项（表1Z103080-4）

工程量清单缺项的原因及调整方法　　表1Z103080-4

	工程量清单缺项的原因	设计变更，施工条件改变，工程量清单编制错误
招标工程量清单缺项调整	新增分部分项工程量清单项目	按照工程量清单计价规范中工程变更相关条款确定单价，并调整合同价款
	新增分部分项工程量清单项目后，引起措施项目发生变化	在承包人提交的实施方案被发包人批准后调整合同价款
	招标工程量清单中措施项目缺项	承包人应将新增措施项目实施方案提交发包人批准后，按照规范相关规定调整合同价款

【经典例题】 6.（2015年真题）施工合同履行过程中，导致工程量清单缺项并应调整合同价款的原因有（　　）。

A.设计变更

B.施工条件改变

C.承包人投标漏项

D.工程量清单编制错误

E.施工技术进步

【答案】 ABD

【嗨·解析】 工程量清单缺项的原因有设计变更，施工条件改变，工程量清单编制错误。

【经典例题】 7.（2016年真题）根据《建设工程工程量清单计价规范》GB 50500—2013，在合同履行期间，由于招标工程量清单缺项，新增了分部分项工程量清单项目，关于其合同价款确定的说法，正确的是（　　）。

A.新增清单项目的综合单价应当由监理工程师提出

B.新增清单项目导致新增措施项目的，承包人应将新增措施项目施工方案提交发包人批准

C.新增清单项目的综合单价应由承包人提出，但相关措施项目费不能再做调整

D.新增清单项目应按额外工程处理，承包人可选择做或者不做

【答案】 B

【嗨·解析】 由于招标工程量清单缺项，新增了分部分项工程量清单项目，其综合单价应由承包人提出，如果导致新增措施项目，承包人要先制定施工方案，经发包人批准后再做调整，所以说法正确的是B。

（三）工程量偏差

工程量偏差的调整见表1Z103080-5。

工程量偏差调整方法及典型例题　　表1Z103080-5

工程量偏差调整原则		
工程量偏差或变更引起工程量变化	增加超过部分或减少剩余部分新综合单价	引起措施项目费变化
工程量增加15%以上	调低	调增
工程量减少15%以上	调高	调减
调整公式	典型例题	
Q_0：招标工程量　Q_1：实际工程量 P_0：投标人综合单价 P_1：增加工程量新综合单价 （1）当 $Q_0(1-15\%) \leq Q_1 \leq Q_0(1+15\%)$ 时 $P_1 = P_0$ 工程款 $= P_0 \times Q_1$ （2）当 $Q_1 > Q_0(1+15\%)$ 时 P_1 为已知给出或计算确定 工程款 $= P_0 \times Q_0(1+15\%) + P_1(Q_1 - 1.15Q_0)$ （3）当 $Q_1 < Q_0(1-15\%)$ 时 P_1 为已知给出或计算确定 工程款 $= P_1 \times Q_1$	某独立土方工程，招标文件中估计工程量为100万m^3，合同中规定：土方工程单价为5元/m^3，当实际工程量超过估计工程量15%以上时，调整单价为4元/m^3。当实际工程量低于估计工程量85%以下时，调整单价为6元/m^3。工程结束时实际完成土方工程量分别为110万m^3，130万m^3，75万m^3，则土方工程款为多少万元？ 解析： （1）110/100=1.1<1.15,不用调单价 　　工程款=5×110=550万元 （2）130/100=1.3>1.15，调单价 　　工程款=5×115+4×(130-115)=635万元 （3）75/100=0.75<0.85，调单价 　　工程款=6×75=450万元	
P_1未给出需要计算确定的调整原则	工程量偏差项目出现承包人的综合单价与发包人相应招标控制价综合单价偏差超过15%时，工程量偏差项目综合单价应调整	

续表

调整公式	典型例题
P_1未给出需要计算确定的公式 P_0：投标人综合单价 P_1：增加工程量新综合单价 P_2：发包人招标控制价相应综合单价 L：报价下浮率（或作为已知给出或需计算） （1）当$P_2(1-15\%)(1-L) \leq P_0 \leq P_2(1+15\%)$时， $P_1=P_0$ （2）当$P_0 > P_2(1+15\%)$时， $P_1 = P_2(1+15\%)$ 当$P_0 < P_2(1-15\%)(1-L)$时， $P_1 = P_2(1-15\%)(1-L)$	某独立土方工程，招标文件中估计工程量为100万m³，合同中规定：投标报价综合单价为287元/m³，招标控制综合单价是350元/m³，该工程投标报价下浮率6%，工程结束时实际完成土方工程量分别为110万m³，130万m³，75万m³，则土方工程款为多少万元？ （1）110/100=1.1<1.15，不用调单价 工程款=287×110=31570万元 （2）130/100=1.3>1.15，调单价 工程款=287×115+P_1×（130-115） 因为350（1-15%）（1-6%）≤287≤350（1+15%），即 279.7≤287≤402.5 所以P_1无需调价，即P_1=287 工程款=287×115+287×（130-115）=37310万元 （3）75/100=0.75<0.85，调单价 工程款=P_1×75 因为350（1-15%）（1-6%）≤287≤350（1+15%） 279.7≤287≤402.5 所以P_1无需调价，即P_1=287 工程款=287×75=21525万元
投标下浮率计算公式	招标工程： 承包人报价浮动率L=（1-中标价/招标控制价）×100% 非招标工程： 承包人报价浮动率L=（1-报价值/施工图预算）×100%

【经典例题】8.（2016年真题）某独立土方工程，根据《建设工程工程量清单计价规范》GB 50500—2013，签订了固定单价合同，招标工程量为3000m³，承包人标书中土方工程报价为55元/m³。合同约定：当实际工程量超过估计工程量15%时，超过部分工程量单价调整为50元/m³。工程结束时实际完成并经监理确认的土方工程量为4500m³，则土方工程总价为（　　）元。

A.242250　B.240000　C.247500　D.225000

【答案】A

【嗨·解析】55×3000×1.15+50×（4500-3000×1.15）=242250元。

【经典例题】9.（2016年真题）根据《建设工程工程量清单计价规范》GB 50500—2013，采用清单计价的某分部分项工程，招标控制价的综合单价为350元，承包人投标报价的综合单价为300元，该工程投标报价总的下浮率为5%，结算时，该分部分项工程工程量比清单工程量增加了16%，且合同未确定综合单价调整方法，则对该综合单价的正确处理方式是（　　）。

A.调整为257元　　B.调整为282.63元
C.不做任何调整　　D.调整为345元

【答案】C

【嗨·解析】350×（1+15%）≥300≥350×（1-15%）×（1-5%）即402.5≥300≥282.625，所以综合单价不予调整。

（四）计日工

承包人应在该项工作实施结束后的24小时内向发包人提交有计日工记录汇总的现场签证报告一式三份。发包人在收到承包人提交现场签证报告后的2天内予以确认并将其中一份返还给承包人，作为计日工计价和支付的依据。

（五）物价变化

1.《建设工程施工合同》的规定

当合同有约定按照合同约定调整，当没有约定，且材料、工程设备单价变化超过5%时，超过部分的价格应按照价格指数调整法或造价信息差额调整法计算调整材料、工程设备费。

因非承包人原因导致工期延误的，计划进度日期后续工程的价格，应采用计划进度日期与实际进度日期两者的较高者；

因承包人原因导致工期延误的，计划进度日期后续工程的价格，应采用计划进度日期与实际进度日期两者的较低者。

2．采用价格指数进行价格调整（表1Z103080-6）

价格调整公式　表1Z103080-6

公式	$$\Delta P = P_0 \left[A + \left(B_1 \times \frac{F_{t1}}{F_{01}} + B_2 \times \frac{F_{t2}}{F_{02}} + B_3 \times \frac{F_{t3}}{F_{03}} \cdots + B_n \times \frac{F_{tn}}{F_{0n}} \right) - 1 \right]$$ 式中　P_0——已完工程量金额； 　　　A——定值权重； 　　　B——变值权重； 　　　F_t——现行价格指数； 　　　F_0——基本价格指数
例题	某工程约定采用价格指数法调整合同价款，具体约定见表所示数据，本期完成合同价款为：1584629.37元，其中：已按现行价格计算的计日工价款为5600元，发承包双方确认应增加的索赔金额2135.87元，请计算应调整的合同价款差额。 **承包人提供材料和工程设备一览表** | 序号	名称、规格、型号	变值权重B	基本价格指数F_0	现行价格指数F_t
---	---	---	---	---
1	人工费	0.18	110%	121%
2	钢材	0.11	4000元/t	4320元/t
3	预拌混凝土C30	0.16	340元/m³	353元/m³
4	页岩砖	0.05	300元/千匹	318元/千匹
5	机械费	0.08	100%	100%
定值权重A		0.42	—	—
合计		1	—	—	 解：（1）本期完成合同价款应扣除已按现行价格计算的计日工价款和确认的索赔金额。 1584629.37-5600-2135.87=1576893.50元 （2）用价格调整公式计算调整差价： $\Delta = 1576893.50 \times \left[0.42 + \left(0.18 \times \frac{121}{110} + 0.11 \times \frac{4320}{4000} + 0.16 \times \frac{353}{340} + 0.05 \times \frac{318}{300} + 0.08 \times \frac{100}{100} \right) - 1 \right]$ =1576893.50×[0.42+(0.18×1.1+0.11×1.08+0.16×1.04+0.05×1.06+0.08×1)-1] =1576893.50×[0.42+(0.198+0.1188+0.166+0.053+0.08)-1] =1576893.50×0.0358=56452.79元 本期应增加合同价款56452.79元
说明	由于承包人原因未在约定的工期内竣工的，则对原约定竣工日期后继续施工的工程，在使用价格调整公式时，应采用原约定竣工日期与实际竣工日期的两个价格指数中较低的一个作为现行价格指数。（不利于违约人）

3. 采用造价信息进行价格调整

（1）人工单价发生变化且符合计价规范中计价风险相关规定时，发承包双方应按省级或行业建设主管部门或其授权的工程造价管理机构发布的人工成本文件调整合同价款。

（2）材料、工程设备价格变化的价款调整：对投标报价和基准单价不一致，施工期间物价变化调整：涨价按高标准；降价按低标准。调价只调超过约定风险范围以外的差额。

（3）施工机械台班单价或施工机械使用费发生变化超过省级或行业建设主管部门或其授权的工程造价管理机构规定的范围时，按其规定调整合同价款。

例题：某工程采用预拌混凝土由承包人提供，所需品种如下表所示，在施工期间，在采购预拌混凝土时，其单价分别为C20：327元/m^3，C25：335元/m^3，C30：345元/m^3，合同约定的材料单价如何调整？

序号	名称、规格、型号	单位	数量	风险系数（%）	基准单价（元）	投标单价（元）	求：发包人确认单价（元）
1	预拌混凝土C20	m^3	25	≤5	310	308	309.488
2	预拌混凝土C25	m^3	560	≤5	323	325	325
3	预拌混凝土C30	m^3	3120	≤5	340	340	340

解：（1）C20：327÷310−1=5.48%

投标单价低于基准价，按基准价算，已超过约定的风险系数5%，应予调整

308+310×（5.48%−5%）=308+1.488=309.488元

（2）C25：335÷325−1=3.08%

投标单价高于基准价，按报价算，未超过约定的风险系数5%，不予调整。

（3）C30：345÷340−1=1.47%

投标单价等于基准价，按投标报价或基准价算，未超过约定的风险系数5%，不予调整。

【经典例题】10.（2015年真题）根据《建设工程施工合同（示范文本）》GF-2013-0201承包人采购材料和工程设备的，应在合同中约定主要材料、工程设备价格变化的范围，当没有约定且材料和工程设备单价超过（　　），超过部分的价格应按照价格指数法或造价信息差额法调整。

A.10%　　B.5%　　C.4%　　D.3%

【答案】B

【嗨·解析】当没有约定且材料和工程设备单价超过5%时，超过部分的价格应按照价格指数法或造价信息差额法调整。

（六）暂估价、暂列金额（表1Z103080-7）

暂估价与暂列金额要求　　表1Z103080-7

暂估价	材料、工程设备价款	暂估材料、工程设备价款确定后，综合单价中只应取代原暂估单价，不应再在综合单价中涉及企业管理费或利润等其他费的变动
	专业工程分包价款	（1）承包人不参加投标的专业工程发包招标，应由承包人作为招标人，但拟定的招标文件、评标工作、评标结果应报送发包人批准。 （2）承包人参加投标的专业工程发包招标，应由发包人作为招标人，同等条件下，应优先选择承包人中标。 （3）应以专业工程发包中标价为依据取代专业工程暂估价，调整合同价款
暂列金额		已签约合同价中的暂列金额由发包人掌握使用。发包人按照合同的规定作出支付后，如有剩余，则暂列金额余额归发包人所有

【经典例题】11.（2015年真题）根据《建设工程工程量清单计价规范》GB 50500—2013，签约合同中的暂估材料在确定单价以后，其相应项目综合单价的处理方式是（　　）。

A.在综合单价中用确定单价代替原暂估价，并调整企业管理费，不调整利润

B.在综合单价中用确定单价代替原暂估价，并调整企业管理费和利润

C.综合单价不做调整

D.在综合单价中用确定单价代替原暂估价，不再调整企业管理费和利润

【答案】 D

【嗨·解析】 暂估材料、工程设备价款确定后，综合单价中只应取代原暂估单价，不应再在综合单价中涉及企业管理费或利润等其他费的变动。

【经典例题】12.（2016年真题）根据《建设工程工程量清单计价规范》GB 50500—2013，由于承包人原因未在约定的工期内竣工的，则对原约定竣工日期后继续施工的工程，在使用价格调整公式进行价格调整时，应使用的现行价格指数都是（　　）。

A.原约定竣工日期的价格指数

B.原约定竣工日期与实际竣工日期的两个价格指数中较低者

C.实际竣工日期的价格指数

D.原约定竣工日期与实际竣工日期的两个价格指数中较高者

【答案】 B

【嗨·解析】 承包人原因导致延误，本着不利于违约人的原则，应按价格指数中较低者来确定。

【经典例题】13.工程投标报价中，暂列金额的处理方式是（　　）掌握使用。

A.计入承包商工程总报价，由承包商

B.不计入承包商工程总报价，由项目设计方

C.不计入承包商工程总报价，由发包

D.计入承包商工程总报价，由发包

【答案】 D

【嗨·解析】 暂列金额计入工程总报价，由发包人掌握使用。

（七）不可抗力

不可抗力引起损失的赔偿原则：

（1）合同工程本身的损害、因工程损害导致第三方人员伤亡和财产损失以及运至施工场地用于施工的材料和待安装的设备的损害，由发包人承担。

（2）发包人、承包人人员伤亡由其所在单位负责，并应承担相应费用。

（3）承包人的施工机械设备损坏及停工损失，应由承包人承担。

（4）停工期间，承包人应发包人要求留在施工场地的必要的管理人员及保卫人员的费用，应由发包人承担。

（5）工程所需清理、修复费用，应由发包人承担。

（6）不可抗力解除后复工的，若不能按期竣工，应合理延长工期。发包人要求赶工的，赶工费用应由发包人承担。

例题：某工程在施工过程中，因不可抗力造成损失。承包人及时向项目监理机构提出了索赔申请，并附有相关证明材料，要求补偿的经济损失及回复见下表：

索赔申请内容	回复	理由
在建工程损失26万元	应补偿给承包人	不可抗力造成工程本身的损失,由发包人承担
承包人受伤人员医药费、补偿金4.5万元	不应补偿给承包人	不可抗力造成承发包双方的人员伤亡,分别各自承担
施工机具损坏损失17万元	不应补偿给承包人	不可抗力造成施工机械设备损坏,由承包人承担
施工机具闲置、施工人员窝工损失5.6万元	不应补偿给承包人	不可抗力造成承包人机械设备的停工损失,人员窝工费由承包人承担
工程清理、修复费用3.5万元	应补偿给承包人	不可抗力造成工程所需清理、修复费用,由发包人承担
批准的补偿金额:26+3.5=29.5万元		

【经典例题】14.根据《建设工程工程量清单计价规范》GB 50500—2013,因不可抗力事件导致的损害及其费用增加,应由承包人承担的是( )。

A.工程本身的损害
B.发包方现场的人员伤亡
C.承包人的施工机械损坏
D.工程所需修复费用

【答案】C

【嗨·解析】不可抗力事件导致的损害及其费用增加,工程本身及第三方损失由建设单位负责,承包人只需要负责自身损失即可,故C正确。

【经典例题】15.某工程在施工过程中,因不可抗力造成在建工程损失16万元。承包方受伤人员医药费4万元,施工机具损失6万元,施工人员窝工费2万元,工程清理修复费4万元。承包人及时向项目监理机构索赔申请,并附有相关证明材料。则项目监理机构应批准的补偿金额为( )万元。

A.20　　B.22　　C.24　　D.32

【答案】A

【嗨·解析】不可抗力事件导致的损害及其费用增加,工程本身及第三方损失由建设单位负责。则监理工程师可以批准的赔偿金额为工程损失16万+工程清理修复费4万=20万。

(八)提前竣工(赶工补偿)

1.工程发包时,招标人应当依据相关工程的工期定额合理计算工期,压缩的工期天数不得超过定额工期的20%,将其量化。超过者,应在招标文件中明示增加赶工费用。

2.工程实施过程中,发包人要求合同工程提前竣工的,应征得承包人同意后与承包人商定采取加快工程进度的措施,并应修订合同工程进度计划。发包人应承担承包人由此增加的提前竣工(赶工补偿)费用。

3.发承包双方应在合同中约定提前竣工每日历天应补偿额度,此项费用应作为增加合同价款列入竣工结算文件中,应与结算款一并支付。

4.赶工费组成见表1Z103080-8。

赶工费组成　表1Z103080-8

赶工费用	人工费的增加	例如新增加投入人工的报酬,不经济使用人工的补贴等
	材料费的增加	例如不经济使用材料而损耗过大,材料提前交货可能增加的费用以及材料运输费的增加等
	机械费的增加	例如增加机械设备投入,不经济的使用机械等

【经典例题】16.（2015年真题）根据《建设工程量清单计价规范》GB 50500—2013，工程发包时，招标人要求压缩的工期天数超过定额工期（　　）时，应当在招标文件中明示增加赶工费用。

A.5%　　B.10%　　C.15%　　D.20%

【答案】D

【嗨·解析】工程发包时，招标人应当依据相关工程的工期定额合理计算工期，压缩的工期天数不得超过定额工期的20%，将其量化。超过者，应在招标文件中明示增加赶工费用。

三、工程变更价款的确定

（一）《建设工程施工合同（示范文本）》条件下的工程变更

1.发包人对原设计进行变更

发包人应提前14天以书面形式向承包人发出变更通知。承包人对于发包人的变更通知没有拒绝的权利。变更超过原设计标准或批准的建设规模时，发包人应报规划管理部门和其他有关部门重新审查批准，并由原设计单位提供变更的相应图纸和说明。

2.承包人对原设计进行变更

承包人应当严格按照图纸施工，不得随意变更设计。施工中承包人提出的合理化建议涉及对设计图纸或者施工组织设计的更改及对原材料、设备的更换，须经监理工程师同意。未经监理工程师同意承包人擅自更改或换用，承包人应承担由此发生的费用，并赔偿发包人的有关损失，延误的工期不予顺延。监理工程师同意采用承包人的合理化建议，所发生费用和获得收益的分担或分享，由发包人和承包人另行约定。

【经典例题】17.根据《建设工程施工合同（示范文本）》，关于工程变更程序的说法，正确的有（　　）。

A.发包人若需对原工程设计进行变更，应提前7天书面通知承包人

B.工程变更超过原设计标准或批准的建设规模时，发包人应重新报批

C.对于发包人的变更通知，承包人有权拒绝执行

D.承包人在施工中提出的合理化建议涉及设计图纸更改的，需经工程师同意

E.未经工程师同意，承包人擅自变更工程的，承包人应该承担由此发生的相应费用

【答案】BDE

【嗨·解析】A错，发包人若需对原工程设计进行变更，应提前14天书面通知承包人；C错，对于发包人的变更通知，承包人无权拒绝执行；其他选项都正确。

（二）工程变更价款的确定方法

1.已标价工程量清单项目或其工程数量发生变化的调整方法（表1Z103080-9）

已标价工程量清单项目或其工程数量发生变化的调整方法　表1Z103080-9

变更三种情况	综合单价确定
已标价清单中有适用于变更项目的	采用已标价清单单价
已标价清单中没有适用但有类似于变更项目的	在合理范围内参照采用已标价清单单价
已标价清单中没有适用也没有类似于变更项目的	承包人提出新的综合单价，发包人确认（要考虑下浮率）

例题：某工程招标控制价为8413949元，中标人的投标报价为7972282元，承包人报价浮动率为多少？施工过程中，屋面防水采用PE高分子防水卷材（1.5mm），清单项目中无类似项目，工程造价管理机构发布有该卷材单价为18元/m²，查项目所在地该项目定额

人工费为3.78元,除卷材外的其他材料费为0.65元,管理费和利润为1.13元。则该项目综合单价如何确定?

解:(1)下浮率=(1−7972282/8413949)×100%=(1−0.9475)×100%=5.25%

承包人报价浮动率为5.25%。

(2)该项目综合单价=(3.78+18+0.65+1.13)×(1−5.25%)=23.56×94.75%=22.32元

2.措施项目费的调整(表1Z103080-10)

措施项目费的调整方法　表1Z103080-10

安全文明施工费	按实调整不得浮动
单价措施项目	按已标价工程量清单项目变化调整方法
总价措施项目	按实际变化调整,要考虑下浮率
注意:措施项目调整,首先应提交施工方案,批准后再进行价款调整	

【经典例题】18.根据《建设工程工程清单计价》GB 50500—2013,已标价工程量清单中没有适用也没有类似于变更工程项目的,变更工程项目单价应由(　　)提出。

A.承包人　　　　B.监理人
C.发包人　　　　D.设计人

【答案】A

【嗨·解析】变更工程项目单价应由承包人提出。

【经典例题】19.(2015年真题)根据《建设工程工程量清单计价规范》GB50500—2013,工程变更引起施工方案改变并使措施项目发生变化时,承包人提出调整措施项目费用的,应事先将(　　)提交发包人确认。

A.拟实施的施工方案
B.索赔意向通知
C.拟申请增加的费用明细
D.工程变更的内容

【答案】A

【嗨·解析】措施项目调整,首先应提交施工方案,批准后再进行价款调整。

【经典例题】20.(2015年真题)根据《建设工程工程量清单计价规范》,工程变更引起施工方案改变并使措施项目发生变化时,关于措施项目费调整的说法,正确的有(　　)。

A.安全文明施工费按实际发生的措施项目,考虑承包人报价浮动因素进行调整
B.安全文明施工费按实际发生变化的措施项目调整,不得浮动
C.对单价计算的措施自费,按实际发生变化的措施项目和已标价工程量清单项目确定单价
D.对总价计算的措施项目费一般不能进行调整
E.对总价计算的措施项目费,按实际发生的措施项目并考虑承包人报价浮动因素进行调整

【答案】BCE

【嗨·解析】安全文明施工费按实调整,不得浮动,A错B对;单价措施项目,按实际发生变化的措施项目和已标价工程量清单项目方法确定单价,C对;总价措施项目调整要考虑报价浮动率,D错E对。

四、施工索赔与现场签证

(一)施工索赔

1.索赔成立的三要素

正当的索赔理由,有效的索赔证据(证据应真实、全面、关联、及时、有效),在合同约定时间内提出。

2.索赔原则

引起索赔的是业主原因,可以索赔工期和

费用；

引起索赔的是不可抗力原因，可以索赔工期，不可以索赔费用；

引起索赔的是承包单位自身原因，不可以索赔；

当发生工程范围和内容变化时可以索赔利润。

3.承包人索赔处理的程序及赔偿内容（表1Z103080-11）

承包人索赔处理的程序及赔偿内容　表1Z103080-11

承包人索赔处理的程序	承包人应在知道或应当知道索赔事件发生后28天内，向发包人提交索赔意向通知书
	承包人应在发出索赔意向通知书后28天内，向发包人正式提交索赔通知书
	索赔事件具有连续影响的，承包人应继续提交延续索赔通知
	在索赔事件影响结束后的28天内，承包人应向发包人提交最终索赔通知书
承包人要求赔偿的内容	延长工期
	要求发包人支付实际发生的额外费用
	要求发包人支付合理的预期利润
	要求发包人按合同的约定支付违约金

4.发包人索赔的处理（表1Z103080-12）

发包人索赔处理　表1Z103080-12

发包人索赔的处理	发包人在索赔事件发生后的28天内向承包人发出索赔通知，否则承包人免除索赔的全部责任
	承包人收到索赔报告后28天内应作出回应，表示同意或不同意并附具体意见，如在收到索赔报告28天内未向发包人作出答复，视为索赔报告已经认可
发包人要求赔偿的内容	延长质量缺陷修复期限
	要求承包人支付实际发生的额外费用
	要求承包人按合同的约定支付违约金

5.索赔费用的组成（表1Z103080-13）

索赔费用组成　表1Z103080-13

分部分项工程费	人工费	增加工作内容人工费：按照计日工； 停工损失费和工作效率降低的损失费：按照窝工费计算
	设备费	工作内容增加引起的索赔费：按照机械台班费计算； 施工企业自有机械窝工引起的设备费索赔：按照机械折旧费计算； 施工企业租赁机械窝工引起的设备费索赔：按照设备租赁费计算
	材料费	索赔事件引起材料用量增加、材料价格大幅上涨、非承包人原因造成的工期延误而引起的材料价格上涨和材料超期存储费用
	管理费	现场管理费和企业管理费
	利润	工程范围、工程内容变更等引起的索赔，承包人可按原报价单中的利润百分率计算利润
	延迟付款利息	发包人未按约定时间付款，按同期银行贷款利率支付延迟付款利息
措施项目费		提供施工方案、施工组织设计
其他项目费		按照合同约定
规费和税金		工程内容的变更或增加，承包人可以列入相应增加的规费与税金

6.《标准施工招标文件》中合同条款规定的可以合理补偿承包人索赔的条款（表1Z103080-14）

《标准施工招标文件》中合同条款规定的可以合理补偿承包人索赔的条款　表1Z103080-14

序号	主要内容	可补偿内容		
		工期	费用	利润
1	施工过程发现文物、古迹以及其他遗迹、化石、钱币或物品	√	√	
2	承包人遇到不利物质条件	√	√	
3	发包人要求向承包人提前交付材料和工程设备		√	
4	发包人提供的材料和工程设备不符合合同要求		√	√
5	发包人提供资料错误导致承包人的返工或造成工程损失	√	√	√
6	发包人的原因造成工期延误	√	√	√
7	异常恶劣的气候条件	√		
8	发包人要求承包人提前竣工		√	
9	发包人原因引起的暂停施工	√	√	√
10	发包人原因引起造成暂停施工后无法按时复工	√	√	√
11	发包人原因造成工程质量达不到合同约定验收标准的		√	√
12	监理人对隐蔽工程重新检查，经检验证明工程质量符合合同要求的	√	√	√
13	法律变化引起的价格调整		√	
14	发包人在全部工程竣工前，使用已接收的单位工程导致承包人费用增加的	√	√	√
15	发包人的原因导致试运行失败的		√	√
16	发包人原因导致的工程缺陷和损失		√	√
17	不可抗力	√		

7.索赔费用计算方法（表1Z103080-15）

索赔费用计算方法　表1Z103080-15

实际费用法	工程索赔最常用的一种方法
总费用法	对业主不利
修正总费用法	在总费用计算的原则上，去掉一些不合理的因素，使其更合理； 索赔金额=实际总费用-投标报价估算费用

【经典例题】21.因修改设计而导致的现场停工而引起索赔时，承包商自有施工机械的索赔费用宜按机械（　　）计算。

A.租赁费　　B.台班费
C.折旧费　　D.大修理费

【答案】C

【嗨·解析】停工导致承包商自由机械窝工，应按照机械折旧费计算。

【经典例题】22.根据《标准施工招标文件》，在施工过程中遭遇不可抗力，承包人可以要求合理补偿（　　）。

A.工期　B.费用　C.利润　D.成本

【答案】A

【嗨·解析】引起索赔的是不可抗力原因，可以索赔工期，不可以索赔费用。

【经典例题】23.（2014年真题）根据《标准施工招标文件》，下列事件中，承包人向发包人即可索赔工期又可索赔费用的有（　　）。

A.发包人原因导致工程缺陷和损失

B.承包人遇到不利物质条件
C.发包人要求承包人提前交付工程设备
D.施工过程发现文物
E.承包人遇到异常恶劣的气候条件

【答案】BD

【嗨·解析】A可以索赔费用和利润；C可以索赔费用；E可以索赔工期；B、D可以索赔工期和费用。

【经典例题】24.（2016年真题）某建设工程施工过程中，由发包人供应的材料没有及时到货，导致承包人的工人窝工5个工作日，每个工日单价为200元；承包人租赁的一台挖土机窝工5个台班，台班租赁费为500元；承包人自有的一台汽车窝工2个台班，该汽车折旧费每台300元，工作时燃油动力费每台班80元。则承包人可以索赔的费用是（　　）元。

A.2500　　B.3500　　C.4260　　D.4100

【答案】D

【嗨·解析】工人窝工费200×5=1000元；租赁挖土机窝工费500×5=2500元；自有机械窝工300×2=600元；共计4100元。动力费是干扰项目，机械窝工，无需使用燃油动力。

（二）现场签证

1.定义

现场签证，是指发承包双方现场代表（或其委托人）就施工过程中涉及的责任事件所作的签认证明。

2.现场签证的范围、程序、计算及相关注意问题（表1Z103080-16）

现场签证的范围、程序、计算及相关注意问题　表1Z103080-16

现场签证的范围	施工合同范围以外零星工程的确认
	工程施工过程中发生变更后需要现场确认的工程量
	非承包人原因导致的人工、设备窝工及有关损失
	符合施工合同规定的非承包人原因引起的工程量或费用增减
	确认修改施工方案引起的工程量或费用增减
	工程变更导致的工程施工措施费增减
现场签证的程序	承包人应在接受发包人要求的7天内向发包人提出签证，发包人签证后施工
	发包人应在收到承包人的签证报告48小时内给予确认或提出修改意见，否则视为该签证报告已经认可
	发承包双方确认的现场签证费用与工程进度款同期支付
现场签证费用的计算	第一种是完成合同以外的零星工作时，按计日工单价计算
	第二种是完成其他非承包人责任引起的事件，应按合同中的约定计算
现场签证要关注的问题	时效性问题
	重复计量问题
	掌握标书中对计日工的规定

【经典例题】25.现场签证，承包人应在接受发包人要求的（　　）天内向发包人提出签证。

A.7　　B.10　　C.14　　D.5

【答案】A

【嗨·解析】现场签证，承包人应在接受发包人要求的7天内向发包人提出签证，发包人签证后施工。

五、合同价款期中支付

（一）工程预付款

1.工程预付款（表1Z103080-17）

工程预付款支付时间及额度要求　表1Z103080-17

支付时间	发包人在签订合同后的一个月内或约定的开工日期前的7天内预付工程款工程款； 时间到期未付款，承包人10天内向发包人发出要求预付款的通知； 承包人可在发出通知14天后停止施工，发包人应从约定应付之日起按同期银行贷款利率计算向承包人支付应付预付款的利息，并承担违约责任
支付额度	预付比例：合同金额（扣除暂列金额）的10%~30%； 实体性与非实体性消耗应分别约定预付款比例，重大工程逐年预付

2. 预付款的抵扣（表1Z103080-18）

预付款抵扣的计算　表1Z103080-18

常用扣回方式	承包人完成工程金额累计达到合同总价的约定比例时起扣：等比率或等额分期抵扣	
	从未完施工工程尚需的主要材料及构件的价值相当于工程预付款数额时起扣	起扣点计算公式： $T=P-M/N$ 式中　T——起扣点； 　　　P——承包工程合同总额； 　　　M——工程预付款数额； 　　　N——主要材料构件所占比重。 扣还工程预付款数额： 超过抵扣点的工程款×主要材料构件所占比重
典型例题	某工程合同总额200万元，工程预付款为24万元，主要材料、构件所占比重为60%，问：起扣点为多少万元？ 解：按起扣点计算公式： $T=P-\dfrac{M}{N}=200-\dfrac{24}{60\%}=160$万元 则当工程完成160万元时，本项工程预付款开始起扣。 如果5月份累计完成150万元，6月份完成30万元，则6月份开始抵扣，抵扣额（150+30-160）×60%=12万元	

【经典例题】26.（2015年真题）某工程承包合同总额为9000万元，主要材料及构件所占比重为60%，工程预付款为合同总额的20%，则工程预付款起扣点为（　　）万元。

A.1800　B.3600　C.5400　D.6000

【答案】D

【嗨·解析】9000-9000×20%/60%=6000万元。

【经典例题】27.（2015年真题）某工程项目预付款120万元，合同约定：每月进度款按结算价的80%支付；每月支付安全文明施工费20万元；预付款从开工的第4个月起分3个月等额扣回。开工后前6个月结算价如下表，则第5个月应支付的款项为（　　）万元。

月份	1	2	3	4	5	6
结算价（万元）	200	210	220	220	220	240

A.136　B.160　C.156　D.152

【答案】C

【嗨·解析】220×80%+20-40=156万元。

【经典例题】28.工程预付工程款的额度最高不得超过（　　）。

A.合同金额（扣除暂列金额）的20%
B.合同金额（扣除暂列金额）的30%
C.合同金额（不扣除暂列金额）的20%
D.合同金额（不扣除暂列金额）的30%

【答案】B

【嗨·解析】预付比例为合同金额（扣除暂列金额）的10%~30%。

（二）安全文明施工费

发包人应在工程开工后的28天内预付不低于当年施工进度计划的安全文明施工费总额的60%，其余部分应按照提前安排的原则进行分解，并应与进度款同期支付。发包人没有按时支付安全文明施工费的，承包人可催告发包人支付；发包人在付款期满后的7天内仍未支付的，若发生安全事故，发包人应承担相应责任。

承包人对安全文明施工费应专款专用，在财务账目中单独列项备查，不得挪作他用。

【经典例题】29.（2016年真题）根据《企业安全生产费用提取和使用管理方法》（财企[2012]16号），关于安全文明施工费的说法，正确的有（　　）。

A.发包人没有按时支付安全文明施工费的，承包人可以直接停工

B.发包人在付款期满后7天内仍未支付安全文明施工费的，若发生安全事故，发包人承担全部责任

C.发包人在开工后28天内预付不低于当年施工进度计划的安全文明施工费总额的60%

D.承包人对安全文明施工费应专款专用，不得挪作他用

E.承包人将安全文明施工费在财务账目中单独列项备查

【答案】CDE

【嗨·解析】发包人没有按时支付安全文明施工费的，承包人可催告发包人支付；发包人在付款期满后的7天内仍未支付的，若发生安全事故，发包人应承担相应责任。所以A错，承包人不能直接停工；B错误，发包人应承担相应责任。

（三）进度款

1.进度款支付方式

按照财政部、建设部印发的《建设工程价款结算暂行办法》

（1）按月结算与支付。

（2）分段结算与支付。

进度款的支付比例按合同约定，按期中结算价款总额计，不低于60%，不高于90%。

2.承包人支付申请的内容（表1Z103080-19）

承包人支付申请内容　表1Z103080-19

支付申请的内容	累计已完成的合同价款	
	累计已实际支付的合同价款	
	本周期合计完成的合同价款	本周期已完成单价项目的金额
		本周期应支付的总价项目的金额
		本周期已完成的计日工价款
		本周期应支付的安全文明施工费
		本周期应增加的金额
	本周期合计应扣减的金额	本周期应扣回的预付款
		本周期应扣减的金额
	本周期实际应支付的合同价款	

承包人应在每个计量周期到期后的7天内向发包人提交已完工程进度款支付申请一式四份，详细说明此周期认为有权得到的款额，包括分包人已完工程的价款。

3.发包人支付进度款

发包人应在收到承包人进度款支付申请后的14天内根据计量结果和合同约定对申请内容予以核实；发包人应在签发进度款支付证书后的14天内，按照支付证书列明的金额向承包人支付进度款。发包人在付款期满后的7天内仍未支付的，承包人可在付款期满后的第8天起暂停施工。

【经典例题】30.根据《建设工程价款结算暂行办法》，建设工程承发包双方未在合同中对工程进度款支付时间、支付比例等作约定的，发包人应该在批准工程进度款支付申请的（　　）天内，向承包人支付规定比例范围内的工程进度款。

A.7　　　B.28　　　C.56　　　D.14

【答案】D

【嗨·解析】发包人应该在批准工程进度款支付申请的14天内，向承包人支付规定比例范围内的工程进度款。

【经典例题】31.承包人应在每个付款周期末，向发包人递交进度款支付申请，进度款支付申请应包括下列内容（　　）。

A.上周期已完成工程的价款
B.累计已支付的工程价款
C.本周期已完成计日工金额
D.应增加变更金额
E.应扣减的金额

【答案】BCDE

【嗨·解析】进度款支付内容包括累计已完成的合同价款；累计已实际支付的合同价款；本周期合计完成的合同价款；本周期合计应扣减的金额；本周期实际应支付的合同价款。

六、竣工结算与支付

（一）竣工结算的程序、依据、编制方法及审查

1.工程竣工结算应由承包人或受其委托具有相应资质的工程造价咨询人编制，并应由发包人或受其委托具有相应资质的工程造价咨询人核对。

2.竣工结算程序

（1）承包人递交竣工结算书。

（2）发包人进行结算审核：从接到竣工结算书之日起20~60天。

同一工程竣工结算核对完成，发承包双方签字确认后，禁止发包人又要求承包人与另一个或多个工程造价咨询人重复核对竣工结算。

（3）工程竣工结算价款的支付

发包人未在合同约定时间内向承包人支付工程结算价款的，承包人可催告发包人支付结算价款。如达成延期支付协议的，发包人应按同期银行同类贷款利率支付拖欠工程价款的利息。如未达成延期支付协议，承包人可以与发包人协商将该工程折价，或申请人民法院将该工程依法拍卖，承包人就该工程折价或者拍卖的价款优先受偿。

3.竣工结算的依据（表1Z103080-20）

竣工结算的依据　表1Z103080-20

竣工结算的依据	《建设工程工程量清单计价规范》GB 50500—2013
	工程合同
	发承包双方实施过程中已确认的工程量及其结算的合同价款
	发承包双方实施过程中已确认调整后追加（减）的合同价款
	建设工程设计文件及相关资料
	投标文件
	其他依据

1Z103000 建设工程估价

4.竣工结算的编制方法（表1Z103080-21）

竣工结算的编制方法　表1Z103080-21

竣工结算编制方法	采用总价合同的，在合同价基础上对设计变更、工程洽商以及工程索赔等合同约定可以调整的内容进行调整
	采用单价合同的，应计算或核定竣工图或施工图以内的各个分部分项工程量，依据合同约定的方式确定分部分项工程项目的价格，并对设计变更、工程洽商以及工程索赔等内容进行调整
	采用成本加酬金合同的，应依据合同约定的方式计算各个分部分项工程以及设计变更、工程洽商、施工措施等内容的工程成本；并计算酬金和有关税费
竣工结算的计算方法	工程量清单计价法通常采用单价合同的计价方式，竣工结算的编制是采取合同价加变更签证的方式进行
	计日工应按发包人实际签证确认的事项计算； 暂估价应按计价规范相关规定计算； 总承包服务费应依据已标价工程量清单的金额计算；发生调整的，应以发承包双方确认调整的金额计算； 索赔费用应依据发承包双方确认的索赔事项和金额计算； 现场签证费用应依据发承包双方签证资料确认的金额计算； 暂列金额应减去合同价款调整（包括索赔、现场签证）金额计算，如有余额归发包人； 规费和税金按国家或省级、建设主管部门的规定计算。规费中的工程排污费应按工程所在地环境保护部门规定标准缴纳后按实列入； 发承包双方在合同工程实施过程中已经确认的工程计量结果和合同价款，在竣工结算办理中应直接进入结算
	工程变更费用、索赔费用以及合同约定的其他费用

5.竣工结算的审查（表1Z103080-22）

竣工结算审查方法及内容　表1Z103080-22

审查方法	竣工结算的审查应依据合同约定的结算方法进行； 竣工结算应采用全面审查的方法
审查内容	审查递交程序：结算递交手续、程序的合法性； 审查结算资料的完备性：资料的完整性、真实性和相符性； 审查与结算有关的各项内容

【经典例题】32.工程竣工结算书编制与核对的责任分工是（　　）。

A.发包人编制，承包人核对
B.监理机构编制，发包人核对
C.承包人编制，发包人核对
D.造价咨询人编制，承包人核对

【答案】C

【嗨·解析】竣工结算书应由承包人（造价咨询人）编制，发包人核对。

【经典例题】33.受承包人委托编制的竣工结算应有工程造价咨询机构（　　）签字、盖章。

A.经营业务人员　　B.技术总监
C.法定代表人　　　D.财务总监

【答案】C

【嗨·解析】如果竣工结算书由承包人委托造价咨询机构编制，受承包人委托编制的竣工结算应有工程造价咨询机构法定代表人签字、盖章。

（二）竣工结算款支付

1.竣工结算款支付申请的内容和支付结算款的时间要求（表1Z103080-23）

竣工结算款支付申请的内容和支付结算款的时间要求　表1Z103080-23

承包人提交竣工结算款支付申请	竣工结算合同价款总额
	累计已实际支付的合同价款
	应预留的质量保证金
	实际应支付的竣工结算款金额
发包人签发竣工结算支付证书与支付结算款	发包人应在收到承包人提交竣工结算款支付申请后7天内予以核实，向承包人签发竣工结算支付证书，并在签发竣工结算支付证书后的14天内，按照竣工结算支付证书列明的金额向承包人支付结算款； 发包人未按照上述规定支付竣工结算款的，承包人可催告发包人支付，并有权获得延迟支付的利息。发包人在竣工结算支付证书签发后或者在收到承包人提交的竣工结算款支付申请7天后的56天内仍未支付的，承包人可与发包人协商将该工程折价，也可直接向人民法院申请将该工程依法拍卖。承包人应就该工程折价或拍卖的价款优先受偿

2.质量保证金

经查验，工程缺陷属于发包人原因造成的，应由发包人承担查验和缺陷修复的费用。在合同约定的缺陷责任期终止后，将剩余的质量保证金返还给承包人。剩余质量保证金的返还，并不能免除承包人按照合同约定应承担的质量保修责任和应履行的质量保修义务。

3.最终结清

缺陷责任期终止后，承包人应按照合同约定向发包人提交最终结清支付申请。最终结清时，如果承包人被预留的质量保证金不足以抵减发包人工程缺陷修复费用的，承包人应承担不足部分的补偿责任。

【经典例题】34.竣工结算时，关于质量保证金的说法错误的是（　　）。

A.发包人应按照合同约定的质量保证金比例从结算款中预留质量保证金

B.承包人未按照合同约定履行属于自身责任的工程缺陷修复义务的，发包人有权从质量保证金中扣除用于缺陷修复的各项支出

C.在合同约定的缺陷责任期终止后，发包人应按照合同中最终结清的相关规定，将剩余的质量保证金返还给承包人

D.剩余质量保证金的返还，可以免除承包人按照合同约定应承担的质量保修责任和应履行的质量保修义务

【答案】D

【嗨·解析】剩余质量保证金的返还，并不能免除承包人按照合同约定应承担的质量保修责任和应履行的质量保修义务。

七、合同解除的价款结算与支付

1.合同解除的三种情况（表1Z103080-24）

合同解除分类　表1Z103080-24

合同解除	法定解除	承包人根本违约的解除
		发包人根本违约的解除
	协议解除	

注意：没有单方解除。

2.因不可抗力解除合同

由于不可抗力致使合同无法履行解除合同的，发包人应向承包人支付合同解除之日前已完成工程但尚未支付的合同价款。此外，还应支付下列金额：

（1）《建设工程工程量清单计价规范》中提前竣工相关条款中规定的应由发包人承担的费用；

（2）已实施或部分实施的措施项目应付价款；

（3）承包人为合同工程合理订购且已交付的材料和工程设备货款；

（4）承包人撤离现场所需的合理费用；

（5）承包人为完成合同工程而预期开支的任何合理费用，且该项费用未包括在其他

各项支付之内。

当发包人应扣除的金额超过了应支付的金额，承包人应在合同解除后的56天内将其差额退还给发包人。

3.因承包人违约解除合同

（1）发包人应暂停向承包人支付任何价款。

（2）发包人应在合同解除后28天内核实合同解除时承包人已完成的全部合同价款以及按施工进度计划已运至现场的材料和工程设备货款，按合同约定核算承包人应支付的违约金以及造成损失的索赔金额，并将结果通知承包人。

（3）发承包双方应在28天内予以确认或提出意见，并办理结算合同价款。如果发包人应扣除的金额超过了应支付的金额，则承包人应在合同解除后的56天内将其差额退还给发包人。

4.因发包人违约解除合同

发包人除应按照由于不可抗力解除合同的规定向承包人支付各项价款外，还应按合同约定核算发包人应支付的违约金以及给承包人造成损失或损害的索赔金额费用。

该笔费用由承包人提出，发包人核实后与承包人协商确定后的7天内向承包人签发支付证书。

【经典例题】35.合同解除不包括（　　）。

A.单方解除　　　　B.协议解除

C.法定解除　　　　D.发包人违约解除

【答案】A

【嗨·解析】合同解除没有单方解除。

【经典例题】36.某工程因不可抗力解除合同，以下需要发包人承担的费用包括（　　）。

A.已部分实施的措施项目应付价款

B.应由发包人承担的提前竣工费用

C.承包人的员工遣散费用

D.承包人施工设备运离现场的费用

E.已经订购尚未支付的工程材料设备货款

【答案】ABCD

【嗨·解析】A、B、C、D都需要发包人承担费用，但是订购还没有支付的工程材料款不需要发包人承担。

章节练习题

一、单项选择题

1. 工程计量依据一般有质量合格证书，《计量规范》和技术规范中的"计量支付"条款和（　　）。
   A.设计图纸　　　　B.计算规则
   C.设计说明　　　　D.企业定额

2. 根据发包人与承包人签订的施工合同。某分项工程为招标工程量为3000m³，单价为200元/m³，合同约定实际工程量与招标工程量偏差超过10%时可进行调价，调整系数为0.9或者1.1，该项工程实际工程量为2600m³，则总价应为（　　）万元。
   A.46.8　　B.52.0　　C.57.2　　D.60.0

3. 因不可抗力事件导致的人员伤亡、财产损失及其费用增加，发承包双方分别承担并调整合同价款和工期应遵循的原则错误的是（　　）。
   A.发包人、承包人人员伤亡由其所在单位负责，并应承担相应费用
   B.承包人的施工机械设备损坏及停工损失，应由承包人承担
   C.停工期间，承包人应发包人要求留在施工场地的必要的管理人员及保卫人员的费用，应由发包人承担
   D.工程所需清理、修复费用，应由承包人承担

4. 已签约合同价中的暂列金额由发包人掌握使用。发包人按照合同的规定作出支付后，如有剩余，则暂列金额余额归（　　）。
   A.承包人　　　　B.审计部门
   C.发包人　　　　D.管理部门

5. 关于承包人对原设计进行变更，下列说法错误的是（　　）。
   A.施工中承包人不得为了施工方便而要求对原工程设计进行变更
   B.承包人应当严格按照图纸施工，不得随意变更设计
   C.承包人提出的合理化建议可以对设计图纸或者施工组织设计进行更改
   D.未经监理工程师同意承包人擅自更改或换用，承包人应承担由此发生的费用

6. 索赔费用组成中的人工费，包括增加工作内容的人工费、停工损失费和工作效率降低的损失费等累计，其中增加工作内容的人工费计算应按照（　　）。
   A.计日工费　　　　B.平均日工费
   C.窝工费　　　　　D.平均窝工费

7. 当合同对工程预付款的支付没有约定时，按有关规定办理。下列关于付款额度和付款时间的说法，错误的是（　　）。
   A.包工包料的工程原则上预付比例不低于合同金额的10%，不高于合同金额的30%
   B.对重大工程项目，按月度工程计划逐月预付
   C.在具备施工条件的前提下，发包人应在双方签订合同后的一个月内预付工程款
   D.若发包人未按合同约定预付工程款，承包人可在发出预付通知14天后停止施工

8. 发承包双方应在合同约定提前竣工每日历天应补偿额度，此项费用应作为增加合同价款列入（　　）。
   A.投标文件　　　　B.竣工结算文件
   C.招标文件　　　　D.合同文件

二、多项选择题

1. 关于工程计量的原则，下列说法正确的是（　　）。
   A.按合同文件中约定的方法进行计量
   B.按承包人在履行合同义务过程中实际完成的工程量计算
   C.对于不符合合同文件要求的工程，承包人超出施工图纸范围或因承包人原因造

成返工的工程量，不予计量

D.若发现工程量清单中出现漏项、工程量计算偏差，以及工程变更引起工程量的增减变化，应据实调整，正确计量

E.成本加酬金合同应按总价合同的规定计量

2.关于物价变化引起合同价格的调整，下列说法正确的是（　　）。

A.合同没有约定且材料、工程设备单价变化超过5%时，超过部分的价格应进行调整

B.因非承包人原因导致工期延误的，计划进度日期后续工程的价格应采用计划进度日期与实际进度日期两者的较低者

C.因承包人原因导致工期延误的，计划进度日期后续工程的价格应采用计划进度日期与实际进度日期两者的较高者

D.合理调价制度的法律基础是合同风险的公平合理分担原则

E.物价变化合同价款调整方法有价格指数调整法和造价信息差额调整法

3.关于竣工结算说法正确的是（　　）。

A.发包人应在收到承包人竣工结算申请后14天内核实

B.发包人应在收到承包人竣工结算申请后7天内核实

C.发包人未按期支付的，承包人可催告发包人支付，并有权获得延迟支付的利息

D.发包人在收到竣工结算申请7天后的56天内仍未支付，承发包人可协商将工程折价

E.催告无效后，承包人也可申请法院进行拍卖

4.关于竣工结算最终结清的说法正确的是（　　）。

A.缺陷责任期终止后，承包人应按照合同约定向发包人提交最终结清支付申请

B.发包人对最终结清支付申请有异议的，有权要求承包人进行修正和提供补充资料

C.发包人未按期最终结清支付的，承包人可催告发包人支付，并有权获得延迟支付的利息

D.最终结清时，承包人被预留的质量保证金不足以抵减发包人工程缺陷修复费用的，承包人应承担不足部分的补偿责任

E.承包人对发包人支付的最终结清款有异议的，可以提交司法部门解决

参考答案及解析

一、单项选择题

1.【答案】A

【解析】计量依据一般有质量合格证书、《计量规范》、技术规范中的"计量支付"条款和设计图纸。

2.【答案】C

【解析】200×1.1×2600=57.2万元。

3.【答案】D

【解析】不可抗力造成的损失，原则是各方顾各方，第三方和工程损失由发包人承担。

4.【答案】C

【解析】暂列金额由发包人按照合同的规定作出支付后，如有剩余，则暂列金额余额归发包人所有。

5.【答案】C

【解析】施工中承包人不得为了施工方便而要求对原工程设计进行变更，承包人应当严格按照图纸施工，不得随意变更设计。施工中承包人提出的合理化建议涉及对设计图纸或者施工组织设计的更改及对原材料、设备的更换，须经监理工程师同意。监理工程师同意变更后，也须经原规划管理部门和其他有关部门审查批准，并由原

设计单位提供变更的相应图纸和说明。

6.【答案】A

【解析】人工费，包括增加工作内容的人工费、停工损失费和工作效率降低的损失费等累计，其中增加工作内容的人工费应按照计日工费计算。

7.【答案】B

【解析】对重大工程项目，按年度工程计划逐年预付。所以B选项错误，此题选B，其他选项说法正确。

8.【答案】B

【解析】发承包双方应在合同约定提前竣工每日历天应补偿额度，此项费用应作为增加合同价款列入竣工结算文件。

二、多项选择题

1.【答案】ABCD

【解析】成本加酬金合同应按单价合同的规定计量。故E错。

2.【答案】ADE

【解析】B、C说反了，B应该是较高者，C是较低者。

3.【答案】BCDE

【解析】发包人应在收到承包人竣工结算申请后7天内核实，故A错。

4.【答案】ABCD

【解析】承包人对发包人支付的最终结清款有异议的，按照合同约定的争议解决方式处理，故E错。

1Z103000 建设工程估价

1Z103090 国际工程投标报价

本节知识体系

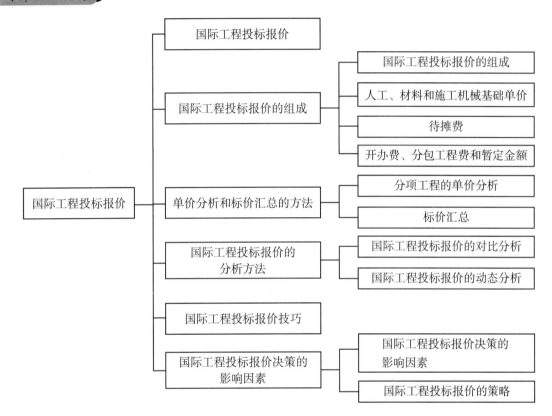

核心内容讲解

一、国际工程投标报价的程序

国际工程投标报价程序

1.国际工程投标报价程序（图1Z103090-1）

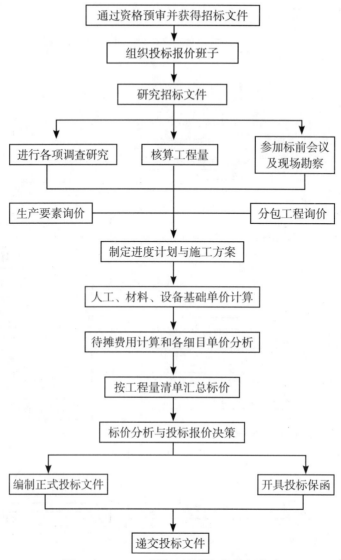

图1Z103090-1 国际工程投标报价程序图

2.国际工程投标报价程序中的注意事项

（1）组织投标班子、研究招标文件（表1Z103090-1）

组织投标班子、研究招标文件内容　表1Z103090-1

组织投标报价班子	一个好的投标报价班子的成员应由经济管理类人才、专业技术类人才、商务金融类人才、合同管理类人才组成
研究招标文件	关于承包商责任范围和报价要求方面，应当注意合同属于单价合同、总价合同还是成本加酬金合同等，对于不同的合同类型，承包商的责任和风险是不一样的，应根据具体情况分别核算报价

（2）进行调查研究（表1Z103090-2）

调查研究内容表　表1Z103090-2

进行调查研究	工程项目业主调查	包括本工程的资金来源情况，各项手续是否齐全、业主的工程建设经验、业主的信用水平以及工程师的情况等
	竞争对手的调查	主要包括调查获得本工程投标资格、购买投标文件的公司情况，以及有多少家公司参加了标前会议和现场勘察，分析可能参加投标的公司

（3）标前会议、工程量复核（表1Z103090-3）

标前会议、工程量复核分析表　表1Z103090-3

标前会议与现场勘察	标前会议是给所有投标人提供的答疑机会，有利于加深对招标文件的理解；标前会议是投标人了解业主和竞争对手的最佳时机
	现场勘察是标前会议的一部分，招标人会组织所有投标人进行现场参观和说明
工程量复核	便于准确计算投标价格；在实施工程中测量每项工程量的依据；安排施工进度计划、选定施工方案的依据；
	当发现遗漏或相差较大时，投标人不能随便改动工程量，仍应按招标文件的要求填报自己的报价，但可另在投标函中说明

（4）生产要素与分包工程询价（表1Z103090-4）

生产要素与分包工程询价分析表　表1Z103090-4

生产要素询价	国际工程项目价格构成比例中，材料部分约占30%~50%的比重；材料价格确定的准确与否是投标成败的关键
分包工程询价	分包工程是指总承包商委托另一承包商为其实施部分合同标的的工程；分包商不是总承包商的雇用人员，分包工程报价对投标报价有一定影响

【经典例题】1.某国际工程投标过程中，投标人员在复核工程量时发现土方部分的工程量计算存在较大误差，其应采取的正确做法是（　　）。

A.按招标文件的工程量填报自己的报价，并在投标函中予以说明

B.按照有利的原则选择招标文件的工程量或自己核算的工程量报价

C.按招标文件的工程量和自己核算的工程量分别报价并加以说明

D.按自己核算的正确的工程量计算报价，并在投标函中予以说明

【答案】A

【嗨·解析】工程量复核出现问题时，投标人不能随便改动工程量，仍应按招标文件的要求填报自己的报价，但可另在投标函中说明。

【经典例题】2.（2014年真题）按照国际工程投标报价的程序，投标人在标前会议之前应该进行的工作是（　　）。

A.分包工程询价

B.人工、材料、机械基础单价计算

C.生产要素询价

D.进行各项调查研究

【答案】D

【嗨·解析】按照国际工程投标报价的程序，投标人在标前会议之前应该进行的工作是进行各项调查研究。

二、国际工程投标报价的组成

（一）国际工程投标总报价的组成（表1Z103090-5）

国际工程投标报价的组成　表1Z103090-5

国际工程投标总报价组成	人工费		
	材料费		
	施工机具使用费		
	待摊费（待摊费用项目不在工程量清单上出现，而是作为报价项目的价格组成因素隐含在每项综合单价之内）	现场管理费	工作人员费
			办公费
			差旅交通费
			文体宣教费
			固定资产使用费
			国外生活设施使用费
			工具用具使用费
			劳动保护费
			检验试验费
			其他费用
		其他待摊费	临时设施工程费
			保险费
			税金
			保函手续费
			经营业务费
			工程辅助费
			贷款利息
			总部管理费
			利润
			风险费
	开办费		
	分包工程费	分包报价	
		总包管理费和利润	
	暂定金额（招标人备用金）		

【经典例题】3.国际工程投标报价的组成中，应计入现场管理费的有（　　）。
A.现场办公费　　B.贷款利息
C.保险费　　　　D.固定资产使用费
E.保函手续费
【答案】AD
【嗨·解析】A、D属于现场管理费，B、C、E属于其他待摊费。

【经典例题】4.（2016年真题）国际工程投标报价时，对于预计施工现场发生的办公费，正确的做法是（　　）。
A.作为待摊费用摊入到工程量表的各计价分项价格中
B.作为待摊费单列并计入投标总报价
C.作为开办费单列并计入投标总报价
D.按照其费用性质分别计入相应分项工程的人工费、材料费或机具费
【答案】A

【嗨·解析】待摊费用项目不在工程量清单上出现，而是作为报价项目的价格组成因素隐含在每项综合单价之内的，所以A正确。

（二）人工、材料和施工机械基础单价（表1Z103090-6）

人工费、材料费、施工机械基础单价分析表　表1Z103090-6

人工费	工日基价是指国内派出的工人和在工程所在国招募的工人，每个工作日的平均工资。工日基价计算是按照加权平均算出工日工资
材料费	当地采购：预算价格为施工现场交货的价格； 预算价格=市场价+运输费+采购保管损耗； 国内供应：材料设备价格=到岸价+海关费+港口费+运杂费+保管费+运输保管损耗+其他费用； 第三国采购：计算方法类似于国内供应材料、设备价格的计算； 材料费含材料设备运输保险
施工机具使用费	包括基本折旧费、场外运输费、安装拆卸费、燃料动力费、机上人工费、维修保养费以及保险费等

【经典例题】5.（2015年真题）国际工程投标报价时，在工程所在国当地采购的材料设备的预算价格应按（　　）计算。

A.投标人所在国预算价格
B.材料设备出厂价格
C.施工现场交货价格
D.当地市场价格

【答案】C

【嗨·解析】当地采购的预算价格为施工现场交货的价格。

（三）待摊费（表1Z103090-7）

待摊费分析表　表1Z103090-7

待摊费	现场管理费	工作人员费	
		办公费	
		差旅交通费	
		文体宣教费	
		固定资产使用费	
		国外生活设施使用费	
		工具用具使用费	
		劳动保护费	
		检验试验费	
		其他费用	
	其他待摊费	临时设施工程费	
		保险费	包括工程保险、第三方责任险
		税金	
		保函手续费	包括投标保函、履约保函、预付款保函、维修保函等
		经营业务费	
		贷款利息	
		总部管理费	
		利润	
		风险费	

【经典例题】6.（2014年真题）国际工程投标总报价组成中，应计入现场管理费的有（　　）。

A.差旅交通费　　B.临时设施工程费
C.工程辅助费　　D.劳动保护费
E.检验试验费

【答案】ADE

【嗨·解析】A、D、E属于现场管理费，B、C属于其他待摊费。

（四）开办费、分包工程费和暂定金额（表1Z103090-8）

开办费、分包工程费和暂定金额分析表　表1Z103090-8

开办费	包括现场勘察费、现场清理费、进场临时道路费、业主代表和现场工程师设施费、现场试验设施费、施工用水电费、脚手架及小型工具费、承包商临时设施费、现场保卫设施和安装费用、职工交通费等； 可以是单列或者摊入工程量其他分项价格中，应根据招标文件的规定计算
分包工程费	分包报价
	总包管理费和利润
暂定金额（招标人备用金）	招标文件中明确规定了数额的一笔资金，以应付意外情况等； 每个承包商在投标报价时应将暂定金额数计入工程总报价； 承包商无权做主使用此金额，这些项目的费用将按照业主工程师的指示决定，全部或部分使用

【经典例题】7.在国际工程投标报价中，暂定金额的处理方式是（　　）决定其使用方式和额度。

A.计入承包商工程总报价，由承包商
B.不计入承包商工程总报价，由项目设计方
C.不计入承包商工程总报价，由业主工程师
D.计入承包商工程总报价，由业主工程师

【答案】D

【嗨·解析】每个承包商在投标报价时应将暂定金额数计入工程总报价，但承包商无权做主使用此金额，这些项目的费用将按照业主工程师的指示决定，全部或部分使用。

三、单价分析和标价汇总的方法

（一）分项工程的单价分析

分项工程人料机费用估价方法见表1Z103090-9。

分项工程人料机费用估价方法分类表　表1Z103090-9

分项工程人、料、机费用估价方法	定额估价法	一般拥有较可靠定额标准的企业，定额估价法的应用较为广泛
	作业估价法	当机械设备所占比重较大，使用均衡性较差，机械设备搁置时间过长而使其费用增大，而这种机械搁置又无法在定额估价中给予恰当的考虑时，采用作业估价法更为合适； 作业估价法包括：制定施工计划，计算各项作业的资源费用等
	匡算估价法	估价师根据以往经验直接估算出分项工程中人工、材料的消耗量； 适用于工程量不大，所占费用比例较小的分项工程

【经典例题】8.在国际工程投标报价中,当机械设备所占比重较大、使用的均衡性较差、搁置时间过长而使其费用增大时,机械使用费一般宜采用( )进行计算。

A.定额估价法 B.匡算估计法
C.作业估价法 D.概算指标法

【答案】C

【嗨·解析】当机械设备所占比重较大、使用的均衡性较差、搁置时间过长而使其费用增大时,机械使用费一般宜采用作业估价法进行计算。

（二）标价汇总

将工程量清单中的所有分项工程的合价汇总,即可算出工程的总标价。

总标价=分项工程合价+分包工程总价+暂定金额。

四、国际工程投标报价的分析方法

（一）国际工程投标报价的对比分析（表1Z103090-10）

国际工程投标报价对比分析表　表1Z103090-10

国际工程投标报价对比分析	分析统计计算书中的汇总数据,并计算其占标价的比例指标
	通过对上述各类指标及其比例关系的分析,从宏观上分析标价结构的合理性
	探讨上述平均人月产值和人年产值的合理性和实现的可能性
	参照同类工程的经验,扣除不可比因素后分析工程价格的合理性
	从上述宏观分析得出初步印象后,对明显不合理标价构成部分进行微观方面的分析检查;重点是提高功效、改变施工方案,降低材料设备价格和节约管理费用

【经典例题】9.国际工程投标中,投标人做出最终报价前应对估算人员算出的暂时标价进行对比分析,其目的是( )。

A.从宏观上把握标价的合理性
B.分析报价的竞争力
C.预测报价的利润水平
D.检查标价计算是否存在错误

【答案】A

【嗨·解析】国际工程投标中,投标人做出最终报价前应对估算人员算出的暂时标价进行对比分析,其目的是从宏观上把握标价的合理性。

（二）国际工程投标报价的动态分析（表1Z103090-11）

国际工程投标报价动态分析表　表1Z103090-11

国际工程投标报价动态分析	工期延误的影响	通过多次测算得知工期拖延多长会导致利润全部丧失
	物价和工资上涨的影响	调整标价计算中的材料设备和工资上涨系数;测算其对目标工程利润的影响
	其他可变因素的影响	如汇率、政策法规变化等;分析这些可变因素可以了解投标项目目标利润受影响的程度

【经典例题】10.国际工程投标报价前,对估算人员算出的暂时报价进行动态分析时要考虑的因素有( )

A.工期延误的影响
B.分项工程量变化的影响
C.地质勘察资料错误的影响
D.物价和工资上涨的影响
E.汇率贷款利率变化的影响

【答案】ADE

【嗨·解析】动态分析时主要考虑工期延误的影响、物价和工资上涨的影响和其他可变因素的影响（比如汇率、政策法规变化等）。

五、国际工程投标报价技巧

国际工程投标报价的几种策略（表1Z103090-12）

国际工程投标报价策略分析表　表1Z103090-12

根据招标项目的不同特点采用不同报价	报价可高一些的工程	施工条件差的工程； 特殊的工程，如港口码头、地下开挖工程等； 工期要求急的工程； 竞争对手少的工程； 支付条件不理想的工程
	报价可低一些的工程	施工条件好的工程； 竞争对手多、竞争非常激烈的工程； 非急需的工程； 支付条件好的工程
适当运用不平衡报价法		报价在总价基本确定后，调整内部各个项目报价，以期既不提高总价从而影响中标，又能在结算时得到更理想的经济效益； 能够早日结账收款的项目（如开办费、土石方工程）可以报得高一些，后期工程项目（如机电设备安装费、装饰工程等）可适当降低； 经过工程量核算，预计今后工程量会增加的项目，单价适当提高，而将工程量可能减少的项目单价降低； 设计图纸不明确，估计修改后工程量要增加的，可以提高单价，而工程量内容说明不清的，则可降低单价
注意计日工的报价		单纯对计日工的报价，可以报高一些； 有"名义工程量"时，需要具体分析
运用多方案报价法		对一些招标文件，如果工程范围很不明确，条款不清楚或者不公正，或技术要求过于苛刻时，可在充分估计投标风险的基础上，按多方案报价法处理； 先按原招标文件报一个价，再假设条款变动可以降低的总价，报一个较低的价
运用"建议方案"		招标文件规定，可以提出建议方案，即可以修改原设计方案，提出投标者的方案； 投标者注意原招标方案一定要报价；建议方案不要太具体，保留方案的技术关键
运用突然降价法		先按一般情况报价，快投标截止时，突然降价； 需要提前考虑好降价幅度
运用先亏后盈法		承包商为了打进某一地区市场，依靠国家、财团和自身雄厚的资本实力，而采取一种不惜代价，只为中标的低价报价方案； 应用这种方法的承包商必须有较好的资信条件，并且提出的施工方案也先进可行，同时要加强宣传
注意暂定工程量的报价		一种是业主规定了暂定工程量的分项内容和暂定总价款，并规定在总报价中加入这笔固定金额，由于分项工程量不是很准确，允许将来按投标人所报单价和实际完成的工程量付款，这种情况应对暂定工程量的单价适当提高； 另一种是业主列出了暂定工程量的项目和数量，但并没有限制这些工程量的估价总价款，要求投标人既列出单价，也应按暂定项目的数量计算总价，当将来结算付款时可按实际完成的工程量和所报单价支付，这类工程量采用正常价格； 第三种是只有暂定工程的一笔固定总金额，将来这笔金额做什么用，由业主确定，这种情况对投标竞争没有实际意义，按招标文件要求将规定的暂定款列入总报价即可
合理运用无利润算标法		缺乏竞争优势的承包商，在迫不得已的情况下，只好在投标中根本不考虑利润夺标，这种办法一般在以下条件时采用； 有可能在得标后，将大部分工程分包给索价较低的分包商； 对于分期建设项目，先以低价获得首期工程，赢得二期工程中的竞争优势，并在以后的实施中赚得利润； 较长时期内承包商没有在建项目，如再不得标则难以维持生存

【经典例题】11.国际工程投标报价时,企业要根据自身的优劣势和招标项目的特点来确定报价策略,通常情况下报价可适当高一些的工程有( )。

A.施工条件差的工程
B.工期要求特别急的工程
C.支付条件不理想的工程
D.竞争对手很少的工程
E.技术含量不高且一般公司都可以做的工程

【答案】ABCD

【嗨·解析】A、B、C、D都可以适当报高一些,E答案报高没有竞争力,不选。

【经典例题】12.国际工程项目招标中,如果业主规定了暂定工程量的分项内容和暂定总价款,且规定所有投标人都必须在总报价中加入这笔固定金额。则投标人对该暂定工程的报价策略是( )。

A.单价可适当提高   B.单价可适当降低
C.总价应适当降低   D.总价可适当提高

【答案】A

【嗨·解析】如果业主规定了暂定工程量的分项内容和暂定总价款,且规定所有投标人都必须在总报价中加入这笔固定金额。则投标人对该暂定工程的报价策略是单价可适当提高。

【经典例题】13.关于工程量清单招标中计日工报价技巧的说法,正确的是( )。

A.单纯对计日工报价应报低价
B.招标文件中有名义工程量的计日工应报高价
C.单纯对计日工报价应报高价
D.招标文件中有名义工程量的计日工应报低价

【答案】C

【嗨·解析】单纯对计日工报价应报高价,有"名义工程量"时,需要具体分析。

【经典例题】14.某施工企业参加一国际工程的投标报价,由于多个工程项目没有盈利,企业已经连续多年亏损,且没有在建项目。为了在该国际工程招标中中标,该企业可以采用( )的投标报价策略。

A.先亏后盈法   B.突然降价法
C.多方案报价法   D.无利润算标法

【答案】D

【嗨·解析】缺乏竞争优势的承包商,在迫不得已的情况下,只好在投标中根本不考虑利润夺标,采用无利润算标法。

【经典例题】15.投标人投标时,如果发现招标文件、工程说明书、合同条款不够明确,或条款不很公正,技术规范要求过于苛刻,宜采用的投标报价方法是( )。

A.多方案报价法   B.不平衡报价法
C.突然降价法   D.先亏后盈法

【答案】A

【嗨·解析】对一些招标文件,如果工程范围很不明确,条款不清楚或者不公正,或技术要求过于苛刻时,可在充分估计投标风险的基础上,按多方案报价法处理;先按原招标文件报一个价,再假设条款变动可以降低的总价,报一个较低的价。

六、国际工程投标报价决策的影响因素

（一）国际工程投标报价决策的影响因素（表1Z103090-13）

国际工程投标报价决策影响因素分析表　表1Z103090-13

报价决策影响因素	成本估算的准确性
	期望利润
	市场条件包括：投资机会、竞争者的活动能力、在建工程的工程量、工程订单
	竞争程度：通过对竞争对手的SWOT分析来评价竞争程度
	风险偏好

【经典例题】16.影响国际工程投标报价决策的因素主要有（　　）。
A.成本估算的准确性
B.市场条件
C.风险偏好
D.竞争程度
E.评标人员组成
【答案】ABCD
【嗨·解析】影响国际工程投标报价决策的因素主要有：成本估算的准确性、期望利润、市场条件、竞争程度、风险偏好。

（二）国际工程投标报价的策略

国际工程投标报价策略包括：生存策略、补偿策略、开发策略、竞争策略、盈利策略。

【经典例题】17.国际工程投标报价策略包括（　　）。
A.生存策略　　　　B.补偿策略
C.开发策略　　　　D.竞争策略
E.让利策略
【答案】ABCD
【嗨·解析】国际工程投标报价策略包括：生存策略、补偿策略、开发策略、竞争策略、盈利策略。

章节练习题

一、单项选择题

1. 在国际工程投标总报价组成中,税金、保险费属于( )。
   A.现场管理费　　　B.其他待摊费
   C.开办费　　　　　D.分包工程费

2. 以下应包括在国际工程报价开办费项目中的是( )。
   A.总包管理费　　　B.施工用水电费
   C.保函手续费　　　D.分包工程费

3. 国际工程投标总报价中,分包工程费包括分包价和( )。
   A.风险费　　　　　B.现场管理费
   C.总包管理费和利润　D.总部管理费

4. 下列关于材料价格说法正确的是( )。
   A.在工程所在国当地采购的材料设备,其预算价格应为材料原价
   B.进口材料价格＝到岸价+海关税+港口费+运杂费
   C.进口材料价格＝到岸价+海关税+港口费+运杂费+保管费
   D.如果同一种材料、设备来自不同的供应来源,则应按各自所占比重计算加权平均价格,作为预算价格

5. 暂定金额是业主在招标文件中明确规定了数额的一笔资金,标明用于工程施工,或供应货物与材料,或提供服务,或以应付意外情况,亦称待定金额或备用金。每个承包商在投标报价时应将暂定金额数计入工程( )。
   A.总报价　　　　　B.人、料、机费用
   C.待摊费　　　　　D.现场管理费

6. 国际工程投标报价的动态分析,主要考虑工期、物价和工资上涨以及其他可变因素的影响。下列属于工期延误的影响因素是( )。
   A.物价工资上涨　　B.材料设备交货拖延
   C.贷款利率的变化　D.政策法规变化

7. 由于采用突然降价法而中标,因为开标只降总价,那么就可以在签订合同后再采用( )方法调整工程量表内的各项单价或价格,以期取得更好的效益。
   A.不平衡报价　　　B.价格调整协议
   C.综合单价　　　　D.均衡报价

8. 在某国家工程投标报价中,运用不平衡报价时,适宜报低一些的是( )。
   A.开办费　　　　　B.土方工程费
   C.地基基础工程费　D.装饰工程费

二、多项选择题

1. 根据国际工程投标报价程序,投标者通过资格预审并获得招标文件后,在制定进度计划与施工方案之前,还应该做的工作包括( )。
   A.进行各项调查研究
   B.核算工程量
   C.按工程量清单汇总标价
   D.参加标前会议及现场勘察
   E.标价分析

2. 关于国际工程投标报价组成的说法正确的是( )。
   A.现场管理费属于待摊费用
   B.当地采购的材料预算价格为出厂价
   C.来自不同供应来源的材料预算价格按照各自比重计算加权平均价格
   D.开办费不可以单列
   E.不包括工程开始之前的各项现场准备工作的费用

3. 有时招标文件中规定,可以提出建议方案这种新的建议方案一般要求能够( )。
   A.使工程更加有价值
   B.降低总造价
   C.提前竣工

D.使工程运用更合理
E.降低工程运行成本

参考答案及解析

一、单项选择题

1.【答案】B
【解析】在国际工程投标总报价组成中，税金、保险费属于其他待摊费。

2.【答案】B
【解析】开办费一般包括：现场勘查费、现场清理费、进场临时道路费、业主代表和现场工程师设施费、现场试验设施费、施工用水电费、脚手架及小型工具费、承包商临时设施费、现场保卫设施费和安装费用、职工交通费、其他杂项。

3.【答案】C
【解析】国际工程投标总报价中，分包工程费包括分包价和总包管理费和利润。

4.【答案】D
【解析】A应为施工现场交货价格，B、C错，应为材料、设备价格＝到岸价+海关税+港口费+运杂费+保管费+运输保管损耗+其他费用。

5.【答案】A
【解析】暂定金额是业主在招标文件中明确规定了数额的一笔资金，标明用于工程施工，或供应货物与材料，或提供服务，或以应付意外情况，亦称待定金额或备用金。每个承包商在投标报价时均应将此暂定金额数计入工程总报价，但承包商无权做主使用此金额，这些项目的费用将按照业主工程师的指示与决定，全部或部分使用。

6.【答案】B
【解析】由于承包商自身的原因，如材料设备交货拖延、管理不善造成工程延误，质量问题造成返工等，承包商可能会增大管理费、劳务费、机具使用费以及占用的资金及利息，这些费用的增加不可能通过索赔得到补偿，而且还会导致延期工期赔偿损失。

7.【答案】A
【解析】由于采用突然降价法而中标，因为开标只降总价，那么就可以在签订合同后再采用不平衡报价方法调整工程量表内的各项单价或价格，以期取得更好的效益。

8.【答案】D
【解析】运用不平衡报价法，装饰工程费适合报低一些。

二、多项选择题

1.【答案】ABD
【解析】国际工程投标报价工作在投标者通过资格预审并获得招标文件后开始，其工作程序如图1Z103090-1所示。所以正确答案为ABD。

2.【答案】AC
【解析】B错，当地采购的预算价格为施工现场交货的价格，D开办费可以单列，E是包括在内的。

3.【答案】BCD
【解析】有时招标文件中规定，可以提出建议方案这种新的建议方案一般要求能够降低总造价或提前竣工或使工程运用更合理。

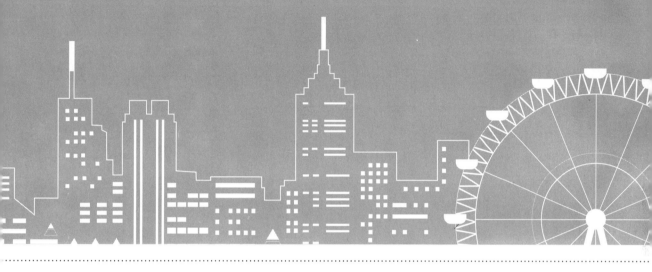

第三篇 知识总结篇

建设工程估价内容在实务案例中的综合应用

一、建设工程项目总投资的组成与计算

1.计算公式

总投资	建设投资+铺底流动资金
建设投资	设备及工器具购置费+建筑安装工程费+建设工程其他费用+预备费+建设期利息
静态投资	设备及工器具购置费+建筑安装工程费+建设工程其他费用+基本预备费
动态投资	涨价预备费+建设期利息
基本预备费	(设备工器具购置费+建筑安装工程费+工程建设其他费)×基本预备费率
涨价预备费	$PC=\sum_{t=1}^{n}I_t\left[(1+f)^t-1\right]$ 式中 I_t——第t年的建筑安装工程费、设备及工器具购置费之和； n——建设期； f——建设期价格上涨指数
铺底流动资金	流动资金×30%

2.例题

某建设工程项目在建设期初的建筑安装工程费、设备及工器具购置费为50000万元。按本项目实施进度计划，项目建设期为3年，投资分年使用比例为：第一年25%，第二年55%，第三年20%，建设期内预计年平均价格总水平上涨率为5%。建设期贷款利息为1500万元，建设工程项目其他费用为4100万元，基本预备费率为10%，流动资金总额5000万元。求①基本预备费；②涨价预备费；③静态投资；④动态投资；⑤建设投资；⑥总投资。

解：①基本预备费：(50000+4100)×10%=5410万元

②计算项目的涨价预备费：

第一年的涨价预备费=50000×25%×[(1+0.05)^1-1]=625万元

第二年的涨价预备费=50000×55%×[(1+0.05)^2-1]=2818.75万元

第三年的涨价预备费=50000×20%×[1+0.05)^3-1]=1576.25万元

该项目建设期的涨价预备费=625+2818.75+1576.25=5020万元

③静态投资：50000+4100+5410=59510万元

④动态投资=建设期贷款利息+涨价预备费=1500+5020=6520万元

⑤建设投资=静态投资+动态投资=59510+6520=66030万元

铺底流动资金=5000×30%=1500万元

⑥总投资=66030+1500=67530万元。

二、建筑安装工程费的组成和计算

1. 计算公式

分部分项工程费=∑（分部分项工程量×综合单价）

措施项目费=∑（单价措施项目工程量×综合单价+总价措施项目）或措施项目费=计价基数（一般取定额人工费）×措施项目费率

其他项目费=暂列金额+计日工+总包服务费

规费=计价费数（一般取定额人工费）×规费费率

增值税=（分部分项工程费+措施项目费+其他项目费+规费）×增值税率

工程总造价=分部分项工程费+措施项目费+其他项目费+规费+增值税。

2. 例题

某高层商业办公综合楼工程建筑面积为80000m^2。根据计算，建筑工程造价为2300元/m^2，安装工程造价为1200元/m^2，装饰装修工程造价为1000元/m^2，其中定额人工费占分部分项工程造价的15%。措施费以分部分项工程费为计费基础，其中安全文明施工费费率为1.5%，其他措施费费率合计1%。其他项目费合计800万，规费费率为8%，增值税为11%计算招标控制价。（以上各费用均不含增值税进项税额）

解：

序号	内容	计算方法	金额（万元）
1	分部分项工程费	（1.1+1.2+1.3）	36000
1.1	建筑工程	80000×2300	18400
1.2	安装工程	80000×1200	9600
1.3	装饰装修工程	80000×1000	8000
2	措施项目费	分部分项工程费×2.5%	900
2.1	其中：安全文明施工费	分部分项工程费×1.5%	540
3	其他项目费		800
4	规费	分部分项工程费×15%×8%	432
5	税金（扣除不列入计税范围的甲供材料和甲供设备费用）	（1+2+3+4）×11%	4194.52

招标控制价合计=（1+2+3+4+5）=42326.52万元

三、建设工程项目施工图预算——实物量法计算预算单价

1. 计算公式

单位工程人、料、机费用=∑（工程量×材料预算定额用量×当时当地材料预算价格）+∑（工程量×人工预算定额用量×当时当地人工工资单价）+∑（工程量×施工机械预算定额台班用量×当时当地机械台班单价）

2. 例题

编制某工程施工图预算，套用预算定额后得到的人工、甲材料、乙材料、机械台班的消耗量分别为20工日、8m^3、1m^3、2台班，预算单价与市场单价如下表所示。则用实物法计算的该工程的人料机费用为多少元？

	综合人工（元/工日）	材料		机械台班（元/台班）
		甲（元/m³）	乙（元/m³）	
预算单价	70	270	40	20
市场单价	100	300	50	30

解：实物量法。采用市场单价人料机费用=20×100+8×300+1×50+2×30=4510元。

四、工程量清单综合单价的计算

1.计算公式

计算清单项目的人、料、机总费用

管理费=人、料、机总费用×管理费费率

利润=（人、料、机总费用+管理费）×利润率

综合单价=（人、料、机总费用+管理费+利润）/清单工程量

2.例题

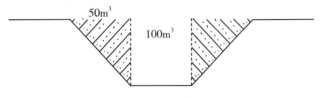

清单工程量　垫层面积×挖土厚度=100m³
定额工程量　100+50=150m³
管理费费率10%,利润率5%
定额中：人工5元/m³
　　　　材料3元/m³
　　　　机械2元/m³

求工程量清单综合单价：

解：人料机总费用合计=（5+3+2）×150=1500元

管理费=1500×10%=150元

利润=（1500+150）×5%=82.5元

清单综合单价=（1500+150+82.5）/100=17.325元/m³。

五、工程量偏差超过15%的计算

1.计算原则

（1）合同有约定，按照合同约定调整；

（2）合同无约定，按以下要求调整：实际工程量偏差超过清单工程量15%，超过部分综合单价调低，但对应的措施项目增加；工程量减少超过清单工程量15%，减少后剩余部分综合单价调高，但对应的措施项目费用减少。

2.例题

某工程总承包施工合同是以工程量清单为基础的固定单价合同，合同约定当A分项工程、B分项工程实际工程量与清单工程量差异幅度在±5%以内的按清单价结算；超出幅度大于5%时按清单价的0.8倍结算，减少幅度大于5%时按清单价的1.2倍结算。实际工程量情况如下表：

分项工程	A	B
清单价（元/m³）	44	600
清单工程量（元/m³）	5400	6300
实际工程量（元/m³）	5900	5870

问题：A分项工程、B分项工程单价是否需要调整？分别列式计算A分项工程、B分项工程结算的工程价款（单位：元）

解：

A分项工程：（5900−5400）/5400×100%=9.3%＞5%，A分项工程需调整。

B分项工程：（6300−5870）/6300×100%=6.8%＞5%，B分项工程也需调整。

A分项工程结算价：5400×（1+5%）×44+[5900−5400×（1+5%）]×（44×0.8）=257576元

B分项工程结算价：5870×（600×1.2）=4226400元。

六、工程量偏差——招标控制价与投标单价偏差超过15%的计算

1.计算原则

当工程量偏差项目出现承包人在工程量清单中填报的综合单价与发包人招标控制价相应清单项目的综合单价偏差超过15%时。单价调整方法：

以招标控制价±15%为界，确定界限；向下有下浮，向上不浮动。投标报价找位置：向中间（招标控制价）靠，不超限。

2.例题

某独立土方工程，招标文件中估计工程量为100万m³，合同中规定：投标报价综合单价为290元/m³，招标控制价综合单价是350元/m³，该工程投标报价下浮率6%，工程结束时实际完成土方工程量分别为108万m³，140万m³，70万m³，则土方工程款分别为多少万元？

（1）108/100=1.08＜1.15,不用调单价

工程款=290×108=31320万元。

（2）140/100=1.4＞1.15，调单价

工程款=290×115+P_1×（140−115）

因为350×（1−15%）×（1−6%）＜290＜350（1+15%）

即：279.65＜290＜402.5

所以P_1无需调价，即P_1=290

工程款=290×115+290×（140−115）=40600万元。

（3）70/100=0.7＜0.85,调单价

工程款=P_1×70

因为350×（1−15%）×（1−6%）＜290＜350×（1+15%）

279.65＜290＜402.5

所以P_1无需调价，即P_1=290

工程款=290×70=20300万元。

七、调值公式法的计算

1.计算原则

（1）发生合同工程工期延误物价变化的调整原则为不利于违约人；

由于承包人原因未在约定的工期内竣工的，则对原约定竣工日期后继续施工的工程，在使用价格调整公式时，应采用原约定竣工日期与实际竣工日期的两个价格指数中较低的一个作为现行价格指数。

（2）采用价格指数进行价格调整价款公式：

调值后的价款=原价款×（固定因素系数+Σ各变动因素系数×变化率）

Σ各变动因素系数+固定因素系数=1

变化率=现行价格指数/基本价格指数

调整后的价款差额=调值后的价款–原合同价款。

2.例题

某工程合同价款为3540万元，施工承包合同中约定可针对人工费、材料费价格变化对竣工结算价进行调整。可调整各部分费用占总价款的百分比，基准期、竣工当期价格指数见下表。

可调整项目	人工	材料一	材料二	材料三	材料四
费用比重（%）	20	12	8	21	14
基期价格指数	100	120	115	108	115
当期价格指数	105	127	105	120	129

问题：列式计算人工费、材料费调整后的竣工结算价款是多少万元（保留两位小数）?

解：根据表格数据，变动因素系数总和=20%+12%+8%+21%+14%=75%，不变因素系数=1–75%=25%。

调整后的竣工结算价款：

=3540×（25%+20%×105/100+12%×127/120+8%×105/115+21%×120/108+14%×129/115）=3718.49万元。

八、造价信息调整价格计算

1.计算原则

对投标报价和基准单价不一致，施工期间物价变化调整：涨价按高标准；跌价按低标准。调价只调超过约定风险范围以外的差额。

2.例题

某工程采用预拌混凝土由承包人提供，所需品种如下表所示，在施工期间，在采购预拌混凝土时，其单价分别为C20：327元/m^3，C25：340元/m^3，C30：345元/m^3，合同约定的材料单价如何调整？

序号	名称、规格、型号	单位	数量	风险系数（%）	基准单价（元）	投标单价（元）	求：发包人确认单价（元）
1	预拌混凝土C20	m^3	25	≤5	310	308	309.488
2	预拌混凝土C25	m^3	560	≤5	323	325	325
3	预拌混凝土C30	m^3	3120	≤5	340	340	340

解：（1）C20：327÷310–1=5.48%

投标单价低于基准价，按基准价算，已超过约定的风险系数5%，应予调整。

308+310×（5.48%–5%）=308+1.488=309.488（元）。

（2）C25：340÷325–1=4.62%

投标单价高于基准价，按报价算，未超过约定的风险系数5%，不予调整。

（3）C30：345÷340–1=1.47%

投标单价等于基准价，按投标报价或基准价算，未超过约定的风险系数5%，不予调整。

九、工程变更价款调整方法的应用

1.计算原则

无法找到适用和类似的项目单价时，应采用招投标时的基础资料和工程造价管理机构发布的信息价格，按成本加利润的原则由发承包双方协商新的综合单价，但是下浮率不变。

2.例题

某工程招标控制价为8523653元，中标人的投标报价为7763368元，承包人报价浮动率为多少？施工过程中，屋面防水采用PE高分子防水卷材（1.5mm），清单项目中无类似项目，工程造价管理机构发布有该卷材单价为20元/m²，查项目所在地该项目定额人工费为3.80元，除卷材外的其他材料费为0.70元，管理费和利润为1.21元。则该项目综合单价如何确定？

解：（1）下浮率=（1－7763368/8523653）×100%=（1－0.9108）×100%=8.92%

承包人报价浮动率为8.92%。

（2）该项目综合单价=（3.80+20 + 0.70 +1.21）×（1－8.92%）

=25.71×91.08%=23.42元。

十、预付款及抵扣点的计算

1.计算公式

T=P－M/N

式中　T——起扣点；

　　　P——承包工程合同总额；

　　　M——工程预付款数额；

　　　N——主要材料构件所占比重。

扣还工程预付款数额：

超过抵扣点的工程款×主要材料构件所占比重。

2.例题

某工程合同总额300万元，工程预付款为36万元，主要材料、构件所占比重为60%，问：起扣点为多少万元？如果5月份累计完成210万元，6月份完成40万元，6月抵扣额是多少？

解：按起扣点计算公式：T=P－M/N=300－36/60%=240（万元）

则当工程完成240万元时，本项工程预付款开始起扣。

如果5月份累计完成210万元，6月份完成40万元：则6月份开始抵扣，抵扣额（210+40－240）×60%=6万元。

十一、典型综合题目解析

1.在2012年1月31日承包人进行工程量统计时，发现原工程量清单漏项1项；工程量比清单项目超过8%的和17%的各1项，当即向工程师提出了变更报告，工程师在2月8日确认了该两项变更。承包单位2月18日向工程师提出了变更工程价款的报告，工程师在2月25日确认了承包人提出的变更价款的报告。

问题：（1）按确定合同价格的方式看，该合同属于哪一类？

（2）1月31日发现的清单漏项1项和工程量比清单超过的2项，在进行价格调整时，各用什么单价？

（3）承包人提出的变更工程价款的报告和工程师确认工程价款报告，时间是否有效？是否有效的依据是什么？如果工程师批准变更工程价款的报告生效，发包人何时支付该合同价款？

（4）工程预付款比例为25%，主要材料构件所占比重为60%，本工程预付款是多少万元？工程预付款应从第几个月开始起扣？

（5）经业主工程师代表签认的承包商实际完成的建安工作量（第1个月至第12个月）如下表所示。

（单位：万元）

施工月份	1~7	8	9	10	11	12
实际完成建安工作量	3000	420	510	770	750	790
实际完成建安工作量累计	3000	3420	3930	4700	5450	6240

第1个月至第7个月合计以及第8、9、10个月，业主工程师代表应签发的工程款各是多少万元？（请列出计算过程）

（6）本工程按合同约定按期竣工验收并交付使用，在正常使用情况下，三年后，使用单位发现屋面漏水，需要维修，承包商认为此时工程竣工验收交付使用已超过3年，拒绝派人维修。业主被迫另请其他专业施工单位修理，修理费为5万元。承包商是否仍应对该屋面漏水承担质量保修责任，说明理由。屋面漏水修理费由谁承担？

解：

（1）根据题意本合同属于固定单价合同。结算时按照实际完成工程量和合同约定的单价结算。

（2）1月31日统计工程量时，发现1项漏项的单价，由承包人提出新综合单价，工程师（或发包人）确认后执行；工程量超过清单工程量8%的一项，由于在规定的幅度15%以内，故执行原清单的综合单价；工程量超过清单工程量17%的一项，由于在规定的幅度15%以上，故综合单价由承包人提出，工程师（或发包人）确认后执行。

（3）承包人提出的变更工程价款的报告，是在工程师确认工程变更后第10天，没有超过14天的规定，因此有效。工程师确认工程价款报告，是在承包人提出的变更工程价款报告的7天后，没有超过14天的规定，因此有效。工程师批准变更工程价款的报告生效，发包人应在与工程款支付的同期支付变更价款。

（4）工程预付款=6240×25%=1560元

起扣点=6240-1560/60%=3640元，工程预付款应从9月份开始起扣。

（5）第1个月至第7个月：3000万元；

第8个月：420万元；

第9个月：3930-3420-（3930-3640）×60%=336万元；

第10个月：

4700-3930-（4700-3930）×60%=308万元。

（6）承包商应承担屋面漏水保修责任，因为屋面防水的最低保修年限是5年，本项目未过保修期。屋面漏水费用应由承包商承担。

2．某大型综合商场工程，建筑面积49500m²，地下一层，地上三层，现浇钢筋混凝土框架结构。建安投资为22000.00万元，采用工程量清单计价模式，报价执行《建设工程工程量清单计价规范》GB 50500—2013，工期自2013年8月1日至2014年3月31日，面向国内公开招标，有6家施工单位通过了资格预审进行投标。

从工程招标至竣工决算的过程中，发生了下列事件：

事件一：市建委指定了专门的招标代理机构。在投标期限内，先后有A、B、C三家单位对招标文件提出了疑问，建设单位以一对一的形式书面进行了答复。经过评标委员会严格评审，最终确定E单位中标。双方签订了施工总承包合同（幕墙工程为专业分包）。

事件二：E单位的投标报价构成如下：分部分项工程费为16100.00万元，措施项目费为1800.00万元，安全文明施工费为322.00万元，其他项目费为1200.00万元，暂列金额为100.00万元，管理费10%，利润5%，规费1%，增值税率11%。

事件三：建设单位按照合同约定支付了工程预付款；但合同中未约定安全文明施工费预支付比例，双方协商按照国家相关部门规定的最低预支付比例进行支付。

事件四：E施工单位对项目部安全管理工作进行检查，发现安全生产领导小组只有E单位项目经理、总工程师、专职安全管理人员。E施工单位要求项目部整改。

事件五：2014年3月30日工程竣工验收，

5月1日双方完成竣工决算，双方书面签字确认于2014年5月20日前由建设单位支付未付工程款560万元（不含5%的保修金）给E施工单位。此后，E施工单位3次书面要求建设单位支付所欠款项，但是截至8月30日建设单位仍未支付560万元的工程款。随即E施工单位以行使工程款优先受偿权为由，向法院提起诉讼，要求建设单位支付欠款560万元，以及拖欠利息5.2万元、违约金10万元。

问题：

（1）分别指出事件一中的不妥之处，并说明理由。

（2）列式计算事件二中E单位的中标造价是多少万元（保留两位小数）。根据工程项目不同建设阶段，建设工程造价可划分为哪几类？该中标造价属于其中的哪一类？

（3）事件三中，建设单位预支付的安全文明施工费最低是多少万元（保留两位小数）？并说明理由。安全文明施工费包括哪些费用？

（4）事件四中，项目安全生产领导小组还应有哪些人员（分单位列出）？

（5）事件五中，工程款优先受偿权自竣工之日起共计多少个月？E单位诉讼是否成立？其可以行使的工程款优先受偿权是多少万元？

解：

（1）事件一中

不妥之处一：市建委指定了专门的招标代理机构。

理由：根据《中华人民共和国招标投标法》规定，任何单位不得以任何方式为招标人指定招标代理机构。

不妥之二：建设单位进行了一对一的书面答复。

理由：建设单位对于招标过程中的疑问应以书面的形式向所有招标文件的收受人发出。

不妥之三：经过评标委员会严格评审，最终确定E单位中标。

理由是：应根据招标文件规定的评标办法进行评审，评标委员会应该推荐中标候选人。

（2）事件二中

E单位的中标造价为：

（16100.00+1800.00+1200.00）×（1+1%）×（1+11%）=21413.01万元。

根据工程建设不同阶段，建设工程造价分为6类：①投资估算；②概算造价；③预算造价；④合同价；⑤结算价；⑥决算价。该中标造价属于合同价。

（3）事件三中

建设单位支付的安全文明施工费＝322×60%＝193.2万元。

理由：根据《建设工程工程量清单计价规范》GB 50500—2013规定，发包人应该在工程开工后的28天之内预付不低于当年施工进度计划的安全文明施工费总额的60%，其余部分按照提前安排的原则，与进度款同期支付。

安全文明施工费包括：安全施工费、文明施工费、环境保护费、临时设施费。

（4）项目安全生产领导小组还应该包括下列人员：总承包单位、专业承包和劳务分包单位项目经理、技术负责人和专职安全生产管理人员。

（5）①工程款优先受偿权自竣工之日起共计六个月。②E单位诉讼成立。③可以行使的优先受偿权获得560万元。